変革期日本労務監査

平沼 高
大倉 学 [編著]
大槻晴海

税務経理協会

推薦のことば

　本書は，約10年間にわたる共同研究の集大成として出版されることになりました。内容は，研究者や実務家によってそれぞれの専門的な立場で書かれ，広範囲に及んでいますので，その成果を全般的にコメントすることは困難です。そこで，若干の私見を交えながら可能なかぎり紹介させていただくことにします。

　本書の目的とする労務監査は，「現代日本企業の労務管理の現状を正確に把握し，企業内部の様々な職業分野において多種多様な形をとって現象する弊害を把握し，労務管理のメカニズムを押さえたうえで労務管理を改善し改良することである」とされています。この目的を達成するために，企業の存在意義と存在根拠を現す経営理念を基本視点にして，その具体化のために労務監査の視点を細分化し四つの視点が設けられています。それにより労務監査の視点と監査対象とをクロスさせる形で「労務監査の全体構造」として図表化されています。

　4点の主旨は，
① コンプライアンスの視点・・・自社の経営理念を踏まえて，経営者が自社の行動規範を定め，労務管理活動において各種労働法令のみならず，市民社会の倫理道徳の遵守を周知徹底しているかを精査する視点である。コンプライアンスの視点は，業務活動，労務施策，費用・支出，教育・訓練等に及ぶものである。
② 業務の視点－属人的労務管理から職務中心の労務管理への転換－・・・日本企業に特徴的な属人的な働かせ方がもたらす弊害を自覚し，客観的・標準的な職務を管理者，監督者，作業者に課す方法に転換をうながす視点である。この視点は企業の存続に不可欠な事業収益を確保する視点であると同時に，1労働日当たりの業務量を合理的に決定し，企業の全成員に8時間の睡眠時間と8時間の自由時間を保障する視点である。企業の全成員

に課す職務内容，職務の統制・責任範囲を定期的に見直し，人間の尊厳に値する労働を保障する視点でもある。
③ 費用の視点・・・自社の労務管理活動予算の執行結果を実績と照合し精査すると同時に，費用管理の視点から，本業における予算執行結果をチェックし，企業の収支改善を図る視点である。また，個別労働関係紛争の頻発傾向に積極的に対応し，職場の労務トラブルの発生と処理に関わる費用を見積もる視点である。費用の視点は内部統制制度の構築と強化に関わる重要な視点である。
④ 育成の視点・・・人間は仕事の遂行を通じて成長する。管理者，監督者，作業者に課すべき職務が，社会的に価値のある仕事となっているか，教育訓練体制が職業意識を醸成させ仕事の専門性を深めているか，円滑な職務遂行を支援する仕組みとなっているか，職務の見直しと再設計を通じて職務間連係と職場の協働を高めているかなどをチェックする視点である。

と要約できるかと思いますが，本書はそれぞれ種々の事例をあげて詳細に述べられています。

今日，変化の激しい現代企業の環境では，企業は経営理念・経営戦略，そして戦略的人的資源管理のプロセスで対応することが求められるようになっています。労務監査の拠るべき基点は，本書で示されているように全社的な経営理念におくべきだといえましょう。

本書の労務監査論のもう一つの基本となっているのは，上掲のように労務管理を改善する方向を職務中心の労務管理への転換としていることです。そのために過去の労務監査論を批判的に検討し，その所説が妥当である根拠が明らかにされています。

戦後わが国に紹介されたのは，アメリカの労務監査論でしたが，同国ではすでに人事管理論が出現し，職務の内容についての職務分析，その職務に対応した労働者の採用，配置，教育訓練，業績評価と賃金など職務中心の労務管理が展開されるようになっていました。本書はこの点に注目して，わが国の労務管理は学歴，勤続年数，能力などを重点とする属人的性格で，職務中心の労務管

理・監査論とは相容れなかったことを指摘しています。その後の能力主義管理が支柱とした目標管理，職能資格制度，小集団活動，成果主義人事は，いずれも属人的で問題点が多数発生するようになっているとして，「属人的労務管理から職務中心の労務管理への変革」が提唱されています。

この職務中心への改革の方向は，これからの企業にとっては不可欠になっているといえます。2018年6月に成立した「働き方改革関連法」では，正規雇用と非正規雇用の格差をなくすために「同一労働同一賃金」の推進が定められていますが，同一の職務に従事する労働者には同一の賃金が支払われるべきであるという職務給の原則にもとづいています。

また，わが国は少子高齢化により労働力人口が減少するなかで人材を確保するためには，ワーク・ライフ・バランスやダイバシティ・マネジメントの実施を迫られ，そのためにも職務中心の管理が求められます。1996年に広島市女性行政推進施策調査派遣団として，カナダの地方銀行を訪ねた際に，すでに正規雇用のジョブ・シェアリングを導入していると聞いて一行は驚嘆しました。二人で組になって互いに日程調整をして同一職務を担当し，評価・処遇も合わせてされるので職務，職務範囲が明確に設定されていなければできない制度であり，当時のわが国の実情では思いもよらなかったからです。現在は，こうした職務中心の管理を推進する可能性がある全国的制度として，2008年から実施されたジョブ・カード制度もあります。2017年度末に取得者は，約194万人に達しています。このように最近の労務管理を取り巻く諸情勢は，正に本書の示す方向にあるのは確かです。

本書が提案する労務監査の方法も，経営者の自浄能力とともに職務中心の労務管理へのメカニズムの転換を重視し期待して，内部監査を選択したとされています。

以上，本書の総論では労務監査と労務管理との基本となる在り方がセットで明示され，労務監査論に新風を送る意欲的な独自の所説となっています。各論は「労務管理の全体構造」を踏まえて，四つの視点から考察するように依頼され，「法定福利監査」，「労働時間監査」，「賃金監査」，「業務監査」をテーマと

して，それぞれ経験豊かな実務家によって著述されています。補論には，歴史的・実証的・理論的研究が載せられています。

　個人的な見解ですが，長年労働問題や労使紛争に関与した経験では，事案が表面化した企業では，やはり労務管理や労使関係の問題がすでに潜在しており，それに対する認識・対処が不十分であった事例が多くみられます。的確な労務監査が行われていれば，問題は発生しなかったか，あるいは早期に解決されていた可能性もあります。今後，働き方改革などにより，従来の集団的・画一的な管理とは違って人事労務管理の個別化，多様化，職務範囲の明確化などが進む中で，企業の適法性・公平性・透明性を維持して有能な人材を維持・確保・活用し，生産性を高めるためには労務監査はその良き助言者になるといえましょう。

　本書の労務監査の理論的研究と実証的・実務的指摘は，今後の企業経営の長期的な展望と経営労務を中心とする企業活動の改善や変革に寄与することを確信し，経営の羅針盤として，また実務の参考書として，ここに本書を推薦する次第です。

　なお，当共同研究の代表者としてこれまで尽力された平沼高教授は，近く新たな人生を迎えられると聞いていますので，本書は教授の輝かしい記念の著書になるものと拝察いたします。

平成30年8月

　　　　　森　川　譯　雄
　　　　　　（元）労務理論学会会長・工業経営研究学会副会長
　　　　　　（〃）厚労省広島地方労働審議会会長・広島県労働委員会会長
　　　　　　（〃）中小企業事業団　中小企業大学校客員教授
　　　　　　経営学博士（神戸大学），広島修道大学名誉教授

まえがき

　経営者が主導性を発揮し本社,各事業所の全ての職務について職務分析を実施させ,原則として1労働日8時間(法定労働時間)を前提に標準業務量を確定させ,全ての労働者に標準業務量を消化させるならば,全ての職務から職務目的に合致しない無駄な作業を削減できるし,製品及びサービスに掛かる物件費と人件費も明らかになる。経営者が事業収益を達成できないならば,企業のビジネスモデルが時代と社会の要請に合致していないからである。標準原価と費用総額が明らかでなければ,経営者は自らの事業に適切な予算額を計上できない。適切な予算額が計上できなければ,予算的な裏付けを持たない事業を展開する結果となる。明確な予算的な裏付けと見通しを持たなければ,管理者,監督者,作業者に仕事を命ずることもできない。職務の明確化を図ることなく包括的・無定量な仕事を付与し,労働者本位の働かせ方を踏襲し続けるかぎり,どのような労務管理制度を設けて労働者を業績目標の達成に駆り立てたとしても,労働者の仕事の遂行は作業合理化,経営合理化に結び付かない。

　言うまでもなく,企業は資本市場及び製品市場の急激な変化に迅速に対応する必要がある。企業経営者は技術革新や組織革新に対応させ,社内の全ての職務を見直させ,職務の統制範囲と職務の責任範囲を規定する必要がある。どのような職務であろうと労働者は職務遂行を通じて職務に習熟する。職務遂行と習熟過程を通じて労働者の職務遂行能力は職務が求める資格・能力要件を超えて伸張する。経営者は企業が管理者,監督者,作業者に求める職務達成の期待値をも含めて,職務の統制範囲と責任範囲を拡大・充実させる必要がある。製品及びサービス市場の成熟化は企業と経営者に職務の完全な遂行を求める。職務中心の労務管理体制の構築・再構築は人的資産の蓄積があればこそ可能となる。

　戦後日本社会では,作業合理化の問題はブルーカラー労働者の業務に限定されてきた。しかも,合理的に設計された職務を展開基軸とする労務管理体制は

必ずしも確立したとはいえない。産業構造の中心軸が金融・サービスに傾斜することに伴って，労働力構成におけるホワイトカラー労働者の割合は増大している。属人的労務管理から職務中心的労務管理に転換すべきとの時代認識があるならば，経営者は率先して従来のような担当者任せの仕事の遣らせ方を変更し，管理コストを掛けてでも職務の再設計を繰り返し，職務目的に合致する唯一最善の方法を確立し，社内情報ネットワークを巧みに活用し，労働及びサービスの質的改善をはかり，経営効率の高い労務管理体制を構築させる必要がある。

　労務管理の過去を振り返るならば，1920年代初頭のアメリカ合衆国では新たな労務管理体制の確立に合わせて，従来の万能的職長制度が見直され「職長の近代化」が図られた。その時代に，監督者の業務の在り方が分析され監督労働は分割され，監督労働の標準化が志向された。職場の監督者に求められる責任は監督責任，管理責任，教授責任に分類された。監督者の職務の統制範囲と責任範囲を明確化しなければ職場の労務管理は機能しない。

　特に，日本企業のホワイトカラーの職場では職場の労務管理は崩壊している。職能管理部門の責任者，つまり部門管理者（部長職）の職務でも同じである。日本企業の多くの職場では，企業規模及び業種を問わず部長は部長職に相応しい業務を遂行しているとはいえない。企業経営の国際化が進む今日では管理的意思決定能力が企業間競争の決め手となる。職能部門を預かる管理者に課すべき職務が客観的に分析され，管理労働の標準化が追求されなければ，職能部門管理者に課すべき職務を厳密に定義することもできない。部門管理者が従来担当していた管理事務作業を下位に移譲することもできない。会社によっては部門管理者が事務作業を行っているところもある。事務作業が分析され客観・標準化されて初めて職能部門管理者の管理事務作業を下部に移譲できるし，職能管理部門の管理者を支援すべき事務作業体制も確立する。経営者は全ての職能部門管理者を管理的意思決定に専心させる必要がある。

　作業合理化は経営合理化の基礎である。職務中心の労務管理の出発点となる。管理者，監督者，作業者が担当すべき職務が客観化され標準化され，1労働日

当たりの業務量が合理的に確定されるからこそ，職能部門管理者は配下の労働者に1労働日当たりの業務量を課すことができる。思想・信条，人種，年齢，性別，所属組合などの違いに拘らず，管理者，監督者を含む全ての労働者の1労働日当たりの業務量を合理的に確定できる。真面目で責任感の強い人間であれば，上司から課された職務の達成に向けて最大限の努力を傾注できるが，1労働日当たりの労働力の支出量にも限度がある。また，日本企業で当然視されているホウ（報告），レン（連絡），ソウ（相談）は時間の浪費である。なぜ職場の管理者及び監督者は配下の労働者から報告，連絡，相談を求めるのか。その主な理由は労働者に課すべき業務が標準化されておらず，職務遂行マニュアルもなければ，職務訓練マニュアルも手配されていないからである。

　日本企業では，管理者や監督者でさえも個人的経験と職場の因習的な働き方に頼っている。職場で何となく遣ってきた業務の進め方から1歩も脱却できていない。監督者は，仕事の教え方，仕事改善の仕方，部下の取り扱い方を訓練されていない。部下の仕事を指導できる監督者が職場で育っていない。職能部門の管理者も年功序列と派閥人事で昇進するために，管理的意思決定権者として機能していない。

　本書が日本企業の経営者と労働者に訴えたいことは，1日も早く属人的な労務管理体制から脱却し，職務中心の労務管理体制に転換すべきであるということである。労務管理における戦後レジュームからの脱却の方向性は職務中心主義でなければならない。管理者，監督者，作業者の全てが，自己の職務と職責を完全に果たす方向に転換する必要がある。本書の総論は人間の属性に依拠する能力主義管理から，客観的に定義された職務を中心とする労務管理体制への移行の必要性を訴えている。総論は職務中心の労務管理に移行するための試論であり，各論は総論の具体化である。しかし，総論及び各論で分析・叙述している内容は未完成な状態である。理論的に検討すべき論点も残されている。多くの識者からの建設的な批判を乞うところである。

平沼　高・大倉　学・大槻晴海

目　　次

推薦のことば　　　　　　　　　　　　　　　　　　　　　　　　　　【森川譯雄】
まえがき　　　　　　　　　　　　　　　　　　　　　　【平沼　高・大倉　学・大槻晴海】

総　　論
第1章　先 行 研 究 …………………………………………………… 2

Ⅰ　鹿内労務監査論 ………………………………………………… 2
　1　鹿内労務監査論の特徴 …………………………………………… 2
　2　鹿内労務監査論の意義と限界 …………………………………… 5
Ⅱ　淡路労務監査論 ………………………………………………… 10
　1　淡路労務監査論の諸特徴 ………………………………………… 10
　2　淡路労務監査論の意義と限界 …………………………………… 15

　　　　　　　　　　　　　　　　　　　　　【平沼　高・大倉　学・大槻晴海】

第2章　能力主義管理の展開 ……………………………………… 19
　　　　　　－その理論と実践の結果－

Ⅰ　能力主義管理の理念と方法 …………………………………… 19
　1　労務管理（能力主義管理）の理念 ……………………………… 19
　2　個別管理としての目標管理制度 ………………………………… 20
　3　職能資格制度 ……………………………………………………… 23
　4　職場小集団管理活動 ……………………………………………… 26
Ⅱ　能力主義管理の運用的側面 …………………………………… 28
　1　人的投資効率と少数精鋭化 ……………………………………… 28

2　少人数化・精鋭化の前提条件 …………………………………… 30
　　3　目標採算人員制度と余剰人員の創出 …………………………… 32
　　4　能力主義管理の成果とその弊害 ………………………………… 35
　Ⅲ　成果主義人事の展開 …………………………………………………… 37
　　　－その弊害と歴史的背景－
　　1　年俸制度の仕組み ………………………………………………… 37
　　2　能力主義管理から成果主義人事への転換 ……………………… 41
　　　　　　　　　　　　　　　【平沼　高・大倉　学・大槻晴海】

第3章　労務監査の方法 ………………………………………… 46

　Ⅰ　労務監査の視点 ………………………………………………………… 46
　　1　コンプライアンスの視点 ………………………………………… 52
　　2　業務の視点 ………………………………………………………… 53
　　3　費用の視点 ………………………………………………………… 60
　　4　育成の視点 ………………………………………………………… 62
　Ⅱ　労務監査対象項目 ……………………………………………………… 66
　　1　縦軸と横軸とのマトリックス …………………………………… 66
　　2　内部監査と外部監査 ……………………………………………… 69
　Ⅲ　労務監査の留意点 ……………………………………………………… 71
　　1　立法の精神 ………………………………………………………… 71
　　2　労務監査と内部統制制度の構築 ………………………………… 73
　　3　労務監査と経営企画室 …………………………………………… 75
　　　　　　　　　　　　　　　【平沼　高・大倉　学・大槻晴海】

各　論
第1章　法定福利制度を対象とする労務監査 ……………… 80

はじめに ……………………………………………………… 80
Ⅰ　コンプライアンスの視点 ……………………………… 81
　　1　労務監査の前提たる法令順守 ……………………… 81
　　2　職場の安全衛生管理体制 …………………………… 82
　　3　安定的な雇用管理体制 ……………………………… 82
　　4　労働者の健康管理体制 ……………………………… 83
Ⅱ　業務の視点 ……………………………………………… 84
　　1　適正な要員配置 ……………………………………… 84
　　2　高齢者の就業意欲と雇用確保措置 ………………… 85
　　3　法定福利制度と企業内福利制度 …………………… 86
Ⅲ　費用の視点 ……………………………………………… 87
　　1　法定福利費の保全 …………………………………… 87
　　2　経営者の責任と法定福利費制度の限界 …………… 87
　　3　法定福利費の納付 …………………………………… 88
Ⅳ　育成の視点 ……………………………………………… 90
　　1　労働者の能力開発と人材の確保 …………………… 90
　　2　自助への支援 ………………………………………… 90
　　3　労働者個人の充実 …………………………………… 91
Ⅴ　監査の対象項目 ………………………………………… 92
　　1　雇用形態 ……………………………………………… 92
　　2　経営組織体制 ………………………………………… 92
　　3　企業内福利制度 ……………………………………… 93
おわりに ……………………………………………………… 94

【稲山貞幸】

第2章　労働時間監査　…………………………………… 97
　　　　　－医療機関を中心に－

- はじめに ………………………………………………………… 97
- Ⅰ　長時間労働の現状 …………………………………………… 98
- Ⅱ　コンプライアンスの視点 …………………………………… 101
  - 1　労働時間法制 ……………………………………………… 101
  - 2　業務の繁閑に対応した労働時間制度 …………………… 104
  - 3　長時間労働に対する是正勧告 …………………………… 105
- Ⅲ　安全衛生の視点 ……………………………………………… 107
- Ⅳ　業務の視点 …………………………………………………… 108
  - 1　職務分析 …………………………………………………… 108
  - 2　テイラーの「科学的管理法」からみる作業管理 ……… 110
- Ⅴ　費用の視点 …………………………………………………… 111
- Ⅵ　育成の視点 …………………………………………………… 114
- Ⅶ　コーポレート・ガバナンスとクリニカル・ガバナンス …… 116
- おわりに ………………………………………………………… 118

【福島通子】

第3章　賃金管理監査　…………………………………… 121
　　　　　－固定残業制を中心に－

- はじめに ………………………………………………………… 121
- Ⅰ　法律上の賃金とは何か ……………………………………… 124
- Ⅱ　賃金不払残業等の現状 ……………………………………… 126
  - 1　賃金不払残業の実態 ……………………………………… 127
  - 2　賃金格差の動向 …………………………………………… 128

| Ⅲ　コンプライアンスの視点 ……………………………………… 131
　1　賃　金　法　制 ………………………………………………… 131
　2　固定残業制の諸問題 …………………………………………… 133
Ⅳ　費用の視点 ………………………………………………………… 138
Ⅴ　業務の視点 ………………………………………………………… 142
　1　労働時間の経過と労働生産性 ………………………………… 143
　2　賃金不払残業を生む背景 ……………………………………… 145
Ⅵ　育成の視点 ………………………………………………………… 148
おわりに ………………………………………………………………… 151

【重本　桂】

第4章　業務管理監査 …………………………………………… 152

はじめに ………………………………………………………………… 152
Ⅰ　過労死等の現状 …………………………………………………… 153
Ⅱ　過労死事件と過労死裁判 ………………………………………… 156
Ⅲ　労務管理の基本問題 ……………………………………………… 161
Ⅳ　労務監査の必要性 ………………………………………………… 165
　　－法律論の限界と労務監査の役割－
　1　コンプライアンスの視点 ……………………………………… 165
　2　業務の視点 ……………………………………………………… 168
　3　費用の視点 ……………………………………………………… 169
　4　育成の視点 ……………………………………………………… 170
おわりに ………………………………………………………………… 172

【相川健一】

補　論

補論1　労働基準法行政の現状と労務監査に対する期待 …… 176

はじめに …………………………………………………………… 176
Ⅰ　労働基準行政の概要 ………………………………………… 177
　1　労働基準監督官制度 ……………………………………… 177
　2　雇用形態の多様化とその派生問題 ……………………… 178
　3　労働災害の現状 …………………………………………… 179
　4　労働衛生の現状 …………………………………………… 181
Ⅱ　労働基準行政の限界 ………………………………………… 183
　1　労働基準に関する法制度によって保護されるもの・されないもの … 183
　2　労働基準行政の主体的能力による限界 ………………… 188
おわりに …………………………………………………………… 190

【佐野正照】

補論2　管理会計アプローチによる内部統制の整備・運用 …… 191

はじめに …………………………………………………………… 191
Ⅰ　マネジメント・コントロール概念 ………………………… 192
　　－目標達成から戦略実現へ－
Ⅱ　伝統的管理会計と戦略管理会計 …………………………… 195
　　－財務的管理から統合的管理へ－
Ⅲ　わが国における内部統制の枠組み ………………………… 200
　　－外部財務報告のための内部統制－
　1　わが国における内部統制の定義 ………………………… 200
　2　COSOの枠組みとわが国の枠組みの比較 ……………… 202

Ⅳ 管理会計アプローチによる内部統制の整備・運用 209
　　－外部財務報告志向から経営管理志向へ－
おわりに 214

【大槻晴海】

補論3　労務監査論の歴史と展望 216
　　－戦後日本の労務監査論の形成・展開・
　　　衰退とこれからの労務監査－

はじめに 216
Ⅰ　労務監査論の系譜 217
　1　労務監査論の源流 217
　2　日本における労務監査論の生成 218
　3　高度成長期以後の労務監査論の展開 220
Ⅱ　淡路圓治郎の労務監査論と「NRK式労務監査」の形成 221
　1　日本における労務監査論形成の背景 221
　2　アメリカ式労務管理手法の導入 222
　3　「NRK式労務監査」の形成 224
Ⅲ　労務監査論の展開と衰退 226
　1　「NRK式労務監査」の展開 226
　2　「NRK式労務監査」以外の労務監査論の展開 227
　3　労務監査論の衰退と埋没 229
おわりに －労務監査の展望－ 231

【後藤信二】

コ ラ ム

コラム1　何のための労務監査か ……………………… 238

- Ⅰ　監査人の不安 ………………………………………… 238
- Ⅱ　経営者の目 …………………………………………… 239
- Ⅲ　まっとうな働かせ方 ………………………………… 240
- Ⅳ　経営理念 ……………………………………………… 241
- Ⅴ　監査人の反省 ………………………………………… 242

　　　　　　　　　　　　　　　　　　　　【後藤信二】

コラム2　労働の豊かさと生活の豊かさ ……………… 244

- はじめに ………………………………………………… 244
- Ⅰ　生活の豊かさの条件 ………………………………… 245
  - 1　消費生活の豊かさ ………………………………… 246
  - 2　労働生活の豊かさ ………………………………… 246
- Ⅱ　生活の実態 …………………………………………… 248
  - 1　消費生活の実態 …………………………………… 248
  - 2　労働生活の実態 …………………………………… 249
- Ⅲ　「生活の貧しさ」の根源 …………………………… 251
- Ⅳ　「豊かな生活」の実現のために必要なこと ……… 252
  　　－消費者と労働者の連帯－
- おわりに ………………………………………………… 254

　　　　　　　　　　　　　　　　　　　　【村田和彦】

コラム3　会計と監査 …………………………………… 256
　　　－その特質と問題点－

Ⅰ　会 計 行 為 ……………………………………………………… 256
Ⅱ　会計の対象領域 ………………………………………………… 259
Ⅲ　財務会計（外部報告会計）の機能 …………………………… 261
Ⅳ　会計監査の機能と現状 ………………………………………… 263
　　　　　　　　　　　　　　　　　　　　　　　　【大倉　学】

お わ り に ………………………………………………………… 267
　　　　　　　　　　　　　　　　　　　　　　　　【平沼　高】

【総　　論】

第1章

先行研究

I　鹿内労務監査論

1　鹿内労務監査論の特徴

　鹿内信隆氏は『アメリカの労使関係』（日経連弘報部，1952年）を著している。鹿内労務監査論には幾つかの特徴がある。

　第1に，鹿内氏は「アメリカの進んだ企業の労務部門は，会計の基本原則に基づいて，労務方針を打ち立て，その計画の現場における実施を指導調整し，さらに実行の結果を事後において検討監査している。この計画planningから調整coordinationを経て統制controlに至る三段階は経営管理の一般の過程であるが，労務管理においてもこの原則に基づいており，企業全体としての原価意識cost consciousnessによって貫かれているので，これに立脚した予算及び原価統制が労務部門でも行われている」[1]と指摘する。この指摘は労務管理活動に関する予算及び原価統制に注目するものである。

　労務監査業務の具体的な内容に触れて，鹿内氏は，①会計の基本原則に基づいて労務部は労務方針を定める，②労務部は労務活動計画の現場での実施を指導・調整する，③労務活動計画を実施した結果を労務部は事後的に検討する[2]という。このように見るならば，労務管理は労務管理活動計画の立案する過程に始まり，現場での実施を指導し調整する過程を経て，労務管理を実施した後の統制に至る管理過程である。労務監査機能は管理過程の末尾に当たる統制活

---

(1)　鹿内信隆著『アメリカの労使関係』日経連弘報部，1952年，383頁。
(2)　同上書，384頁。

動に該当する。

　第2に，鹿内氏は「労務管理の統制の狙いは，その計画の目標を達成できなかったとすれば，その責任がどこにあるかを調べると共に，将来どうすれば労務管理を効果的に実行できるかを決めるにあたって，消極的な糾弾ではなく積極的な建設である」[3]という。労務監査は労務部が立案した労務管理活動計画を前提としており，労務管理活動計画に従って労務管理を執行した後の実績を事後的にチェックし，その実績と反省を次期の労務管理活動計画策定に活かすことである。労務監査は労務管理を管理過程論の視点から把握するものである。予算管理の視点から見れば，労務監査は事後統制活動であると同時に事前統制活動でもある。

　第3に，鹿内氏は労務監査の目的を労務管理の改善・改良においている。労務部が実施する労務監査行為を通じて労務管理に不断の改善と改良を積み重ねる必要があるというのが鹿内氏の見解である。したがって，期末に実施する労務監査の主体は労務部に置かれており，労務管理活動計画の立案，労務管理活動計画の実施を担った労務部自身が自社の労務管理活動計画の実施と実績を監査する。このような意味において，鹿内氏が主唱する労務監査は自己監査である。

　第4に，鹿内氏は企業の労務管理は企業の基本方針，経営者の労務方針に基づかなければならないと指摘し，「企業の基調が株主，従業員，顧客及び社会との関係を改善し経済的運営を図ることは言うまでもないが，さらに具体的な長期及び当面の目標が立たない限り，企業は舵なくして進む船に等しい」[4]と指摘する。こうして鹿内氏は「我が国の社是社訓の類が精神的なお題目のみで具体性を欠いている」[5]と批判する。他方，鹿内氏はアメリカ民間企業の労務管理を高く評価し，「アメリカの会社の基本方針はかなり具体的内容を盛り込んでいる」[6]と述べる。自社の経営理念，経営方針，労務方針に労務管理は従

---

(3)　同上書，386頁。
(4)　同上書，383頁。
(5)　同上書，389頁。

属しなければならず，企業の経営理念，経営方針，労務方針は労務管理活動に関わる計画と予算に反映されていなければならず，労務管理活動計画は具体的な労務施策となって実行されなければならない。

第5に，鹿内氏は労務管理の対象領域がラインに及ぶことに対応し，労務監査の対象範囲も広がると指摘する。鹿内氏は「労務管理の計画が策定され実施に移されると，労務管理の舞台は労務部からライン部門たる経営現場に移る」[7]という。この指摘はH. クーンツ，C. オドンネル著『経営管理の原則2』が指摘した「権限移譲」[8]と同じ意味である。ラインアンドスタッフ制度の原則に反し，企業組織の複雑化と生産技術の高度化が労務管理機能と活動範囲をライン部門にまで拡大させるという見解である。このような認識に立って鹿内氏は，労務部は「トップマネジメントに労務管理計画の実行状況を報告するとともに，労務管理全般について進言し，現場の実施部門に対しては現場労務管理の指導を行うと同時に，これに助言を提供し協力を致す訳である」[9]と指摘したのである。

第6に，鹿内氏は労務監査の主体を労務部に求めている。労務監査の対象は労務管理活動計画に盛られた労務管理活動と労務管理活動予算の執行結果である。労務部は労務管理活動を一定の会計期間を前提に計画立案する。労務管理活動を裏付ける一定の予算額を使って，企業の労務部は労務管理活動計画を執行する。期末に労務部は労務管理活動計画と予算額を実際に成し遂げた結果と

---

(6) 同上書，385頁。
(7) 同上書，385頁。
(8) 従来のラインアンドスタッフ制度の原則から逸脱することになるが，第2次大戦後の民間大企業における製造技術の高度化と企業組織の複雑化に対応し，スタッフ部門に所属する労務部の活動は，製造会社の製造部門で言えば工場長に対する助言や諮問の機能にとどまってはならず，企業の労務部門はライン部門に対して助言や指示を行うことが求められるようになった。H. クーンツ，C. オドンネルによれば，スタッフ部門の新たな役割の変化は「権限移譲」と呼ばれる。スタッフからラインへの権限移譲は当時の日本では「労務管理のライン化」と呼ばれた（H. クーンツ，C. オドンネル共書『経営管理の原則2』ダイヤモンド社，1965年，74-75頁）。
(9) 鹿内，前掲書，385頁。

比較し評価する。労務部が比較評価する場合，労務活動計画と労務活動予算の執行状況を経営理念，経営方針，労務方針に照らし合わせる。このように労務監査は管理過程論の立場から構想されている。整理すれば，鹿内氏が考える労務監査の在り方は，①労務管理活動計画の立案，②労務管理活動計画の実施，③労務管理活動計画を実施した後の統制機能から構成されている。

2　鹿内労務監査論の意義と限界

鹿内氏が提起した労務監査の意義を確認しておきたい。

第1に，鹿内氏は労務監査対象となる日本企業の労務管理の在り方に疑問を呈している。当時の日本企業の労務管理が企業の経営理念，経営方針，労務方針という筋道を踏まえていないからである。換言すれば，労務管理活動が管理過程論を踏まえて構想されていないからでもある。本来，労務部が実施する労務管理活動は，企業の経営理念，経営方針，労務方針を踏まえていなければならず，労務管理活動に優先順位を付けて活動予算額を割り当てる場合であっても，経営者が提示する労務方針を踏まえていなければならない。企業の労務管理は労務部策定の労務管理活動計画に従って，労務管理活動と労務管理活動予算を執行し，労務管理活動計画を執行した後の段階においては，自社の労務管理が労務管理活動計画通りに実行されたかどうか，労務管理活動は当初の労務管理活動目的を達成しえたかどうかを厳正に精査しなければならない。このように，企業の労務部が労務管理活動計画を労務管理活動計画の実施及び労務管理活動予算の執行実績に照らし合わせ，精査し，評価することが労務監査となる。

第2に，鹿内氏は「労務管理の実施の中途又は完了後に，その実績を計画と照らし合わせて検討することは，わが国ではほとんど慣例がないが，アメリカでは当然のことになっている。経営全体についてコントローラーの制度があって経理的統制たる監査を行うが，労務の面では労務部が内容的な統制を行う，これが労務監査の締めくくりになっている」[10]と指摘する。この指摘は通産省合理化審議会答申を踏まえたものである。つまり，鹿内氏が構想した労務監査

は，常務会直属のコントローラー制度と「経営管理の経理的統制」を意味する内部統制制度との関連性を踏まえた指摘であった。しかしながら，「経営管理の経理的統制」としての内部統制制度は，全般的経営者である社長の統制行為としての労務監査と明確に区別されていなかった。そのために鹿内労務監査論は，労務監査の主体をトップマネジメントに求めていなかった。通産省合理化審議会答申は，コントローラー制度による内部統制機能を常務会に直属させているのに対して，鹿内氏の労務監査論は労務監査の主体を労務部に委ねている。労務監査機能をミドルマネジメントの機能として認識し，トップマネジメントの機能であるとは位置付けていない。

　第3に，アメリカ企業を念頭にいれて，鹿内氏は労務管理活動計画の立案に当たり三つの段階をとると指摘する[11]。第1段階は労務管理を構成する個々の活動に予算を配分することであり，雇用，賃金，作業環境，訓練などの労務管理活動に対して優先順位を決めることである。第2段階は各々の活動に必要な人員，時間，器具，設備，費用等を決めることである。この場合に特に重要されているのは労務管理活動に必要な時間と費用を想定し，予算管理を適用することである。第3段階は労務管理活動に割り当てる予算と実際に発生した費用を比較検討することである。鹿内労務監査論は，企業の労務管理活動計画の執行と費用とを比較検討し，労務管理活動計画の執行後においては，労務管理活動計画の執行に伴う費用とその実績を精査・検討することになる。労務管理活動とその実績を事後的に精査・検討する監査行為は，企業の労務部が実施する統制機能であるとされ，労務部主体の労務監査と全般的経営者の統制機能としての労務監査が明確に区別されておらず，そして，全般的経営者の統制権限を内部監査室に移譲する意義についても明確に理解されていなかった。

　第4に，鹿内氏は，労務部が労務管理実績を事後的に評価，統制する労務監査の方法に触れて，以下の二つの作業を指摘する。一つは，労務管理活動を実施する場合の費用を機能的に細分し，労務管理活動の機能別の実績成果を測定

---

(10)　同上書，385頁。
(11)　同上書，385頁参照。

するために労務効率が定量的数値として現れる部面，例えば，労働移動率，欠勤率，災害率，提案件数，苦情処理件数等の面で，それぞれの改善の跡を過去の経験や他社の経験と比較・検討することである。もう一つの作業は，このような検討作業によって労務管理活動予算を調整し改善を加えることである。鹿内氏は，1の作業と2の作業とを定期的に繰り返す必要があるという[12]。

あらためて注目すべき概念は労務効率である。具体的には労働移動率，欠勤率，災害率，提案件数，苦情処理件数等である[13]。これらの労務効率は，職場の労働環境，課せられた仕事の内容，仕事の量，仕事の密度，労働時間の長さ，休憩時間及び年次有給休暇日数，職場上司の指揮・監督とその方法，賃金など，職場で実施される労務管理の産物である。賃金，付加給付等の処遇条件に不平，不満があるならば不平，不満は労働移動率，欠勤率，苦情処理件数の増大となって現われる。職場の安全衛生対策が不充分ならば企業の労働災害率は確実に上昇する。恣意的な指揮・監督も労働移動率，欠勤率を増大させる。労働組合が承認されておらず労使の団体交渉制度が確立せず，そのために労使間に円滑な意思疎通が図られなければ，労使間に双務的社会関係は成立しない。労働時間及び賃金等の基本的な労働条件は経営者の意思と意向だけで決まる結果となり，真の意味で労使間合意も成立しない。労使間に相互信頼関係が成立せず，職場の人間関係が円滑なものでないならば自ずと提案件数も少なくなる。

第5に，鹿内氏は，労務施策の実際的効果が定量的数値として現れることに注目し，労務施策の実際的効果を数量的数値として補測する必要性があることを指摘する。ただし，それぞれの労務施策の実施とその実際的効果との関連性は必ずしも明確ではない。労務部が労務管理活動計画に基づいて実施する労務施策の実際的効果を定量的数値として確認する場合，労務部が実施する労務施策とその実際的効果が1対1の対応関係にある訳ではない。それぞれの労務施策が単独でバラバラになされたのでは，労務部が実行する労務施策の実際的な効果は低くなる。労務施策は労務管理活動計画を前提にして実行されるが，そ

---

[12] 同上書，385頁参照。
[13] 同上書，388頁参照。

れら複数の労務諸施策は全体としての体系性と構造化を必要とする。企業におけるそれぞれの労務施策には労務管理全体の体系性と構造化が必要であり，労務施策に体系性と構造化を付与するのが経営理念，経営方針，労務方針である。一連の流れである。

　鹿内氏の指摘するところには幾つかの難点もある。第1に，鹿内氏は労務管理のライン化（権限移譲）の必要性を理解し，「権限移譲」の問題を積極的に受け止めている。鹿内氏はラインアンドスタッフ制度の導入と関わり，労務部が企画実行する労務管理活動の範囲を広げることの必要性と重要性を指摘している。つまり，日本企業の労務部は企業のスタッフ部門に属しているが，これからはライン部門を指導し，助言し，調整しなければならないと指摘する。民間製造業を想定した場合，生産技術の高度化と企業組織の複雑化に対応し，企業のスタッフ部門である労務部の指揮命令権限がライン部門に及ぶことになるのは当然のことである。

　しかし，労務部が指導し，助言し，調整すべき範囲が，果たして企業のライン部門としての製造部門だけにとどまるとは思えない。企業の労務管理の対象が賃金労働者であり，賃金労働者の就労の場が製造部門だけに限られる訳ではない。労務部が指導し，助言し，調整すべき範囲は設計・試作部門，財務部門，労務部門，販売営業部門などにも広がり，全社的なものにならざるを得ない。このように考えるならば，労務監査の対象範囲も全社的にならざるをえなくなる。

　第2に，労務監査の主体を労務部であると想定する限り，全社的な労務監査を計画し実行することは不可能である。企業のスタッフ部門であり労務部に課される業務，コスト，人員数等を考えるならば，全社的な労務監査を計画し実行することは不可能である。全社的な規模で労務監査を実施するためには，労務監査主体を企業のトップマネジメントに引き上げなければならない。トップマネジメントを代表する社長は労務監査の計画と実行の権限を労務部から，トップマネジメントを補佐する内部監査室に移譲する必要がある。しかも，企業の労務監査業務は全社的視点から立案され，実行されなければならない。全

社的視点の必要性と権限移譲の重要性に鹿内氏は気づくべきであった。

　第3に，鹿内氏は労務管理の歴史と現状に関わる日米間相違を考慮していない。鹿内氏はアメリカ企業が実施する労務監査の役割に注目し，本場アメリカから労務管理の在り方と同時に労務監査の基本的な考え方と方法についても日本に紹介した。しかし，アメリカ民間大企業の労務管理の現実は職務中心の労務管理であり，企業が管理者，監督者，作業者に課す全ての職務は，職務分析を通じて明確に定義されている。職務内容が職務分析を通じて標準化されているために，職務の統制範囲と責任範囲も明確化されている。このようなアメリカ的労務管理の現実に反して，戦後日本の民間大企業においても労務管理の内実は属人的な労務管理であり，企業が労働者に課すべき職務は明確に定義されておらず，実際に企業が労働者に課す職務は客観的に定義されたものではない。それぞれの職務の内容が，労働者が遂行すべき職務の目的との関係から定義されていないために，具体的な職務に関して標準作業量，標準作業方法，標準作業時間を定めることができないし，職務遂行マニュアルも作成することができない。日本企業では職務という概念が存在しているように見えるが，職務の実態は曖昧であり，包括的であり，無定量である。

　第4に，鹿内労務監査論は，内部統制制度の果たす役割と労務監査の果たす役割とを明確に区別していない。同時に両者間の相互関連性も検討していない。コントローラー制度[14]は「経営管理の経理的統制」と正しく理解されていると思われるが，労務監査が果たすべき役割については，単にコントローラー制度と関連付けられているだけにとどまっている。すなわち，鹿内労務監査論は，トップマネジメントが保持すべき労務監査機能を「経営管理の経理的統制」としての内部統制制度と関連付けて理解してはいるが，両者の有機的関連性につ

---

[14]　通産省合理化審議会は1952年に『企業における内部統制の大綱』を提出し，翌年には『内部統制の実施に関する手続き要領について』を提出している。当時の通産省産業合理化審議会答申の狙いは二つある。一つは，戦後日本の民間大企業に管理会計手法を習得させることである。管理会計手法としての標準原価計算制度を民間企業の産業合理化に活用させることである。もう一つは，1951年にスタートした会計士監査に対応したものである。つまり，経営管理の近代化が求められる民間大企業に対して財

いて本格的に論じていない⑮。

II 淡路労務監査論

1 淡路労務監査論の諸特徴

淡路圓治郎教授は「労務管理の問題点」（『労務研究』第9巻第8号，1955年）と「労務監査の原理」（『労務研究』第9巻第5号，1956年）を著している。

第1に，淡路労務監査論は当時の日本の労務管理の状況を応急的・弥縫的である⑯と把握する。淡路教授が「応急的・弥縫的である」といっていることの意味は，労務管理活動が計画性に乏しいこと，とかく画一的に流れていること，経営の目的に即応しどれだけの効果をえられているか疑わしいこと，労務管理職能が依然として例外事項として取り扱われていること，真に正常業務となりえているか疑わしいことなど⑰である。

日本企業の労務管理の実態に対する淡路教授の認識は，「敗戦の混乱と戦後

務諸表の作成と対応を迫ることであり，法制化されたばかりの会計士監査の実施に必要不可欠であると判断される企業内部の経理・会計部門に対して，新たに全社的なコントローラー制度と内部統制制度の導入を促すことである。1950年代の初頭から中期にかけて導入された内部統制制度の性格は，当時の産業合理化と関連させて理解するのが妥当であり，必ずしも財務管理，会計監査と関連付けて理解することが適切であるとは思えない。財務管理，会計監査と関連させて理解すべき歴史的段階は会計基準，監査基準が導入される1970年代以後のことであるように思われる。

⑮ 同上書，385頁。なお，内部統制とコントローラー制度の関連について小林靖雄教授は「内部統制の実施の責任は最高経営者にある。そしてアメリカ及びわが国の一部で採用されるコントローラー部門 comptroller's or controller's department の果たす機能こそが，内部統制そのものにとってはスッタッフ的機能なのである」「内部統制の果たすべき機能は，本質的には価値的管理基準による総合管理であり，最も固有には予算統制，最近では利益管理 profit control の果たしてきた会計的管理機能を意味している」と述べている（藻利重隆責任編集『経営学辞典』東洋経済新報社，283-239頁）。

⑯ 淡路圓治郎稿「労務監査の原理」『労務研究（労務監査特集）』第9巻第5号，1956年，2頁。以後，再出に当たっては淡路論文Aと表記する。

⑰ 同上論文，2頁参照。

の労務管理に忙殺されて，我々はその後，労務監査の実施に着手するには至らなかった」[18]「労務管理はいまだ経営の軌道に乗っていないように見受けられる」[19]などという指摘のなかに垣間見ることができる。当時の日本企業の労務管理が場当たり的で，労務管理が経営の例外事項として扱われていること，戦後の混乱と労務管理に忙殺されていること，労務管理は経営の軌道に乗っていないこと等の指摘にも見られるように，淡路教授は敗戦後の混乱期，経済復興期を振り返りながら，朝鮮戦争期以後における日本企業の労務管理の実態を描写している。

第２に，淡路教授は労務管理と経営目的との整合性の欠如を指摘し，これを克服するには「労務管理の経営化」が必要となると指摘する[20]。「労務管理の経営化」を実現させるには以下の４点が必要となる。これらの４点とは，①労務管理は経営者の必要性に応えること，②労務管理は経営管理と連動して機能すること，③労務管理は経営者の労務方針から導出されるべきであること，④最終的には，労務管理は経営効率の向上に貢献しなければならないことである。つまり，企業の労務管理は経営理念，経営方針，経営者の労務方針に従って，経営理念をビジネスに活かし実現するとともに，営利企業であれば避けられない「経営効率の向上」にも応える必要がある。労務監査は，経営理念を事業に具体化するだけでなく，本業での収益確保にも取り組まなければならない。

第３に，淡路労務監査論は監察概念（inspection）と監査概念（audit）との相違を強く意識し，両者の相違を明かにしている。淡路教授によれば，監察概念が意味するものは「もっぱら現状の検討を旨とするもので，計画が予定通りに実施され，しかも，公正に推進されているかどうかを子細に調査して，適宜監督指導するものであるから，当然，責任担当者の考課と密接する。いわば各部署からの執務も忠実なる履行を促すことによって，経営の適性を期するのが

---

[18] 同上論文，3頁。
[19] 同上論文，2頁。
[20] 同上論文，2頁参照。

目的である」⑵と指摘する。これに対して，監査概念が意味するものは「今後の政策を合理化するために，実施状況を検討するのであって，施策の適否を吟味し効果の有無を評価して，将来における有効適切な政策の樹立と適正な予算措置に資するところに狙いがある」⑵という。このように両者の概念上の相違を整理したうえで，淡路教授は担当責任者に考課を実施すれば処罰に繋がることになることから，担当者の処罰に繋がる方法を避けるために，観察ではなく監査を採る必要があると指摘している⑵。

　第4に，淡路教授によれば，労務監査は労務施策の適否を吟味し，その効果を評価し，経営目的の達成に有効かつ適切な労務政策を立案し，適正な予算措置を講じなければならないという⑵。つまり，淡路教授は「労務監査の目的は，当然，労務政策の合理的総合調整を成すために，経営内の労務管理の実態を計画的に調査分析し，これが経営上の効果を実証的に評定吟味し，今後の改善の急所を具体的に発見確定することに在らねばならぬ。この目的に応ずる一連の科学的方法が労務監査なのである」⑵と指摘する。「労務政策の合理的総合調整」が，淡路教授がいうところの労務監査の目的とされている。確かに淡路教授は労務監査の目的を「労務政策の合理的総合調整」に求めているが，「労務政策の合理的総合調整」に求めざるを得ない理由は，労務監査は財務，生産・製造，労務，販売・営業等の各々の職能管理を一つに統合する経営管理職能の不可欠な一つの機能であるからである。つまり，労務監査機能は全般的経営者の視点から計画され，実行され，評価・点検される統制機能であり，労務監査目的は労務管理の改善改良に資することである。

　第5に，淡路教授は労務監査の在り方に触れて外部監査（「労務に通じた第3者」）が好ましいという⑵。つまり，淡路教授は「多くの会社では，労務担

⑵　淡路圓治郎稿「労務監査の問題点」『労務研究』第9巻第8号，1955年，2頁。以後，再出に当たっては「淡路論文B」と表記する。
⑵　同上論文，2頁。
⑵　同上論文，2頁。
⑵　同上論文，2頁。
⑵　淡路論文A，5頁。

当者が直接自己監査を計画しているようであるが，これではお手盛りのおざなりの報告となって，実態を公正につかみにくい。もとより労務担当者が自己の職責につき一々素直に完成することは好ましいが，これでは職務に伴う当然の責任で，いわゆる監査には属さない」[27]と批判し，「いやしくも監査たる以上，労働に通じた第３者が客観的な立場から公正に審査すべきで，これを当事者に一任するのは拙策である」[28]と指摘し，更に，「労務担当者自らが計画し実施した労務管理の結果を振り返り，反省することは望ましいが，これは単なる職務上の責任を果たしているに過ぎず，これでは労務監査ではない」[29]。労務担当者が関与する場合には「自分の担当分野は避けて，局外の監査に任ずるのでなければ，公正は期しがたい」[30]という。

　第６に，しかし，淡路教授は同じ頁で「内部監査が望ましい」とも指摘している。このような意味において淡路教授は前言を翻している。通産省産業合理化審議会答申『企業における内部統制の大綱』（1952年），産業合理化審議会答申『内部統制の実施に関する手続き要領について』（1953年）が淡路教授に前言を翻させたのである。既に触れたように，通産省産業合理化審議会答申はコントローラー制度導入の必要性を強く打ち出した。同審議会答申は常務会の構成メンバーである常務に直属するコントローラー部の設置を提言しているが，具体的には，答申案が求めているのは内部統制制度の構築であり，職務分析と標準原価計算制度の導入等であった。コントローラー制度が日本企業に定着した後の日本企業の姿を思い浮かべ，淡路教授は全般的経営者の持つ統制機能を内部監査室に移譲する時代が到来することを読み取り，淡路教授は同じ頁にお

---

[26]　淡路論文Ｂ，３頁参照。
[27]　同上論文，３頁。
[28]　同上論文，３頁。
[29]　同上論文，３頁。
[30]　同上論文，３頁。なお，淡路教授は，「監査委員に加わるにしても，一応，第３者的な立場をとって監査に当たるだけの心構えが必要である。監査係としては，労務の実情に精通した人物を，例え一時的にせよ，局外に据えねばならぬところに，実際上，選任のむずかしさがある」と指摘する。

いて前言を翻したのである⑶¹⁾。淡路教授は将来の日本企業の望ましい労務監査は内部監査となるというように，これからの労務監査は内部監査でなければならないと改めて認識し直している。

　第6に，淡路労務監査論における労務監査の方法は三重監査である。三重監査はミネソタ大学産業関係研究所が開発した方法である。三重監査は淡路教授がアメリカから直輸入した労務監査の3点セットである。3点セットといったのは，三重監査は，①労務施策評定（A監査），②労務予算分析（B監査），③労務実績評定（C監査）から構成されるからである。労務監査を実施するに当たり，淡路労務監査論は三重監査（労務監査）が価値判断であることを否定しようと考えていなかった。むしろ積極的に価値判断であることを肯定していた。淡路教授は，「三重監査方式の基本は評定，すなわち価値判断であるから，不用意に実施すると，監査は不公正で不明瞭で信頼しがたくなる」⑶²⁾と指摘し，また「三重監査を一貫する方法原理」は効果性の原則，均衡性の原則，適合性の原則であり，効果性の原則に対応した価値判断，均衡性の原則に基づく比較判断，適合性の原則による妥当性の判断が必要となると指摘する⑶³⁾。この場合，最も重要な指摘は，労務監査に当たり求められるのは特定の価値に基づく判断であるという指摘である。労務監査は特定の価値に基づく判断であるということを，淡路教授は明確に言い切っている。

　鹿内氏と同じように，淡路教授の指摘においても企業の労務管理を導くものは経営理念，経営方針，労務方針である。このように企業の経営理念から始めて労務管理を理解するならば，任意性監査としての労務監査においては，労務

⑶¹⁾　同上論文，3頁。淡路教授の論理には労務監査を実施する担当者が誰であるべきかという問題と，労務監査が企業組織体のどのような部門によって担われるべきであるかという問題が混同されている。このような混同が生じるのは，労務監査の実行を企業外部の第三者に求めた段階では，淡路教授が労務監査機能を全般的経営者の統制機能として明確に把握しておらず，企業組織の高度化と複雑化に伴って全般的経営者のもつ統制機能が内部監査室（または内部監査委員会）に移譲されることを把握していなかったためであろう。

⑶²⁾　同上論文，6頁。

⑶³⁾　同上論文，9頁参照。

管理対象企業の労務管理を構成する労務施策に経営理念の具体化の実相がどのように現れているかが問われなければならない。同時に，法治国家では，企業の労務管理が各種労働法規等の遵守を強く求められるものである以上，労務監査では任意性監査に加えて準拠性監査を実施する必要がある。各種労働法規に準拠する準拠性監査では，労務監査対象企業の労務管理活動が，法令遵守を踏まえているかどうかを確認する必要がある。そして，現代の労務監査は，労務監査対象企業の労務管理が法令及び倫理・道徳を遵守する場面を想定し，経営理念，経営方針，労務方針が労務管理活動に投影されているかどうか[34]，そのことが法令違反とならないかどうか，社会倫理や社会道徳に反していないかどうかを精査する必要がある。

2　淡路労務監査論の意義と限界

鹿内氏と同じように，淡路労務監査論においても幾つかの意義と限界がある。淡路教授による指摘の大部分は鹿内氏の指摘と同じである。この点では，淡路教授が提唱する労務監査論は新鮮味に欠ける。淡路教授が紹介する三重監査もミネソタ大学労使関係研究所が開発した産物である。敗戦後の日本の経営学研究の主潮流はドイツ経営学からアメリカ経営学に移り，当時の日本社会ではアメリカ経営学の理論と方法が盛んに紹介された。その発端はアメリカ占領軍民間通信局主催のCCS講座であるが，その後，MTP，TWIなどの訓練講座[35]が相次いで紹介され，アメリカ経営学の基本的な考え方，アメリカ的労務管理の

---

[34] 経営理念，経営方針，労務方針が企業の各種労働法規の遵守に投影されるといった場合，それぞれの企業が現行の労働諸法令を遵守することは想定されていない。経営理念，経営方針，労務方針の如何によって，それぞれの企業によっては法令及び倫理・道徳の遵守を超えるところの労務管理がありえる場合を想定している。ヘンリー・フォード1世は，1914年に他の企業に先駆けて8時間労働制を導入した。

[35] 敗戦後の日本では，アメリカ占領軍民間通信局が通信産業の経営者層，通信機器製造業の経営者層を対象に開催したCCS（Civil Communication Service）講座の他に，通産省が主導性を発揮し導入・普及させたMTP（Management Training Program）講座，厚生省が民間企業の監督者を訓練するために導入・普及を図ったTWI（Training within Industry）がある。

理論と制度などが日本企業の経営者に紹介された。

　CCS講座の強烈な印象と影響もあり，急速にアメリカ労務管理に固有の考え方，管理制度，管理技法等が紹介された。いわゆる日本的労務管理のアメリカ化が進行した。淡路教授が紹介した労務監査論も「労務管理のアメリカ化」の流れに沿っていることは間違いないであろう。「労務監査の目的は，当然，労務政策の合理的総合調整を成すために，経営内の労務管理の実態を計画的に調査分析し，これが経営上の効果を実証的に評定吟味し，今後の改善の急所を具体的に発見確定すること」[36]と明言した淡路教授の指摘は，今日の我々が労務監査の在り方を問う場合の基本的な前提条件を指摘したものである。

　このような淡路教授の労務監査論においても幾つかの限界がある。第1に，鹿内氏と同じように，淡路教授においても労務監査の視界を人事管理監査（personnel relations audit）に限定している。労働組合対策監査（industrial relations audit）と人事管理監査との相違性については言及されているが，両者の関連性については論じられていない。しかも，淡路教授は労使対立が存在する条件下では人事管理監査の実施の可能性さえ危いと指摘する。淡路教授は「労務監査の内容には労務管理の条記事項が多いから，監査計画の推進には当然，経営の正常状態が前提条件となっている。これが常態でなければ，計画的なポリシー・コントロールは不可能でもあるし，無意味でもある。したがって，経営者が経営の危機に直面し，もしくは労使の紛争処理に忙殺されているところでは，施策がとかく弥縫に流れ，機動作戦に傾く関係上，労務監査の対象になりにくいし，悠長な監査のゆとりもない。ある程度経営が安定し，労使関係も維持されているところでないと，労務監査のような手間と時間のかかる仕事は差し控えた方が賢明である」[37]という。

　労使関係が不安定な社会的条件下では，労務監査は差し控えるべきであるというのが淡路教授の見解である。しかし，労使関係が不安定状況であったのでは労務監査（人事管理監査）は差し控えるべきであるとはいえない。第2次大

---

[36]　淡路論文A，6頁。
[37]　同上論文，6頁。

戦後日本国憲法の制定を受けて労働三法は制定されている。法律上，経営者は団体交渉を拒否できない。断交拒否は不当労働行為と見做される。敗戦直後に経済同友会が労働組合の経営参加を提唱したことは想起されるべきである。労使関係が不安定状況であればこそ，労働組合対策監査実施の意義がある。淡路教授は労働三法制定後の経済社会の変化を意識的に把握し，企業の労働組合対策の在り方を監査する労働組合対策監査を位置付けるべきであった。

　第2に，鹿内労務監査論と同じように，淡路労務監査論でも日本企業の労務管理の構成原理とアメリカ企業の労務管理の構成原理との相違点を指摘しない。アメリカ企業では労務管理は職務を基軸に構成される。これに対して，日本の労務管理は人間の属人的性格を活用する。そのために日本企業は人間の属性を評価し，人事考課を多用する。淡路教授が労務管理の日米間相違を認識していたならば，コントローラー制度及び内部統制制度が日本企業に定着しない特殊事情を踏まえ，標準原価計算の適用範囲が製造業の製造職場作業に限られてしまったのでは(38)，職務分析の導入が経営管理の近代化，経営の合理化に結実しないことを指摘すべきであった。

　第3に，ミネソタ大学労使関係研究所の三重監査では監査対象領域が多岐にわたるだけでなく，監査項目は膨大な数に及んでいる。三重監査では，その実施に当って多数の項目を点検する必要がある。労務監査人に的確な記述を求められる箇所も数多い。労務監査に費やすべき時間，労働力，費用等を考えるならば淡路教授が紹介した三重監査の実行性は低いと判断せざるをえない。淡路教授が紹介し導入した三重監査は当時としては最高水準のものであった。しかし，労務監査の理論的及び実践的な価値を理解することができたのは労務管理の現代化（アメリカ化）を求める労務管理研究者に止まらざるを得なかったのではないだろうか。また，当時の実務家の多くは労務監査に興味を持ってはいたが，彼等の主要関心事は必ずしも労務監査の理論に向けられておらず，実利

---

(38)　コントローラー制度及び内部統制制度を盛り込んだ通産省合理化審議会は，内部統制制度を経営管理の範囲に限定しており，約款の規定を通じて内部統制を企業統治機関に及ばそうとは理解していなかった。

につながる方法や手続きであった。

【平沼　高・大倉　学・大槻晴海】

第2章

能力主義管理の展開

－その理論と実践の結果－

I 能力主義管理の理念と方法

1 労務管理（能力主義管理）の理念

　労務管理の司令塔は日経連が担ってきた。日経連年次大会決議（1967年）は「労働力の最大活用による少数精鋭の人事労務管理を徹底確立し，労働効率の向上に総力を傾けなければならない」[1]と指摘し，「時代の進運に歩を合わせ新しい日本的な労務管理体制を確立すること」[2]を訴えて能力主義管理研究会を発足させた。1969年に能力主義管理研究会から報告書が，翌年には『能力主義管理－その理論と実践－』（以後，『能力主義管理』と記す）が刊行された。その後，能力主義管理は，①減量経営期，②ME・OA合理化期，③バブル経済期，④「空白の10年」（バブル経済破綻後～リーマンショック），⑤今日（リーマンショック後～現在）に至るまで，日本労務管理の指南書でありつづけ，今日でも「日本企業の人事・労務管理の普遍的原理」[3]である。

---

[1] 日経連創立40周年記念定時総会決議「今後の労使関係の課題と経営者の見解（1968年4月）」（日経連『日経連の歩み－昭和43年4月～昭和48年3月－』所収，1973年，72頁）。

[2] 同上書，72頁。

[3] 菊池光造教授は，「高度経済成長期の半ばに労働力不足のインパクトのもとで登場した少数精鋭主義は石油ショック後の不況・低成長の過程で転換し，減量経営を踏まえた企業の人事戦略の基本に据えられた。中核的労働力を最小限の優秀な人材にしぼり，周辺労働力は臨時・パート・アルバイト，人材派遣などに依存する」「高度経済成長期の半場に年功主義の『ぬるま湯』性を突き，従業員活性化の方策として登場

日経連『能力主義管理』は,「能力主義管理の理念は, 企業における経済合理性の追求と人間尊重との調和にある。企業の経済合理性追求のなかには当然人間尊重の理念が含まれており, 人間尊重のないところには経済合理性の達成もありえないし, その逆もありえない」[4]と指摘する。本来, 各々の企業の経営理念から導出される経営方針と労務方針が労務管理の在り方を規定する。ところが, 日経連『能力主義管理』は企業の経営理念と労務方針を謳うことなく, 労務管理の理念を語っている。先行研究の成果に照らすならば, 日経連『能力主義管理』の指摘ではその論理が逆転している。労務管理は企業の経営理念, 経営方針, 労務方針に従うべきものである。鹿内氏及び淡路教授が指摘したように, 現代日本社会の企業経営者においてさえも, 自社の経営理念を取り替え可能な看板と見做す傾向がある。鹿内氏と淡路教授の双方も企業の経営理念が偽りの看板となり易いことを理解していたからこそ, 企業の労務管理が, 経営理念, 経営方針, 労務方針に従うことの大切さを指摘したのである。

2　個別管理としての目標管理制度

　能力主義管理には二つの支柱がある。その一つは個別管理の徹底である。個別管理の徹底は目標管理と職能資格制度に具体化され, 目標管理制度は上司と部下との面談, 人事考課の実施, 賃金処遇管理, 昇進管理等と結合し, 労働者の職業人生を左右する。目標管理制度は企業目標に個人目標を統合させる労務管理制度である。期末になると労働者は上司から次期の新たな到達目標値の提出を求められる。前年度を下回る到達目標値を提出するならば, 上司から「新

　　した能力主義は, いまや人事・労務管理の普遍的原理として定着した」と述べている。菊池光造教授が指摘しているように, 能力主義管理が人事労務管理の普遍的原理となったとの指摘には同感である。能力主義管理の暴走が, 圧倒的多数のホワイトカラー労働者に長時間労働と精神的ストレスを伴う過重労働を強いている。
(3)　菊池光造稿「変貌する労使関係と労使の役割」『日本労働協会雑誌』No. 346, 1988年, 39頁。
(4)　日経連能力主義管理研究会編『能力主義管理－その理論と実践－』日経連出版部, 1969年, 第1版第1刷, 18頁。以後の注記方法は日経連同上書, 日経連前掲書と表す。

しい到達目標を掲げこれに挑戦する意欲がない」と評価され，上司自身も自らの上司から厳しく叱責される。上司の上司から「部下を説き伏せられなくて管理職がつとまるつもりか」と言われ，目標が未達成であれば上司も自らの上司から人事考課で低い点数を付けられる。末端の労働者は言うに及ばず，監督職や管理職であれば，無理を承知で企業目標に合わせた高い目標値を掲げざるを得ない[5]。目標を達成できれば，「意欲的に目標に挑戦し目覚ましい成果をあげた」と評価され，昇進，昇格，昇給の機会が巡ってくる。個人目標を企業目標に統合させざるを得ない労働者の意識には，「傾斜的労使関係」下での労働者の自発的従属性と昇進意欲がある。上司による強制力は労働者の自発性と結び付いて，労働者を過剰適応と出世競争に駆り立てる[6]。

目標管理制度の本質を見極めるためには「目標のタテ連鎖」[7]を直視する必要がある。年間売上高，年間総生産量，年次総利益等は，社長の指示に従って

---

[5] 目標管理制度では目標を自己申告する時が重要である。上司との丁々発止のやり取りが不得意で要領の悪い労働者は上司の強い指導と威圧的態度に押し切られる。不本意ながら高めの到達目標値を掲げてしまう。高い到達目標値を設定したために必死に頑張っても実際の目標達成率は低くなりがちとなる。逆に上司との丁々発止のやり取りが上手く口達者な労働者は，低い到達目標でも弁舌を振って上司を説得する。世渡り上手な労働者の目標値は低めであるために，左程の努力を傾けずに目標達成に成功できる。要領の悪い真面目な労働者は損をする結果となりがちとなる。

[6] 職場での労働者の生きざまに企業側の強制性と同時に労働者側の自発性があることは，熊沢誠著『日本的経営の明暗』が構造的，体系的に解き明かしている。熊沢教授は正規雇用労働者が選別，査定，競争下におかれていることに触れて，「美しいことばで言えば，日本的能力主義は従業員を長期的かつ全体的に評価して，彼の可能性の開発を期待する。しかしそれは，それゆえにこそ，従業員の生きざまの全体を労働者間競争の中に投げ込む」という（熊沢誠著『日本的経営の明暗』筑摩書房，1998年，269頁）。

[7] 東京芝浦電気編『目標管理実践マニュアル』は，「当初は目標のタテの連鎖が不十分だった。個人中心型にウエイトをおいているので，ある程度やむをえなかった。しかし，その後，上層になればなるほど，業績中心＝組織目標との密接な結びつきが要請され，かつそのような目標でなければ，肝心の『ヤル気』もおこらないということがわかった。そこで，タテの連鎖をうまく進めるために，トップから末端への組織的展開に力を入れることにした」と述べている（東京芝浦電気編『目標管理実践マニュアル』産業能率短期大学出版部，1969年，10版，32頁）。

経営企画室が取り纏める。社長に提出された経営計画案は，経営執行役員会で合意され正式に株主総会で議決される。企業の到達目標値は経営管理を構成する全ての職能管理部門の目標値として具体化され，職能管理部門の到達目標値は労働者の個人目標に分解される。部長が部下を叱責し厳しい指導を徹底しても，部門目標を達成できなければ企業全体の目標達成は不可能である。トップマネジメントから到達不可能な過重目標が強制されるならば，職能部門の到達目標は部長，課長，係長に対しても過重なノルマと化す。目標管理はノルマ管理として機能する。

　売上高を達成できたかどうかの業績至上主義が，管理者，監督者，作業者の思考と行動を支配する。職能部門の到達目標が達成できないことが明確となると，上司の指示に基づいて帳簿を締めた後に買い戻すことを約束し，売上を水増しした数値を報告する企業も現れる。一旦売った製品を会計処理後に買い戻していたのでは，誰が判断しても事業利益にはならない。職業的な倫理観を欠如させた行動や思考が広がれば，次第に不正行為を思いとどまる気持ちが希薄化し，管理者，監督者のなかには，不正行為を諫める意見を持つ労働者に対する嫌がらせ，イジメを行うものも現れる。本来ならば，企業経営者が率先して取り組むべき健全なビジネスと商取引慣行を腐食させる元凶は，企業のビジネス活動が達成すべき企業目標を業績（売上高，利益額等）のみに絞り込み，複数の利害関係者からの期待と思いを聞く耳を持てなくなったことである。

　目標管理制度の成否を決めるのは目標訓練制度である。目標管理と目標訓練は表裏一体である。管理職及び監督職が，部門目標の達成に必要不可欠な業務指導を適切に行わなければ，労働者個人の目標も部門目標も達成できない。過去に作業職として有能であったからといって，監督職，管理職として有能であるとは限らない。監督者訓練，管理者訓練を実施することなく年功だけで作業者を監督職及び管理職に昇進させれば，監督能力のない監督者や管理能力のない管理者を誕生させる。職務分析を厳正に行わないために，日本企業では，監督職には監督職に固有の職務があり，管理職には管理職に固有の業務があることが忘れられる。経営者が利益至上主義に囚われているならば，職能と職階に

対応した系統的な教育訓練の必要性と重要性も次第に軽視される。

　能力主義管理は企業組織の全成員に職務遂行能力を求める。企業組織に所属する全ての成員は各々の職能部門に所属し、職位と職位に対応する職務を正確に誤りなく遂行する責務がある。職務、職位、職責は切っても切れない関係にある。職務の目的、職務の定義、職務の責任範囲、職務の権限範囲を明確にしたうえで、企業が企業組織の全ての成員に職務遂行能力の発揮を要求するならば、職務記述書、職務遂行マニュアルを完備することが何よりも必要となる。監督職には職務訓練マニュアルが付与される必要もある[8]。能力主義管理ではこのような目標達成のための道具立てが軽視されている。

3　職能資格制度

　職能資格制度は労働者が保持する職務遂行能力を職能資格に位置付ける制度である。いわば職務遂行能力を階層的職能序列に格付ける制度である。

　第1に、職能資格制度は従来の年功的技能形成を引きずっている。縦軸に学歴、能力、職位、賃金額をとり、横軸に年齢、勤続年数をとるならば、労働者の職務遂行能力は右上がりの曲線となる。職務中心の職場ではないために、労働者の職務遂行能力の実際の形成過程は年功的となる。そのために日経連『能力主義管理』が能力主義、実力本位をうたっても、職能資格制度の運用では年功的要素が残らざるをえない。現場の管理職が人心を掌握するためには年功的要素の温存は避けられない。

　第2に、職能資格制度は職階制と連動する。職能資格制度は階層的な構造を持っており、各々の階層には一般職能、中間指導職能、管理職能が配置されている。1段高い職能資格が付与される場合に昇格概念が使われる。電産型賃金

---

[8]　能力主義管理は労働者に職務遂行能力を要求したが、企業の職場には職務記述書、職務遂行マニュアル、職務訓練マニュアル等は備えられていない。能力主義管理が実際に求めたのは職務ではなく職能であるが、実際には能力主義管理は職務分析、職務評価を回避しており、職能資格制度では労働者が従事する職務は職務と切り離されている。

体系，年功賃金制度，職務給でも昇格という概念はなく，職能給を採るがゆえに誕生した概念である。昇格基準は，一般職能では勤続年数，中間指導職能では能力，管理職能では実績である。一般職能から中間指導職能に昇格するには昇任試験に合格する必要がある。中間指導職能から管理職能に昇格するには登用試験に合格しなければならない。登用試験に合格し課長職に昇進して初めて，労働者は次長，部長に昇進できる。部長昇進を果たさなければ業務取締役，副社長になれない。職能部門の責任者である部長も業績次第で経営者にまで昇進できる。

　第3に，職能資格制度には滞留期間がある。滞留期間は最短，平均，最長となる。滞留年数を設けるにはそれ相応の理由がある。つまり，その理由は，職能資格制度が年功的技能形成の側面を残しているからであり，仕事の遂行を通じて人材を育成する側面は決して無視できないからでもある。一方で，職能資格制度は年齢，勤続年数，経験年数等の年功的要素を残しながらも，他方では昇進競争，出世競争を煽る競争原理を取り入れている。

　第4に，全ての労働者が到達目標を120％超過達成しても労務費予算総額が120％に再度設定され直される訳ではない。事業利益が超過達成された場合，超過達成部分を労働者に分配する選択肢もありえない訳ではない。高度経済成長期の日本企業は超過達成部分を期末手当の形式で支払った企業も多かった。しかし，減量経営時代に企業に浸透した職能資格制度では，日経連はこのような選択肢を傘下企業に勧めていない。目標の超過達成部分をボーナスに加算した企業は皆無ではなかったが，決して多くはなかった。職能資格制度には超過達成分の処理方法についての記述はない。

　職能資格制度には欠陥がある。その1つは，職能資格制度に降格規定が見当たらないことである。目標管理制度には労働者の職務遂行能力の発揮度が企業業績に現れるという考え方が前提とされている。このような前提条件があればこそ労働者の職務遂行能力を格付ける必要性が生じる。しかも，職能資格制度は労働者がどれだけの能力を発揮したかをチェックし，労働者の職務遂行能力を格付ける制度として機能する。実力本位の処遇が能力主義管理の本音である

図表1　職能資格制度

等級		定義	経験年数	昇給基準	初級格付け	対応職位
管理職能	M-9級	統率業務	－年	実績	－	部長
	M-8級	上級管理職務	⑥		－	次長
	M-7級	管理職務	⑤		－	課長
				登用試験		
中間指導職能	S-6級	企画・監査業務	③〜⑤	能力	－	係長
	S-5級	判断指導業務	3〜④〜10		－	班長・主任
	S-4級	判断業務	3〜③〜8		－	上級係員
				昇任試験		
一般職能	J-3級	判断定型業務	2〜③〜5	勤続	大卒	中級係員
	J-2級	熟練定型業務	2		短大卒	一般係員
	J-1級	定型・補助業務	2		高卒	初級係員

出典：楠田丘著『改訂初版　職能資格制度』産業労働調査所，1987年，64頁。

ならば，到達目標の未達成（能力不足）を根拠とする降格制度が存在してもおかしくない。能力主義管理では目標未達成は能力不足とされる。能力主義，実力本位である限り，能力不足を根拠とする降格制度とその運用方法が規定されていて当然であろう。

　属人的な労務管理は有無を言わさぬ配置転換を特徴とする。職務関連の配置転換ならば人材を育てることが可能となる。職務無関連の配置転換であるならば，配置転換では職種や職業を遂行するための能力を育成することは難しい。職務無関連で良いのは経営トップにまで昇進する人だけである。年功序列，年功賃金制の時代と同じように，配置転換は職務と無関連であり，特定の職種領域内での異動ではない。能力主義管理は特定の専門的な職域で人材を育成する労務管理ではない。日商簿記検定試験で高点数をとり，会計のプロフェッショナルになることを志向する事務労働者でさえも，経理・財務部門以外の職場に配転されることもある。能力主義管理下の能力形成に関する限り，他の職能部門から昇進した新米の部長は単なる素人にすぎない。

　その2は，職能管理部門の相違による職域，業務内容，職歴の違いが考慮されない。経理・財務部門，製造部門，販売・営業部門，労務部門，情報システ

ム開発部門などが企業組織にはある。それぞれの職能管理部門の業務や職務は異なり，業務や職務の遂行に要求される知識と技能も異なる。同じ製造部でも直接生産部門と間接部門では，労働者に要求される知識と技能は異なる。間接部門でも熟練職種労働者，エンジニア，事務職に要請される知識と技能は同じではない。職能資格制度は必ずしもそれぞれの職能部門の特性と職能部門における職種，職務の特性を反映していない。職能概念は客観的な職務内容，職務特性から切り離されている。

　その３は，職能資格制度は年齢構成の高度化に対応できない。職能資格制度では職務遂行能力が高ければ職能資格も高くなり，企業組織での職位も高くなる。職位が高くなれば必然的に受け取る賃金額も高くなる。能力主義管理が能力主義，実力本位であるならば，このように職務遂行能力，職能資格，職位，賃金額の四つの要素はお互いに正比例しなければならない。団塊世代が役職相当年齢に達するに伴って職位不足が顕著となり，管理職を増やせば労務費総額が膨張する。労務費総額の肥大化を防ぐために職位と職能資格を切り離せば，職位と職能資格との相関関係が崩壊する。年功的に昇格させれば，実力主義，能力本位でないと批判される。

4　職場小集団管理活動

　能力主義管理のもう一つの支柱は小集団活動である。具体的には，ZD（zero defect，無欠点運動）やQC活動（quality control circle）[9]である。ZD運動は軍需産業のマーチン社が開始した小集団活動である。長距離ミサイルを製造する企業では必要な部品点数は膨大な数にのぼる。たった一つの作業ミスが深刻な重大事故を招きかねない。マーチン社が着手した方法は労働者を小集団に組織し，作業者に品質意識を持たせ，品質向上運動を行わせるものであった。小

---

[9]　日本ではQC活動はクオリティー・コントロール・サークルの名称で呼ばれるが，アメリカ自動車産業では単にクオリティー・サークルと呼ばれる。アメリカの労働者及び労働組合は統制（コントロール）概念を使わない。職能部門管理職だけが労働者の労働を統制できると考えるからである。

集団活動による品質管理向上の取り組みが功を奏し，マーチン社は自社製品の欠点をゼロに近付けた。ZD計画を日本に最初に導入したのが日本電気[10]であり，同社は1965年からZD運動をスタートさせている。

　能力主義管理は日本人の特性を利用している。日経連『能力主義管理』は「世界に比類を見ない」「個人の集団に対する忠誠・帰属心の高さ」[11]を活用するという。日経連『能力主義管理』が「役割（職務）尊重のチームワーク」[12]を品質向上に生かす必要を強調するのは，このような日本人の特性を活用したいからである。したがって，職場小集団に溶け込まず，集団の合意よりも個人の意思を尊重し，自己主張の大切さを切望し，労働者に固有の権利を重視し，性別，年齢，能力評価による差別・選別に反対し，孤立を恐れない人間は小集団活動には馴染めない。小集団活動は個性的な人間を排除しがちであり，職場民主主義を否定しがちとなり，このことが小集団活動をマンネリ化させる。

　小集団活動管理は提案件数と提案内容を競わせる競争主義的な労務管理である。目標管理と同じように，小集団管理も労働者間に出世競争を煽る労務管理である。職場小集団活動は「自主管理活動」といわれるが，実際には自主的な活動ではない。会社側からの強い要請と積極的な働き掛けがあればこそ，小集団管理は成立する。労働者が小集団に組み入れられると，上司から数多くの提

---

[10] 日本電気株式会社がZD運動の考え方を導入し展開させた経緯については『ZDの実際－日本電気のZD運動』を参照した。なお，日本電気がZDを1965年に導入したことはインターネットで検索し，「NECの歩み」（jpn.nec.com/profile/cop/history 02.html）で確認した（2017年3月20日アクセス）。
[11] 日経連前掲書，69頁。
[12] 日経連『能力主義管理』は「職務中心－個別管理を基本とするとはいえ，わが国は世界でも稀な同質的社会であり，諸個人の組織及び集団に対する忠誠・帰属心も高い。目標管理，QCサークル，ZDグループなどの活動は，小集団に対する忠誠から従業員に満足と意欲を与え，大きな成果を導くものである。役割（職務）尊重のチームワークが現代的な和であり，集団主義である。各人の役割の尊重の上にはじめて新しい現代的職場小集団が成立する」（69頁）と述べている。日経連『能力主義管理』は職務中心であると言っているが，しかし，引用個所からうかがえるように，実は職務中心の労務管理を志向している訳ではない。「個人の集団に対する忠誠・帰属心」を活用し，チームワークを重視する集団主義を志向している。

案を出すことを要求される。改善件数と提案内容が高く評価される。改善件数と提案内容は社内で審査され，提案が事業収益の向上に貢献すれば報奨金が支払われる。しかも，小集団活動に対する取り組みも人事考課の対象となる。職場小集団の結成過程での積極的な取り組み姿勢だけでなく，労働者の日常の取り組み態度，改善件数，提案内容も評価される。班長やリーダーであれば指導力が評価される。小集団の構成員としての意欲性，忍耐力，積極性，協調性等も考課対象となる。人事考課の対象が労働者の人格と労働生活の全体に及ぶことになる。人事考課は労働者の人格的支配の手段[13]となる。

II 能力主義管理の運用的側面

1 人的投資効率と少数精鋭化

日経連『能力主義管理』は，「能力主義管理はそれ自体何人も学歴や年功にとらわれることなく能力に応じて平等に扱われ，能力の開発と発揮に従業員一人ひとりが主体的，意欲的にとりくみ，そこに積極的な個人の生きがいと活力ある企業，ひいては生き生きとした明るい社会の建設につらなる社会哲学である」[14]と指摘し，更に「労働力不足－賃金大幅上昇－のなかで賃金コストの安定をはかり，企業の内外競争力を維持強化し，もって企業の成長を確保し，それによって従業員の生活の安定と向上を図るための少数精鋭主義による労働効率向上を直接の狙いとする」[15]と述べる。要するに，能力主義管理の直接的な目的は労働力不足が賃金上昇に直結するのを堰き止めることであり，その具体

---

[13] アメリカ企業の場合，人事考課制度対象は職能部門管理者と管理・監督職である。ランクアンドファイルの労働者が人事考課対象となるのは極めて稀である。また，人事考課の有効性も日本と欧米では異なっている。アメリカ企業では人事考課制度は被考課者である労働者からの同意を必要とする。被考課者である労働者が同意したことの証左として，企業の人事考課票には必ず署名欄が設けられている。被考課者本人の同意と納得が得られなければこの人事考課は有効とは看做されない。

[14] 日経連同上書，52－53頁。

[15] 日経連同上書，52－53頁。

的な方法が「少数精鋭主義による労働効率向上」である。
　「少数精鋭主義」はどのように「労働効率向上」に繋がるのだろうか。日経連『能力主義管理』は「労働効率のみではなく，原材料・資金・機械・設備・土地などあらゆる生産要素の効率化をはかり，企業経営全体の効率を高めることが課題であるが，総コストに占める人件費の割合の大きさのうえからも，またそれが急速に上昇している点からも，労働の効率化は特に要請される」[16]と指摘する。「他の生産要素の効率化も結局は従業員のより高い能力開発とその発揮に基づくから，企業経営全体の効率化は終局的には人に依存する」[17]，「経営力のカギは最終的には人的能力の開発と活用にある」[18]と言い切り，「資本自由化時代における国際競争力の最終的なキメ手は人であり，人事労務管理である」[19]と指摘する。端的に言えば，少数精鋭化を労働効率向上に接合できるのは，両者のあいだに「人的能力の開発と活用」の仕組みが介在するからである。
　企業の投資活動には，資本集約型投資と労働集約型投資がある。経営者が資本集約型投資を志向するならば，投下資本は労働過程を構成する労働手段に向けられる。それは労働の機械化，生産の自動化として現れる。新型機械では経済性が問われる。日経連『能力主義管理』は労働集約型投資を選好する。なぜならば，投下資本は労働力に向けられるからである。少数精鋭化は「人的能力の開発と活用」を媒介しなければならない。つまり，「人的能力の資源の開発と活用」が企業活動として求められる時，日経連『能力主義管理』が企業に要請するのは雇用者数の削減であり，しかも，雇用数の削減は単なる量的削減ではなく，「投資効率の高い人的資源」と「投資効率の低い人的資源」とを見分けたうえでの削減である。「投資効率の高い人的資源」と「投資効率の低い人的資源」とが識別されたうえで，「投資効率の高い人的資源」に投資を集中しなければ，人的投資における投資効率を高めることができないからである。

---

[16]　日経連同上書，52-53頁。
[17]　日経連同上書，53頁。
[18]　日経連同上書，53頁。
[19]　日経連同上書，53頁。

日経連『能力主義管理』は人的投資を重視する人材育成型の労務政策である。「投入労働量に対する産出成果量（金額）の割合が生産性となるから，一定の労働量の投入によって成果を極力大きくする」[20]「一定の労働量の投入によって成果を極力大きくする」[21]方法を前者とし，「一定の成果を産出するために要する労働量を極力小さくする」方法を後者とするならば，日経連『能力主義管理』が採る人的資源投資の方法は後者とならざるをえない[22]。

2　少人数化・精鋭化の前提条件

日経連『能力主義管理』は，「"精鋭を少数使う"ということは凡才を多数抱えているよりはましだが，企業体が玉石混淆という現実を考えると玉と石を選別するという思想が含まれていて，石をどうするかという問題が残らざるをえない。それに対し"少数にすればみな精鋭になしうる"というのは，玉はさらに磨き，石は玉にしてゆくという積極的な姿勢がある。たとえば，10の仕事に対して13人が就いている状態と7人が就いている状態とでは7人の方が精鋭化に適した環境にあるといえよう」[23]と指摘する。少人数化とは職場の保有人員を絞り込むことであり，精鋭化は少数化された労働者の職務遂行能力を開発し，職務遂行能力を発揮させ，労働者の職業能力の発揮を企業業績に繋げることである。

"精鋭を少数使う"ことの意味が重要である。能力主義管理は，仕事量（業務量）を減らさずに労働者数だけを削減し，職場に残った労働者が保有する労働能力を，企業目標である利益向上に全面的に活用する労務管理である。製造業で見れば，労働過程を構成する3要素は，①原料，材料等の労働対象，②道具，機械等の労働手段，③労働主体である。企業経営の費用的側面から見れば，

---

[20]　日経連同上書，194頁。
[21]　日経連同上書，194頁。
[22]　日経連同上書の序言では，「能力主義管理の目標はまず何よりも最少の人員で，最大の成果を上げる少数精鋭主義の追求にある」と記載されている。
[23]　日経連前掲書，202頁参照。

①と②は物件費，③は人件費（労務費）である。"少数化すれば精鋭になる"能力主義管理の標的は，③人件費に向けられており，人件費を可能な限り削減しつつ人材を多面的に活用する労務管理となる。従来，教育訓練費と見做された費用概念は，能力主義管理では人的投資概念のなかの投資額となる。したがって，能力主義管理体制下では教育訓練効果は投下資本利益率となって現象する。投資効率の低い教育訓練は切り捨てられ，投資効率の高い教育訓練は高く評価される。このように対応してこそ，「企業業績に現れない能力は能力ではない」という論理が労務管理活動の計画と実施に貫かれるのである。

　能力主義管理の巧妙な例え話には相当の無理がある。第1に，労働者個人が従事する職種や職務が想定されていない。製造業の場合，技能別労働力の編成という側面から見れば，企業における実際の職場には，複数の熟練職種もあれば半熟練職種もある。熟練職種でも直接生産部門で働いている者もいれば，試作品製作のような間接部門で就労する者もいる。大卒・大学院卒のエンジニアなども働いている。伝統的な熟練職種は複数の職務に分解できない。熟練職種は半熟練職種に代替できない。同じように熟練職種といわれても，職種を飛び越えて労働者を他の職種に就労させられない。職務数の削減と要員数の削減の現実は，机上の計算だけでは済まないのである。

　第2に，少数化の論理を精鋭化の論理に結合させる日経連『能力主義管理』の議論では，労働の技術的・物的条件が見落されている。労働生産性に決定的影響を与えるのは労働の技術的・物的条件である。労働の技術的・物的条件が生産性向上に果たす役割を自覚することなく，企業における労働生産性の向上策を職場の人的能力に頼り過ぎている。労働の技術的・物的条件を無視した議論は単純な観念論となり易く，単純なガンバリズムと過剰な精神主義に陥り易くなる。労働者の少人数化が図られる場合でも，労働の技術的・物的条件と同時に，福利厚生，労働時間数，賃金原資，職務内容なども考慮されなければならない。労働の技術的・物的条件，人的・社会的労働条件が考慮されないならば，職場の労働者は最少要員数で過重な業務量を消化せざるをえなくなるのは当然である。

第3に，能力主義管理では，利益追求が人的能力の酷使に過度に依存する弊害が考慮されていない。労働の機械化は労働力編成と有機的に結び付いている。同時に，企業が実施すべき能力開発と能力活用にも結び付いている。労働の技術的・物的条件が考慮されなければ，少人数化政策は人的能力に過度な負担を与えることになる。「投資効率の高い人的資源」に過度な労働力支出を求める結果となる。安全健康配慮義務の軽視に繋がるならば，労災事故，長時間労働，過密・加重労働，神経疲労，鬱病等を招来させるのは必至である。

　第4に，能力主義管理は，一労働日当たりの労働時間と標準業務量を無視している。既に触れたように，日経連『能力主義管理』は7名編成で10の仕事を行わせる職場を想定している。『能力主義管理』は少人数編成で従来の仕事量を消化することを高く評価する。労働者が遂行する仕事が無定量・包括的である限り，職場の労働者数を合理的に決めることは意外に難しい。職場の労働者数を決める方法には，①労務費予算額で決める方法，②過去の経験実数で決める方法，③職場の職務数で決める方法などがある。また，職場の人員数を増やしても業務量が多すぎて消化できない場合もある。労働時間が少なすぎて業務量が消化できない場合もある。要するに，一労働日当たりの標準作業方法と標準作業時間が決まらなければ，労働者一人当たりの標準業務量も決まらないということである。労働者一人当たりの標準業務量が決まらなければ職場の業務量も決まらない。それぞれの職場の業務量が決まらなければ，企業全体の業務量が決まらない。能力主義管理は標準労働時間，標準業務量，標準作業方法を合理的に決定する方法を保持していない。

3　目標採算人員制度と余剰人員の創出

　職場の要員問題には明確な判断基準が必要である。一般的に，要員計画の策定にはいろいろな方法がある。ここでは積み上げ方式と目標採算人員制を取りあげる。積み上げ方式は，職務分析の方法を使って職務遂行のための標準時間を割り出し，職務遂行の標準時間を基準に要員数を積み上げることで，最終的に総要員数を決める方法である。このような積み上げ方式の場合では，職務分

析の専門家が精巧なIE手法を使用し要員数を算定したとしても，職場の人員数を大幅に削減することは極めて難しい。職務を基礎に要員数を決めようとすると要員数の削減が職務の拡大となり易く，業務負担の増大につながり，労働者の抵抗や反抗を引き起こすからである。

　日経連『能力主義管理』は要員管理の方針を4点ほど指摘する。①「将来への目標人員であること」，②「付加価値分析による採算人員であること」，③「積み上げ人員と目標人員の開きは合理化対策によって埋める」こと，④「総要員は部門別，職場別に遂次分割する」ことである[24]。日経連『能力主義管理』が指摘するこれらの方針を見る限り，労務費予算総額を平均賃金で割って人員数を算出する方法，職場の職務数を積み上げて加算し，労務費予算総額を決める方法には触れられていない。我々が注目すべきであるのは③と④である。つまり，③「積み上げ人員と目標人員の開きは合理化対策によって埋める」という指摘であり，④「総要員は部門別，職場別に遂次分割する」という指摘である。前述のように，積み上げ方式を使って要員数を決定すると，職場の要員数が削減できない。このような理由から，能力主義管理の提唱者は目標採算人員制度を活用し，雇用可能な最少要員数を割り出し，雇用できる最少労働者数を要員数と位置付けたのである。目標採算人員制度を使えば，雇用労働者総数から雇用可能な要員数を引けば余剰人員数が明らかになる。全社レベルの余剰人員数が明かになれば，次に各々職能部門ごとに余剰人員数を割り当てれば良いことになる。他部門に配置転換するか，転換できなければ解雇する労務政策が能力主義管理の要諦とならざるをえない[25]。

　目標採算人員制度の考え方は教育的である。第1に，労使が協力し売上高総額を増大させなければ，労働者一人当たりの人件費と採算人員数は増大しないことを教える。労働組合が「人員削減は困る」「雇用を保障すべきである」と

---

[24] 日経連前掲書，203-207頁参照。
[25] 民間大企業の現有人員数は定員管理の従来方式で決められている。この現有人員数から目標採算人員制度によって算出した要員数を差し引くならば，当該企業が不必要と見做す余剰人員数が決まり，この余剰人員数が企業の合理化による削減対象数となる。

主張すれば，「不景気の企業経営では人員増は見込めない」「売上高を増やすこと以外に他に適当な方法はない」と経営者から言い返される。このように目標採算人員制度は，職場にとどまりたい労働者側の主張を切り崩す口実となる。しかし，他面において，目標採算人員制度は企業経営を売上高至上主義に陥らせる蓋然性を高めることになる。減量経営を迫られている企業が利潤の確保と雇用の維持のためと称し，長年にわたり会社に貢献してきた中高年労働者を排除する。

　第2に，数年後の要員数そのものは，目標売上高，計画付加価値率，計画労働分配率，計画賃上げ率，人員構成の高度化等の諸要因から変化する。これらの数値は変動要因であるから，企業の経営企画部門が変動要因に入れ込む数値は，業績主義的な意識を持った経営者の意向を尊重しなければならなくなる。その結果，人員削減だけが優先されることになる。目標採算人員制度は要員数の削減をもたらすが，算出された要員数の裏側に労働者と労働者の家庭生活があることが軽視される。能力主義管理下の要員管理は人間尊重の理念と矛盾し，利益至上主義の端的な表現となる。

　第3に，これらの変動要因に入れ込む数値の設定は，経営者の専断事項として取り扱われる。これらの数値の決め方に法的規制力が及ぶ訳ではないからである。ドイツでは労働組合による団体交渉制度を通じた経営参加と同時に，従業員の代表が取締役会に参加する制度がある。法的強制力のない労使協議制が「経営参加」的な意味を持つ日本企業の現実を見る限り，企業別労働組合の役員層が目標採算人員制度に異論を述べることは期待できない。

　第4に，目標採算人員制度における計算式は，数年後の採算人員数を意識的に割り出す算定式である。目標採算人員制度は，将来の自社が採るべき雇用量を明示すると同時に，意識的に余剰人員数を創出する実に巧妙な仕掛けである。数年後にはもっと厳しい人員削減政策が提示されることを知るに至るならば，長期間にわたって企業で働いてきた中高年労働者は，自分自身の身の振り方を考えざるをえなくなる。不本意でも早期退職を考えざるを得なくなる。

　目標採算人員制度が割り出すのは企業全体の要員数である。目標採算人員制

度はどのような労働者を排除し，どのような労働者を職場に残すべきであるかを決めるための方法ではない。誰を排除し誰を残すかを決める方法は人事考課である[26]。人事考課による評価点数の付け方次第によって，ある特定の労働者は馴染んだ職場に残ることが許される。しかし，ある特定の労働者は職場から排出される。人事考課結果は労働者の職業人生を左右する[27]。

4　能力主義管理の成果とその弊害

　高度経済成長を牽引したのは重化学工業である。業界のリーディングカンパニーでさえも，石油危機以後の1970年代には減量経営が強力に推進された。終身雇用慣行は広域終身雇用制に変更され，終身雇用慣行の適用範囲は薄められ，企業集団の人事慣行となった。中高年労働者は「勤続年数は高くても能力に欠ける」「受け取る賃金は高いが仕事ができない」などと評価され，片道切符を持たされて出向させられた。減量経営の強行は企業の労働者構成を若がえらせ，企業の「肥満体質」は改善され，スリムな身体に変貌することができた。1970年代末の鉄鋼業は前代未聞の経常黒字を計上し，能力主義管理は企業収益の増加に貢献した。

---

[26]　1960年代以後のアメリカでは，人種差別と性差別をはじめとする公民権運動が大きな広がりをもって展開された。伝統的な徒弟制度（craft apprenticeship）は，性差別，人種差別を温存する社会的装置であると考えられて，厳しい批判に晒された。しかし，太平洋の対岸にある日本社会では，能力主義管理の浸透に伴って「少数化すれば精鋭になる」「企業の業績に現れない能力は能力ではない」「能力による差別は差別ではない」という論理が強く押し出されることになり，従来の年功的職場秩序に代替するものとして，能力主義的職場秩序が形成されることになった。つまり，日本の能力主義管理は，「適性」「能力」「実力」「業績」「成果」などの近代的概念を活用し，女性労働者に対する雇用差別をはじめとして，不合理・不条理な差別を生みだしている。年功的職場秩序に付随する学歴，年齢，勤続による差別の論理から，能力主義的職場秩序に付随する適性，能力，実力による差別の論理への転換をもたらしたのは能力主義管理である。「能力による差別は差別ではない」という論理が特に女性労働者に対する昇進差別を生む温床となっている。
[27]　アメリカ企業では人事考課結果は上司から部下に提示される。労働者本人が納得できなければ署名を拒否できる。本人からの署名を得ることなく人事考課結果を処遇に反映することはできない。

能力主義管理の浸透は年功的職場秩序を解体した。職場には下剋上の気運が高まり，職場のチームワークを破壊した。企業から人心が離反し，職場規律が弛緩し，職場が荒廃した。1980年代になると，人心が荒廃した職場状況は職場砂漠と見做されるようになった。半強制的な小集団活動は労働者の参画意識を衰弱させた。改善提案に明け暮れる小集団活動も，職場の協働性と職場共同体意識を破壊した。1980年代初頭には能力主義管理は大きな障害に直面せざるを得なくなった。『日本生産性新聞』社説（1981年5月30日）⑵⁸は，行き過ぎた能力主義管理が労働者の心の深部で企業離れ傾向を引き起こしていると警告を発している。職場における人心の荒廃と離反を見るならば，日本生産性本部は経営者に厳しい警告を発せざるを得なかったのである。

　能力主義管はその言葉通りの業績主義（meritocracy）以外の何ものでもない。「経済合理性の追求」は「経営の人の面における経済合理性の極限の追求」⑵⁹であり，「人間尊重」は労働者の人的能力の尊重を意味するが，この「人間尊重」の実態を直視するならば，「人間尊重」という表現はあまりにも白々しい。「企業業績として具体的に現れない職務遂行能力は職務遂行能力ではない」という言質は，能力主義管理の本質（業績主義）を端的に表すものである。

　これからの日本企業の労務管理⑶⁰は属人主義的な能力主義管理からの脱却を図る必要がある。経営管理と労務管理の国際化の進展を展望するならば，日本

⑵⁸　『日本生産性新聞』（1981年5月20日）の社説は行き過ぎた能力主義の弊害に言及し，能力主義が職場にもたらした弊害は職場労働者の人心の離反，職場の人間関係の破壊だけでなく，企業忠誠心を持った多くの労働者の心がその深部において企業から離れていることに警告を発している。この警告は成果主義にも当てはまる。
⑵⁹　日経連前掲書，64頁。
⑶⁰　これからの労務管理は，労働を日常とする人々に厳格に定義された職務を課すことである。その場合，F. W. テイラーが課業管理の4原則の中で語った「公正なる1日の作業量」，つまり一労働日当たりの業務量を厳格に決めることが何よりも必要である。自動車メーカーが行うモデルチェンジとマイナーチェンジと同じように，職場における全ての職務の在り方を定期的に見直し，技術，組織，人間能力等を踏まえて，職務の再設計を繰り返していく必要がある。一言で言えば，職務設計と職務再設計を繰り返すことである。厳格に定義された職務を課すことの目的は，単位当たりの労働生産性を向上させること，管理者，監督者，作業者に対して各々の職務に相応しい職務

企業こそILOが定める国際労働基準を採用することが望ましい。国際的な達成水準から見れば，日本企業の有給休暇消化率，障害者雇用率，女性の管理職登用率等の現状は不十分である。恒常的に長時間労働が課せられていたのでは，正規雇用労働者の家庭ではワークライフバランスは無理である。今日，ダイバシティ・マネジメントの必要性が叫ばれてはいるが，職務の客観化と標準化がなされて職務内容が明確でなければ，上司といえども課すべき仕事の内容を説明し難い。正規雇用と非正規雇用という雇用形態の枠組みを撤廃し，同一価値労働・同一賃金の原則を導入しなければ，外国人労働者を含む多様な労働者を受け入れる前提条件が備わっているとは言えない。夫が残業をすることなく定時に自宅に帰れなければ，夫婦間の家事分担は進まない。

　経営者が雇用する労働者に職務遂行を命じる時に重要なことは，企業が職務を労働者に課しても職務が労働者に納得され合意されなければ，労働者の頭脳も手や足も動かないという事実である。労働者に受容されなければ，どのような職務であっても職務として機能しない。労働者に納得され受容される職務とは社会的に見て良い仕事として認知される仕事である。人間の職務遂行能力を成長させ，職業のプロフェッショナルになり得る仕事であり，そして，人間的成長を保障する仕事であり，そして，人間としてやるに値する仕事である。

Ⅲ　成果主義人事の展開
　　－その弊害と歴史的背景－

1　年俸制度の仕組み

　バブル経済破綻以後に成果主義人事制度が登場した。成果主義人事制度の登場は目標管理制度を再登場させている。1970年代における目標管理の導入時と

　内容を課すこと，必要かつ充分な生活時間と自由時間を保障すること，そして，企業の経営者に一労働日を前提として作業合理化と経営合理化に取り組ませ，労働生産性の高い職場と高品質の製品とサービスを提供できる職場を確立させ，結果的に，8時間の労働時間，8時間の生活時間，8時間の自由時間を労働者に保証することである。

同様に，企業目標と個人目標との統合化を意図する目標管理制度は分かり易い。目標設定における労使間合意は労働者の勤労意欲を刺激し，参画意識を高め，ビジネスを成功に導いていくかのように見える。しかし，企業経営の実際は人間の思考枠よりも複雑である。労働者に個人目標を掲げさせて頑張らせたからといって，企業の事業を大成功に導けるとは限らない。部分を寄せ集めたからといって全体になるとは限らない。建築契約の締結件数という目標管理では大成功をおさめたとしても，製造工場がフル操業しても建築部品の生産が追い付かなければ，事業計画通りの利益が得られるとは限らない。単に事業目標を利益だけに限定し組織の成員に強制するならば，組織の成員の意識は利益至上主義的な傾向を帯びるようになり，小賢しい労働者は低めの目標を高度に達成するようになる。

　欧米諸国の企業では，作業職，監督職，管理職に課す全ての職務は客観化・標準化されている。職務の統制範囲も職務の責任範囲も明確である[31]。企業が目標管理制度を導入する場合，通常の日常業務以外の仕事を引き受ける人たちを公募し，担当職能部門の労働者の意向を踏まえて，職能部門管理者に名乗り出てもらう会社もある。到達すべき目標と実施する期間を明確化して限定し，新規事業等のなすべき課題が提示され，プロジェクトチームに委嘱される。プロジェクトチームが目標を達成し成果をあげたならば，経営執行役員会が新規事業を立ち上げるべきであるかどうかを検討する。事業としての成功の蓋然性が高いならば社長が決断し新規事業を立ち上げる。このように目標管理は通常

---

[31] アメリカコンサルタント会社コーン・フェリー・ヘイグループが開発した手法が日本に紹介された時，日本企業が学ばなければならなかったことは，これがグローバルスタンダードであること，日本企業の労務管理をグローバルスタンダードに合わせて，国内の労務管理制度を改変しなければならないことであった。しかし，多くの実務家の意見は，職務を客観的に分析し，職務統制範囲と責任範囲を明確化することは日本企業の実態に合わないとか，日本企業の実態にそぐわないというものであった。中小企業でさえも海外でビジネスを積極的に展開する時代であることを考えるならば，国内ルールと海外ルールとが異なることは決して好ましいことではない。このようなやり方を維持するならば，不公正なダブルスタンダードを採用しているとして批判を浴びるに相違ない。今後の日本企業はILOが進める国際労働基準を遵守すべきである。

の業務の番外編である。

　図表2（「年俸制度の仕組み(1)」）は，典型的な日本型年俸制を示している。年俸制の構成要素は基本年俸，一部手当，業績年俸である。基本年俸，一部手当，業績年俸は従来の本給・資格給，各種手当，賞与に対応する。しかし，従来の各種手当が基本年俸ではなく，「一部手当」の箇所に点線が引かれているように，従来の各種手当に含まれていたはずの家族手当等は年俸制導入後に基本年俸に含まれることになる。一方の基本年俸は「目標管理評価結果に応じた増減額方式」であり，他方の業績年俸は「目標管理評価結果に応じた絶対額方式」である[32]。基本年俸では，前年度の基本年俸に対する増減額を目標管理の評価結果で決めたうえで，年俸額は12等分されて毎月労働者に支払われる。基本年俸では目標管理の評価結果に応じて，個人業績が6段階で評価される。前年度に到達させた業績と比較し，今年度の成績が不良であっても基本年俸額は変わらない。

　図表3（「年俸制度の仕組み(2)」）のように，「目標管理評価の結果で評価される基本年俸額では，原則として増額はあっても減額されることはない。しかし，業績年俸額が絶対額方式を採っているために「年棒額全体としては前年比で減額となることもありえる制度」[33]である。「例えば，前年最高ランクであるS評価であった場合，翌年上位成績であるAであったとしても，結果としては前年比ではマイナスになる」[34]こともありえない訳ではない。業績年俸額を決める評価問題が重視されるためである。業績評価方法は絶対評価ではなく，絶対額方式である。この絶対額とは各々の労働者が実際に成し遂げた成果であり，しかも，対前年度と対比される絶対額である。この絶対額が前年度と比べて低ければ，労働者個人の業績評価は低落することになる。

---

[32]　日経連職務分析センター編『日本型年俸制の設計と運用』日経連，1996年，138頁。
[33]　同上書，138頁。
[34]　同上書，138頁。

図表2　年俸制度の仕組み(1)

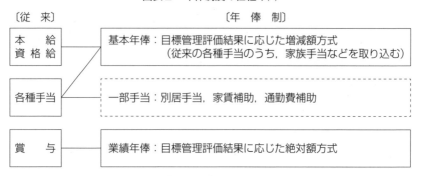

出所：日本連職務分析センター編『日本型年俸制の設計と運用』日経連，1996年，138頁。

図表3　年俸制度の仕組み(2)

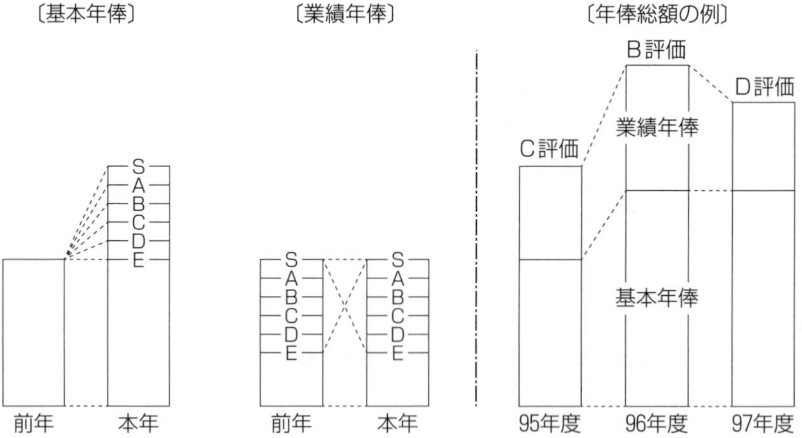

〔基本年俸〕　　〔業績年俸〕　　〔年俸総額の例〕

出典：日経連職務分析センター編『日本型年俸制の設計と運用』日経連，1996年，135頁。

　基本年俸と異なり，業績年俸は6か月毎に2回支給される。毎年，業績年俸は仕切り直し（洗い替え方式）が行われる。毎年の仕切り直しがなされるために，目標管理評価結果に応じ前年度の評価が最高位の（S）評価であっても，今年度の業績が悪ければ，目標管理評価結果に応じてE評価となる。1995年度をみれば，業績年俸に関わる目標管理評価結果はCの評価であり，相対的に見

れば，目標管理評価結果でC評価ならば高い成績である。そのために1996年度の基本年俸額に相当する部分は増額している。次の1996年度の業績年俸の目標管理評価結果は，1995年度のC評価よりも高いB評価である。年俸額全体でみるならば基本年俸額は増えている。目標管理評価結果が相対的に高いB評価であることから，業績年俸額も増額されている。しかし，翌年の1997年度を見るならば，目標管理評価結果は1996年度のB評価から一挙にD評価に落ち込んでいる。対前年度と比べて絶対額が低いからである。

　能力主義管理でも職場を疲弊させたのは業績至上主義の目標管理であった。行き過ぎた能力主義に警告を発した生産性本部の指摘は無視されて，成果主義人事制度の一環として継承された目標管理制度では，目標管理評価結果は，基本年俸及び業績年俸にダイレクトに反映される。目標管理評価結果次第で労働者が受け取る賃金額は大幅に変動する。労働者があげた業績を年俸額に直結する仕組みが，メリハリの利いた賃金処遇制度といわれる成果主義的な労務管理の実態である。

　成果主義人事制度の設計者及び主唱者は，サラリーマンのような給与生活者とプロ野球選手を取り違えている。打者ならばホームラン数，打率，出塁率が成績にカウントされる。投手ならば勝率，防御率が成績となる。好成績をあげた野球選手は数億単位の年俸を獲得する。野球選手の選手生命は35歳程度までであり，40歳を超えて活躍する選手は僅少である。球団職員として残らない限り定年年齢まで働けない。年俸額が1億円でも野球選手が実際に受け取る金額は4,000万円程度である。野球選手の年俸額が4,000万円に減っても給与生活者の年俸額に比べればはるかに高額である。成果主義人事制度では労働者の年俸額は野球選手並みに変動する。1人の給与生活者がプロ野球選手並みに働かされたのではたまらない。

2　能力主義管理から成果主義人事への転換

　能力主義管理と同じように，成果主義人事下の目標管理制度でも企業から期待される能力は職務遂行能力である。成果主義人事制度は，「業績評価の方法

として目標管理制度を導入することにより，客観的に業績を測ることができるようになるのはもちろんのこと，従来不明瞭となりがちであった目標や方針を具体的に提示するようにし，全社のベクトルを一致させ全社総合力の向上を図ることや，チャレンジングな風土を醸成することもこの制度のねらいである。」[35]「目標管理は，事業年度に合わせ4月から翌年3月までの1年間を評価単位としている。4月に目標を設定し，10月の半期評価を経て3月に最終的評価を行なっている。」[36]

　目標管理制度で実際に活用されるのは目標管理評価シートである。「個別の業務目標は全社方針や上司の目標をもとに（中略）目標管理評価シートにまず本人が設定する。これをもとに本人と一次評価者が面接を行い，目標やその遂行方法について十分に話し合いをする。その結果，双方が納得したうえで目標を一次評価者が承認する。承認された目標について，二次評価者がさらにチェックを行う。目標設定と同様，自己評価をもとに一次評価者との面接を行い，一次評価を決定，更にその上司である二次評価者がチェックする仕組み」[37]が採られている。目標管理評価結果は，労働者が達成した業績を基本年俸及び業績年俸に反映する。しかし，実際の目標管理評価制度は目標管理評価シートと結合されており，労働者が実際に達成した目標達成数値は二次評価者による評価，更には，二次評価者による評価を経る過程のなかで，第三者によって評価された業績評価に変質する。複数の人間によって，また数回にわたって評価されるうちに，労働者が達成した成果（業績）は，実際に労働者が受け取る賃金額と大きく乖離し始める。このようにして生まれる乖離が労働者の不平，不満，不信，猜疑をもたらす源泉となる。

　一般に人事考課制度は情意考課，能力考課，成績考課から構成されている。能力主義管理下の人事考課制度では，職場管理者の運用次第では，業績主義の弊害を緩和させる蓋然性が存在した。現場を知らない経営トップが提示する目

---

[35]　同上書，140頁。
[36]　同上書，140頁。
[37]　同上書，141頁。

標達成の圧力に抗し,「生身の人間が織りなす職場は業績本位で動く訳ではない」「働き易い職場を作る方が先決である」「目標を達成するだけでなく,お互いに仕事の達成感を実感できることが重要である」というように,言外に行き過ぎた能力主義を批判する管理者も存在していた。指揮命令下にある部下の信頼を繋ぎとめておきたいという意思と能力主義の考え方にとりこまれまいとする精神的な余裕が,職場の管理者にはまだ存在していた。

　人事考課制度の運用上における厄介な問題は,到達目標を達成するために最大限の努力を行ったが,業績目標値を達成できなかった労働者にどのような考課点を付けるかという問題である。人事部主導の考課者訓練では禁じ手とされるが,能力主義管理下の民間企業では1970年代初頭から,地方公務員の職場では1990年代頃からこのような方法が行われていた。つまり,職能部門管理職が実際に採った対応方法は,配下の労働者が個人業績を達成できなかった時,例えば,業績評価項目では低い点数を付けざるをえないが,情意考課項目及び能力考課項目では相対的に高い評価を付けるという対応である。職場管理者はこの対応方法を採ることによって,労働者間の評価結果で均衡を図ろうとした。無理をしてメリハリを付けようとはしなかった。

　それぞれの労働者にはそれぞれの生活事情がある。介護老人を抱えている中高年労働者もいれば,夕方になれば残業せずに保育園に子供を引き取りに出向かなければならない女性労働者もいる。手術後の我が子の様子が気になって仕方がない職員もいる。生活維持するためには我が子を保育園に預け,時間的な余裕がある時間帯にパートタイム労働者として働く労働者もいる。それぞれの労働者が抱える個別事情を無視し,労働者に利益目標の達成に駆り立てることはできない。人事考課が職場の協働性を破壊するからである。ところが,成果主義人事制度の登場は業績主義志向を一層に強化させることとなり,職場の管理者,監督者が持っていた個人的な裁量幅と精神的な余裕さえ奪ってしまった。目標売上高,目標達成率など数量化できる数値だけが独り歩きするようになった。成果給はタクシー運転手の歩合給と何ら異ならない。

　成果主義人事制度下の個人業績は職場の上司による人事考課によって査定さ

れる。更に，労働者個人は直属の上司の上司によっても人事査定を受ける。少なくとも2人の上司によって査定された結果が，労働者個人が達成した業績として認知される。そして，正規分布の考えに基づいて，労働者個人の業績評価結果は一定の評価枠に位置付け直されて，実際の受け取る賃金額に反映される。労働者が受け取る実際の賃金額に投影される最終の仕組みが，調整作業と呼ばれる仕組みである。調整作業は企業によって多様である。人事部職員が調整作業を行う企業もあれば，職能部門管理者を集めた評価会議に委ねる場合もある。評価会議では職能管理者である部長や部長の代わりに課長が参加する場合もある。

　評価会議に出席する実際の参加者の多くは必ずしも机上の目標シートにあらかじめ目を通していない。一瞥さえしてこない管理職さえもいる。技術系管理職のなかには目標シートを読んでも理解できない管理職もいるという[38]。分厚い目標シートの束を一瞥しただけで脇に押しのける管理職もいる。調整会議の場なるものの実態は，「各部がそれぞれ何人の悪い評価を引き取るかという減点枠であった。要は，年功的価値観，あるいは事業部内での業務の優先順位から，攻めやすい管理職に低い評価を押し付けあっていたにすぎないのだ。この枠さえ決まってしまえば，あとは各部長が自分の部内で勝手に裁量を振るって評価を決められる」[39]ことになる。

　成果主義人事を推進する企業では，企業の存在根拠と存在意義を語るべき経営理念は次第に忘れられる。利益のために利益を求める利益至上主義の思考と行動が企業組織の頂点に足る経営トップから末端の労働者に至るまで支配的となる。短期的利益を志向する経営トップが利益至上主義に傾斜すればするほど，経営者は職能部門の管理者を利益至上主義に駆り立てる。営業部門管理者は配下の監督者を業績目標の達成に駆り立て，監督者は配下の労働者を業績目標の達成に駆り立てる。つまり，目標管理の「縦の連鎖」を通じて，企業組織を構

---

[38]　城繁幸著『内側から見た富士通－『成果主義』の崩壊－』光文社，2004年，52頁。
　　城繁幸氏は，評価会議の様子を巧みに描いている。
[39]　同上書，60頁。

成する全成員を業績目標の達成に駆り立てる。経営計画に盛り込まれた業績目標の達成に向けて全社的な取り組みが組織されるならば，首尾よく企業の事業目的である業績目標を達成できるかのように見える。

　利益至上主義の企業経営に引きずられた労務管理は，企業を存続の危機に立たせる。その蓋然性が極めて高くなる。戦前・戦中・戦後を生き抜いてきた日本企業の経営者が強く影響を受けて実に多くのことを学んだのが，ピーター・ドラッガーが語った経営思想であった。ピーター・ドラッガーは，「事業体とは何かを問われると，たいていの企業人は利益を得るための組織と答える。たいていの経済学者も同じように応える。この答えは間違いなだけではない。的外れである。必ず自らを滅ぼす危険性を伴っている。」[40]「利益が重要でないということではない。利益は企業や事業の目的ではなく，条件である。利益は，事業における意思決定の理由や原因や根拠ではなく，妥当性の尺度である。」[41]「事業の目標として利益を強調することは，事業の存続を危うくするところまでマネジメントを誤り導く。今日の利益のために，明日を犠牲にする。売りやすい製品に力を入れ，明日のための市場の製品をないがしろにする」[42]という。能力主義管理と成果主義人事がもたらした結果が示しているように，属人的労務管理の思想と方法を踏襲する日本企業の経営者は，あらためてピーター・ドラッガーの思想から学ぶ必要がある。

【平沼　高・大倉　学・大槻晴海】

---

[40]　上田惇生編訳『ドラッカー名言集　経営の哲学』ダイヤモンド社，2003年，116頁。
[41]　同上書，117頁。
[42]　同上書，123頁。

第3章

労務監査の方法

I 労務監査の視点

図表1 労務監査の全体構造

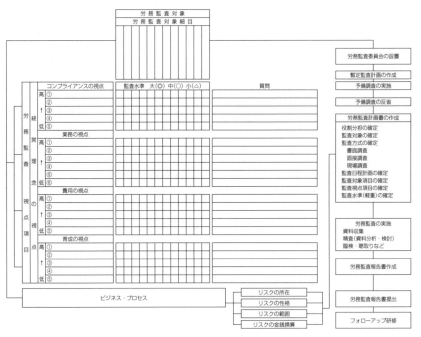

出典:筆者作成。

図表1（「労務監査の全体構造」）は，労務監査の全体象を示している。縦軸には経営理念の視点を採り，横軸には労務管理対象項目を配置している。第1に，この労務監査の全体構造は労務監査計画の立案と実施に当たり経営理念の視点を重視している。我々が経営理念を重視するのは先行研究から学んでいるからである。創業者と経営者が篤く語る経営理念だけが企業の存在意義と存在根拠を現わしている。経営理念は，企業統治者である取締役，全般的経営者（社長）と経営執行役員，更には各々の職能管理部門を預かる部長職，監督職，現場の作業職に至る企業組織の全成員の思考と行動を拘束する。自動車運転になぞらえるならば，経営理念はハンドルであり，アクセルであり，ブレーキでもある。

　第2に，労務監査の全体構造は労務監査の対象企業に全世界のなかの唯一の存在であることを求めている。世界中に無数にある全ての企業は全て異なる存在である。全ての企業が異なっているからこそ，それぞれの企業には独自の存在価値と存在意義がある。それぞれの企業が独自な経営管理と独自な労務管理を追求できるのは，各々の会社がそれぞれ独自な経営理念を持っているからである。企業の経営者は自社ビジネスの遂行を通じて自社の経営理念をそのビジネスに具体化する。つまり，経営理念の実践を通じて組織の成員に企業独自の行動と思考を要求する。この企業独自の行動と思考の様式が企業文化を醸成させる。

　第3に，労務監査の全体構造は経営理念の視点を構成する四つの視点からなる。経営理念の視点は分割されて，①コンプライアンスの視点，②業務の視点，③費用の視点，④育成の視点となる。経営理念の視点はこれらの四つの視点を貫く視点である。大雑把に言うならば，経営理念の視点は，①労務監査対象企業のコンプライアンス活動に対しても，②労務監査対象企業の業務活動に対しても，③労務監査対象企業の予算執行に伴う経営管理の費用支出に対しても，そして，④労務監査対象企業の人材育成に対しても貫かれていなければならない。

　ビジネス活動の目的は存続であり，存続することに価値がある。現代日本企

業が取り組むべき課題は高度経済成長期の課題と異なっている。慢性的な過剰生産と労働人口の少子高齢化を迎える今日，日本企業にとって経済規模の拡大と経済発展は不可能である。複数の利害関係者の期待と要請に応えて一定の事業収益を確保する一方，他方では自社が取り組むべきビジネスの質的向上を図る必要がある。成熟した市民社会に値する経済社会と企業経営を構築することが政策的課題となるであろう。労務管理に限定するならば，豊かな労働生活と安定した消費生活を全ての従業員に保障することが主要目的になる。そのためには，日本企業の経営者は属人的な労務管理の在り方を廃棄し，職務中心の労務管理の在り方を採用する必要がある。具体的には，管理者，監督者，労働者に対して，職務目的と職務内容を明確に示し，職務の誠実な遂行を求める必要がある。職務目的と職務内容が明確であればこそ，経営者は企業組織の全成員に職務遂行に必要な職業的知識と技能がどのようなものかを提示できるし，職務の誠実な完全な遂行を要求することもできる。

　職業的知識と技能の水準を高めるために，長期的視野に立って日本企業の経営者が労務管理の一環として取り組むべきなのは人的資産の蓄積である。人的資源を開発し企業の人的資産として社内に蓄積することが必須となる。不確実な商品市場と資本市場の変化に柔軟に対応できるのは，企業活動の多くが人的資源によって担われるからである。労務監査に当たって経営者は外部の専門家から意見を聞くことができるが，外部の意見は単なる参考意見に過ぎない。

　昨今の経済社会で憂慮すべきことは正規雇用と非正規雇用の間の雇用形態の相違を理由とする差別的処遇格差である。この処遇格差がビジネス活動からその活力を奪っているからである。長期的に見れば，雇用形態上の区別を理由とする処遇差別はその意味を失うことになる。職業労働を全うしたい多くの労働者の権利と勤労意欲を尊重し，全ての労働者の処遇内容を公平で納得できるものに変えなければ，ディーセントワークとダイバシティマネジメントは成立しない。

　1960年代末期の能力主義管理，バブル経済破綻以後の成果主義人事は，本採用正規雇用労働者を長時間・過重労働に駆り立てる一方，他方で非正規雇用労

働者に不安定で劣悪な処遇条件を付与してきた。属人主義的な労務管理は労働内容の貧困化と苦役化をもたらし，数多くの労働者に勤労意欲の低下と遣り場のない憤怒を招来させる。能力主義管理，成果主義人事が掲げる業績主義（meritocracy）が，企業経営の目的を利潤と定めることを余儀なくさせ，企業の全成員を利益至上主義に駆り立てることになり，利益至上主義が職場の人心を荒廃させるからである。

　一人の人間はなぜ他人を雇うのであろうか。その理由は自明である。単独の個人だけではなし得ない仕事があるからである。家政から経営が自立した時を思い起こせば分かるように，いわば1人の人間または家族が他人を雇うのはその人に仕事をやってもらいたいからである。この点において現代日本社会は過ちを犯している。既に見たように，経営者が他人を雇う目的はその人に人格的従属を求めることではない。その人の自己実現欲求を充足させるためでもない。その人に向って企業忠誠心を発揮させるためにでもない。労働者に労働の喜びを与えるためでもない。経営者は自分の家族だけではやれない仕事があるからである。自己のビジネスをやり遂げるために，経営者は自分のビジネスを手伝ってくれる人間を必要とするからに他ならない。

　自社のビジネスのためにその労働力を提供してくれる労働者に対して，長時間・過重労働を強制し，挙句の果てに過労死，過労自殺，鬱病を招来させる職場状況を放置する経営者には，実は雇用能力（ability to employ）がないのである。雇用能力をもたず雇用責任を果たさない経営者は決して誠実な経営者とは言えない。労働者が会社に出勤するのは仕事をするためである。したがって，1労働日当たりの労働時間は限定的でなければならず，労働時間は短ければ短い方が良い。労働者がより多くの生活時間と自由時間を享受できるからである。休息と遊びが労働者に活力と創造性を生むからでもある。労働だけが人生の唯一の目的ではない。労働以外の諸活動を通じて日常生活をより豊かにすることも，その人の職業人生を豊かにする。労働生活の豊かさと日常生活の豊かさが職業人生を豊かなものにする。

　企業組織には職能があり職階もある。職階は職位に分割され，部長，課長，

係長，主任，役職に就かない労働者という序列もある。職能と職階をクロスさせたところに職務がある。職能に対応し職務があり，職階に対応し職務がある。労働者は職務を付与されたならば，職務を誠実に遂行する職責がある。例えば，財務管理職能で職階が係長であるならば，この財務係長にはその職位に対応する職務を誠実かつ完全に遂行する職責がある。財務係長に課される職務は生産管理職能の課長職に課される職務，販売管理職能の部長職に課される職務とは相違している。それは各々の職能と職階の果たすべき役割が異なるからである。

それぞれの職務はその職位に照らし，職務目的が明確化される必要がある。職務を遂行する方法や職務の統制範囲と職務の責任範囲も厳格に規定され，職務記述書に明記されている必要もある。職務の目的，職務の内容，職務の統制範囲，職務の責任範囲があらかじめ決められていなければ，組織の成員が自己に課された職務の統制範囲と職務の責任範囲を逸脱した時，職務遂行のどこで，どのように誤ったのかの判断をすることができない。逸脱行動がとられた時，逸脱行動をとった個人を特定化することも困難となる。つまり，企業組織内の全ての職務が明確に定義されていなければ内部統制制度は機能しなくなる。社内の就業規則及び関係法規に照応させて処罰することもできない。当然のことであるが，職階が高くなればなるほど経営者から課されるその職務の統制範囲と職務の責任範囲は大きくなる。職階が高くなればなるほど職責も高くなり，果たすべき職務内容も高度なものとなり，職務の価値も高くなる。世界の多くの国々で職務の価値によって賃金を決めているのは，職務だけが労務管理の中心軸たり得るからに他ならない。

企業組織にあっては全ての職務は職能と職階に照らし，職務目的，職務内容，職務の標準的な遂行方法，職務の統制範囲と職務の責任範囲，職務の流れが厳格に明示されており，職務記述書と職務遂行マニュアルが常備される必要もある。ホワイトカラー労働者が多数を占める職場では，ホワイトカラー労働者，その上司に当たる監督者，職能部門の管理を担う管理者に割り当てられた職務は，厳格に定義されている必要がある。ホワイトカラー労働者に充当される職務にしても，監督者及び管理者の職務に関しても，今日に至るまで職務分析は

決して馴染まないと言われ続けてきた。製造業においてさえも多くの中小企業では，管理者，監督者，労働者に課すべき職務は厳格に定義されていない。

　多種多様な属人的性格を帯びた諸人間に対して厳格に定義された職務を当てはめようとするから，人間と職務との間に齟齬が生じるのである。無理やり両者を適合させようとして，経営執行役員がその権力を行使するために，職場の労働者に不平と不満を生じさせる。人間と職務の相互決定関係を成り立たせる論理を逆転させ，無駄のない効率的な職務を労働者に付与する必要がある。職業労働がどのような知識と技能を必要とするかの研究は，過去100年以上の歴史がある。過去の職業研究を踏まえて，人間性と職務との相互決定関係を配慮した職務の設計が必要不可欠である。包括的で曖昧で無定量な仕事を課している日本企業の現実が改めて問題視されるべきである。

　労務監査の在り方を考えるに際して，我々は，経営の国際化に対応させて，日本企業は職務を中心とする考え方を採用し，職務中心の労務管理に向けて，従来の考え方の方向転換を図る必要があると考える。経営者が労働者を雇うのは仕事をしっかりとやってもらいたいからである。労働者が会社に出かけていくのは仕事をするためである。仕事をするために会社に行くのである限り，良い仕事をしたいというのが労働者の常であろう。古今東西いずれの社会にあっても自明な，この理（ことわり）こそが自覚されなければならない。属人主義的な労務管理を採用する日本企業であっても，海外に進出したならば職務中心の労務管理を採用している。海外で可能である労務管理が日本で不可能であるはずはない。産業構造が製造業からサービス，金融業に移行している現状では，ホワイトカラー労働者，監督職，管理職における業務改革は不可避であり，これが当面の日本企業が解決すべき主要な課題となる。日本企業が模範とすべきなのはドイツ企業の働かせ方である[1]。

---

(1) 日本企業はドイツ企業から学ぶ必要がある。経営組織法による従業員代表制，有給休暇制度の完全消化など，どのように制度変更を行ったならば，管理職，監督職，労働者に8時間の生活時間，8時間の睡眠時間を保障することができるか，労働者保護の行き過ぎをも含めて我々は真剣に学び取る必要があろう。熊谷徹著『ドイツ人はな

属人的労務管理から職務中心の労務管理への変革は多くの時間と莫大なコストを必要とする。新しい制度の導入に当たり多くの時間と労力を伴うことは避けられない。戦後70年以上の長きにわたって属人的労務管理が支配的であったことを考えるならば，我々が考える労務監査の実施を妨げるその壁は厚いと言わざるを得ない。この妨げる壁は経営者のみならず労働者の意識にもある。管理者，監督者，労働者の多くは，高度経済成長期の成功体験から脱却できていない。バブル経済破綻を境にして日本経済及び企業経営の在り方が根本的に変化したことも理解していない。金融と銀行の分離の廃止，銀行のユニバーサル化，BIS規制，持ち株会社制度の解禁，株式の相互持合いの解消，超低金利政策，時価評価手法の導入，労働組合の無力化，資本市場での資金調達，株式上場ブームの演出など，アメリカ流の市場原理主義の拡大と浸透によって，我々が直接目にする経済も経営も社会も大きく変貌している。

　国際機関での就労体験，民間企業での海外勤務経験を持っている労働者は，次第に増大傾向にある。海外から日本企業の経営管理，労務管理，職場慣行等を見ることによって，日本企業の労働者の働かせ方に対して，疑問や不信感を抱く労働者が次第に増えている。包括的で曖昧で無定量な仕事を労働者に課すことの弊害も，次第に多くの市民や労働者から指摘されつつある。ホワイトカラー労働者の労働生産性の低さ，複数の役職者が承認印を押す稟議制度，管理的意思決定能力のない部門管理者の存在，職場の上司と仲間の目線ばかりを気にするサラリーマン像，上司が部下に命じるホウ・レン・ソウなどは厳しい批判の対象となる。法定労働時間を厳格に守らない日本企業には，違法と適法を峻別できる人材は集まらない。優秀な人材の争奪戦が熾烈となる時代には，ブラック企業は生き残れなくなる。

1　コンプライアンスの視点

　我々が構想する労務監査では，コンプライアンス概念は法令遵守を意味して

ぜ，1年に150日休んでも仕事が回るのか』青春出版社，2017年，第2版が，労働時間と労働者の働かせ方を考えるうえで参考となる。

いる。図表1（「労務監査の全体構造」）にコンプライアンスの視点を設けるのは，自社の経営理念を踏まえて経営者が各種労働法令の遵守を徹底する必要があるからである。近年，自社の社員をはじめ多くの市民が要求しているのは，長時間・過重労働，不払い残業，過労死・過労自殺，いじめ・嫌がらせ等の根絶である。各種労働法令の遵守は企業に課せられた最低限の義務である。労働基準法，労働災害法，最低賃金法等は労働条件の最低限を規定しているに過ぎない。各種労働法制が守られないのは，経営者が各種労働法令を守る意思を持っていないからである。

　現代社会は自由競争を本旨とする資本主義社会である。営利行為それ自体は善業であって，営利行為それ自体を悪業と見做すべきではない。人間の営利行為は企業活動と経済活動を活性化し「社会の富」を作り出す。しかし，資本主義社会が自由競争の社会であるといっても，決してならず者が支配する無法社会ではない。日本社会が高度に発達した工業先進国の一員である限り，国内の労働法規をはじめ国際労働基準に従わなければならない。企業倫理と社会道徳，業界の取引上のルールと職場慣行等を遵守しなければ，どのような企業であろうと市民社会から糾弾され，企業の存在根拠と存在意義が疑問視される。

　労務監査の在り方を検討するに当たり，我々が重視しているのは各種法令監査の枠を超えて，企業が自主的に繰り広げるビジネス活動に倫理や道徳の遵守を組み込むことである。換言すれば，企業外部からの法の強制に対応することにとどまるのではなく，いわば企業内部の自発的意思に基づいて，これからの経営者にとって，市民社会の要求と要請に即応した経営姿勢をとることが重要である。市民社会の成熟に伴って企業を見る市民社会の目は厳しくなる。経営者は率先し法律，企業倫理，市民社会の道徳を遵守すべきである。

2　業務の視点

　業務の視点は，経営理念を日常業務とその遂行に生かす視点である。企業経営者は，自社の経営理念を経営方針，労務方針，労務管理に具体化することが求められる。しかし，単にそれだけにとどまるものではない。労務監査の計画

と実施において我々が業務の視点を採るのは,日本企業は経営効率を高めて事業収益を確保し,企業存続のための費用を確保する必要があるからである。つまり,従来の日本企業の労務管理が採ってきた労働者の属人的な働かせ方が胎蔵する欠陥を自覚し,ホワイトカラー労働者の仕事も含めて職務分析を実施し,標準化された職務を労働者に課す方向に改善すべきである。定期的に経営者は職務の統制範囲と責任範囲を見直す必要もある。

　過去及び現在に関する限り,多くの職場で労働者が課せられる仕事のやり方は「非能率で因習的」[2]であり,無駄な作業が含まれている。この因習的な仕事のやり方を工学的な方法を通じて改革するには,労働者に課す仕事を構成する幾つかの要素作業に分解し,「作業目的は何か」を意識し,作業目的に合致しない無駄な作業を排除し,必要不可欠な要素作業を使用して新たな職務を設計し,不可避的な余裕時間を加味し,職務に必要な責任と権限を織り込んでおかなければならない。個人的な経験と職場の因習にとらわれた仕事を厳格に定義された職務に再構成し,職務を全ての労働者に付与する必要がある。職務の設計過程において自社の経営理念を具体的な職務のなかに盛り込んでおく必要もある。このような努力を通じて経営者は経営理念の相違に応じた「労働者の働かせ方」を構想する。労働生産性と職場の協調性を高めて職場の凝集力を引き上げるには,職務と職務連携について大幅に見直すことも必要となる。

　職務が厳格に定義されておらず,職務遂行の円滑な流れも職務相互の有機的な関連さえも曖昧模糊な状態にされていたのでは,健全なビジネスを発展させることは不可能である。業務改革は進まず,事業収益は増大せず,職場で労務トラブルが多発する。日本企業に固有の属人的な働かせ方を見る限りでは,日本企業の経営者は仕事を労働者に丸投げしているようにみえる。仕事を課す場合の明確なルールが存在しないために,職場での仕事の配分では部下の能力と過去の経験が頼りとなる。職場の監督者と管理者は仕事の遂行を労働者個人に

---

[2] F. W. Taylar, *The Principles of Scientific Management.* Dover Publication. Inc. 1998. an unabridged republication of the volume published by Harper & Brothers. New York and London in 1911, p. 4.

任せてしまっている。仕事は労働者に割り振られるが，割り振った後の上司の業務指導は必ずしも適切ではない。業務指導がなされず労働者が放置されている企業さえ存在する。労働者相互の仕事を通じての協力関係の在り方も労働者任せであり，職務間の協業の在り方も明確ではない。正規雇用労働者に仕事の完全な遂行を命じる場合でも，日本企業の経営者は職務分析を実施していない。労働者に課すべき仕事を分析し，課すべき職務を厳正に定義し，職務の責任と権限の範囲を定め，仕事の具体的な内容を提示している訳でもない。最も効率的な仕事のやり方が問われないし，明示されてもいない。労働力を消耗する過重負担かどうかの適切な仕事量も定かではない。雇用契約上，経営者は労働者に課すべき仕事の内容を明示する必要があるが，包括的・無定量な職務に慣れ親しんでいるために，違法性が疑われるような職務であっても，正規雇用労働者にとってこれを断るのは極めて難しい。

　職務が厳格に定義されていない。職務遂行の最善の方法が決められていない。1労働日当たりの業務量も定められていない。このような職場状況は19世紀末アメリカの成り行き管理と大差がないように見える。雇用契約上，職場の上司が課すところの仕事内容が，具体的に明示されているのは非正規雇用労働者である。21世紀の企業でありながらも，正規雇用労働者の職務改善が一向に進まないのは，作業合理化と経営合理化に向けた経営努力と取り組みが不足しているからである。

　人間に仕事を割り当てる属人的な方法を採る限り，職場の上司が正規雇用労働者に仕事の遂行を任せる場合，職場上司が意図した通りの結果さえ得られるならば，「何らの問題はない」と判断される。仕事の成功は単なる偶然の産物かもしれない。本人の日常的な努力の結晶かもしれない。属人的な仕事のやり方を採る限りでは，何事も"結果良ければそれでよし"となり易く，結果が悪いのは労働者の働き方が悪いと解釈されてしまう。

　最善の作業方法を上司が提示し，作業を指導しなければ，職場の業務管理は成り立たない。このような労働者の働かせ方が踏襲される限り，労働者が職場で経験する仕事のノウハウは職場に蓄積されることはない。しかも，職場の上

司が意図した通りの結果がでなかった時でも，業務命令を発した職場の上司の管理責任，監督責任，教授責任が問われることもない。

　上司から仕事を丸投げされた労働者に対して，抽象的な能力，意欲，意思，勤労意欲，根性などが問われ，「能力に欠ける」「意欲がない」「根性がない」などと批判される。仕事の失敗やミスなどの原因が，能力，意欲，意思，勤労意欲等の属人性に帰せられる限り，日本企業の経営者は業務改善と業務改革のチャンスを逃していることになる。職務目標の未達成の原因が本格的に追究されなければ，職務目標達成の最善の方法を見出すこともできない。作業ミス，判断ミス，目標の未達成，事業の収益減などの問題は実は宝の山である。

　本来ならば，目標が達成できなかった原因を分析し，集団的な議論を繰りかえすなかで目標達成の正しい道筋と方法を発見する必要がある。労働者個人が持っている属人性に失敗の根本原因を求めて処理してしまうならば，職場の管理者，監督者，労働者は職務の失敗から何らの教訓も得ることができない。各々の職務に対応した唯一最善の方法を見出すことこそが作業合理化にとって必要不可欠である。職務の大ぐくり化，多能工化，職務の拡大，職務の充実化，職務交替制などは本来，職務の客観化と職務の標準化が職務分析の手続きに沿って達成された後で追求すべきものである。

　日本企業の経営者，管理者，監督者が配下の労働者に常日頃から繰り返し強調することがある。職場の上司が日常的に部下に命じているのは，「仕事の進捗状況を必ず報告しなさい」，「仕事の遂行過程でトラブルが発生したならば必ず連絡しなさい」，「仕事の最中に何か不明な箇所があったならば必ず相談しなさい」である。いわゆるホウ，レン，ソウという日本企業の無駄である。上司が部下にホウ，レン，ソウを求める社会関係には，一定の前提条件がある。一方における部下の仕事の面倒を見てくれる有能な上司と，他方における上司から命令された仕事を満足に遂行できず，仕事上の経験を持たない無能な部下とが構成する人間関係である。これが職場に人間関係（社会関係）の基本となっている。

　職場の上司といえども万能選手ではありえない。過去に作業者として有能で

はあった労働者も，監督者に昇進した途端に無能な監督者となる場合もある。監督者として有能であった労働者も，職能部門管理者としては不適任な場合もある。しかも，日本企業の職場では，職務記述書もなければ職務遂行マニュアルもない。就業規則があっても職場に常備されているとは限らない。職務分掌規程はあるが実は名ばかりで役に立たない場合が多い。人事部主導の階層別訓練及び職能別訓練を実施している企業は圧倒的に少ないのが現状である。職場上司の指示と命令に何となく従いながら，まるで個人事業主のように仕事の遂行は労働者任せとなっている。なぜ仕事の進行状況を労働者は上司に報告し，連絡し，相談しなければならないのか。その理由を具体的に考察するならば以下のように指摘できる。

　第1に，指揮命令下にある部下に対して作業の遂行を命じる時，職務記述書も作成されていなければ，職務遂行マニュアルも常備されていないからである。作業遂行マニュアルが常備されているならば，普通の知力と体力を有する労働者ならば，作業を遂行できるし，遂行できなければ上司が職務訓練マニュアルを使って訓練すれば済む。職場の上司に部下が頻繁に報告し，連絡し，相談しなければならないのは，上司以外に頼るべきものがないからである。このような事情があるために1労働日8時間のうちの多くの時間が無駄となっている。

　第2に，職場上司が人事考課権を保持しているからであると同時に，人事考課結果が部下の昇進と昇格を左右しているからである。人事考課の及ぶ範囲は極めて広く，各々の項目の記述内容は抽象的である。考課項目によっては上司が部下の全人格を評価している項目もある。職場の上司は，部下の作業に対する取り組み姿勢，作業の段取りの仕方，作業の進め方，上司への報告の仕方，連絡の仕方，相談の仕方に至るまで掌握し，評価しなければならない。微に入り細に入る人事考課制度と考課結果が，部下の処遇と将来を左右しているために，職場の上司に気に入られたい部下はご機嫌取りという方便をも兼ねて，業務の進行に合わせてホウ，レン，ソウに努めなければならない。

　第3に，人事考課制度は仕事の仕方，業務判断にとどまらず，部下の人格，性格，意欲，思想，信条まで評価し，部下の昇進昇格を決定付けている。特に

若い世代の労働者が嫌悪するのは，人事考課結果によって労働者の昇進・昇格が左右されることである。人事考課制度に対する若者の嫌悪感は正当である。近頃の若者はお互いに給与明細書や人事考課結果を見せあう傾向があり，給与明細書と人事考課結果を見比べることで，上司が自分自身を正当に評価しているかどうかを判断する。人事考課の結果に確信と自信がある管理職はほとんどいない。そのために上司は部下との意思疎通を重視せざるをなくなり，頻繁に部下からホウ，レン，ソウを求めるのである。

　労働法制の規制緩和が属人的な労働者の働かせ方に影響を与えている。そのために，労働者の労働者性が否定される傾向が色濃く現れている。今日の日本企業の職場風景は，個人事業主（自営業者）を集めて仕事を任せているかのように見える。まるで個人事業主であるかのような働かせ方が職場に浸透しているために，職場で働く労働者には，自分が果たして働かされているのか，あるいは自分の意思に基づいて働いているのかの区別が曖昧になっている。職務遂行の達成基準が不明確であるために労働者の仕事ぶりを判断する決め手がない。このような労働者の働かせ方が労働者に長時間労働を余儀なくさせている。労働時間の長さが労働者が働いたことの証明に見えるからである。

　労働者の個人事業主（自営業者）的な性格は労働者性の否定でもある。労働者自身が労働者性を否定する意識を持つならば，日本企業の労使関係の法的土台を崩壊させる可能性がある。業務命令を通じて労働者を働かせる立場にある職場上司が，労働者に向かって自らの「働き方を変革しなさい」と指示する職場風景は実に不思議な現象である。更に言えば，労働者側がさしたる違和感を抱くことなく，労働者自身が自発的に自らの働き方を変えることを許す企業経営は，職場における支配従属関係を否定するものである。

　職場の指揮命令関係が曖昧になれば職場秩序の崩壊につながる。労働者の個人事業主化が進行すれば，職場の労働者の大多数は職場規律でなく，自己規律に従えば良いことになる。人事考課制度が労働者の自発性，創造性，目的意識性を高く評価すればするほど，誰が職場の命令権者であるか，誰が労働者に仕事を教える責任を負うか，誰が仕事をさせるための段取り（準備）を担うか，

誰が作業改善の方法を部下に教えるか，誰が働き易い職場環境を整備するかが不明確となる。職場の管理職や監督職に課せられるべき本来の役割と責任が曖昧なものになる。行き過ぎた人事考課制度の広がりが健全な職場規律と職場秩序を弛緩させる。

　現代日本企業では，顕著な傾向として残業代の未払い問題が話題となる。いずれの企業でも残業労働を前提に予算が組まれている。全体の残業代の予算額は各々の職能部門の人員数をもとに割り当てられる。残業代の予算額の範囲内では残業代は支払われている。残業代の予算額を超えた残業代に対しては支払われない場合が多い。残業代の予算額を超えた途端に違法な不払い労働が発生する。しかも，法定時間外労働は労働者の自発的意思によると考えられている。自発的残業が経営者に容認・是認されるのは，労働者個人の判断に基づいて残業が発生しているからである。自発的であろうとなかろうと本来的に問われるべき問題は，残業労働の命令権者が誰であるかである。命令権者である職場の上司から命令されてもいないのに，労働者が勝手に残業することを放置していることが異常である。今日の職場で経営者が気付くべきことは労働規律の弛緩，指揮命令系統の混乱である。そのために残業労働の命令権者の存在が曖昧となる一方，他方では残業代を請求するかどうかの判断は労働者自身に任されることになり，労働時間管理が杜撰になる。

　職場には残業代の請求を自粛すべきという文化が広がっている。「自分自身の能力不足は残業で補うべきである」という文化が，自発的残業を奨励する心理的圧力となり，職場に広がる。属人的な労務管理が支配する職場では，長時間にわたり過重な仕事量を引き受ける労働者が誉められる。直属の上司及び同僚からも「能力がある」「適性がある」「頑張った」と認められる。職場上司から認められるためには，労働者は残業を厭わず，長時間にわたり過重労働に従事する必要がある。昇進意欲のある労働者が法定労働時間を過ぎてまで就労するのは，出世競争の舞台から排除されるのを恐れるからである。1労働日当たりの業務量を決めずに，労働者間の出世競争を煽るからである。多くの労働時間をかけて仕事を遂行しても，単位時間当たりの作業能率が低ければ意味はな

い。常識的に考えるならば,終業時間まで働けば労働者は疲労困憊しているはずである。疲労が蓄積している労働者が自発的に残業しても,労働効率が低ければ無意味である。労働生産性の低い残業労働に対して,残業手当分を加味して賃金を支払う賃金管理も無意味である。無意味な労働に残業代を加味して賃金を支払うのは,誰が見ても経営の合理性に適っていない。

　日本企業は,客観的に分析され標準化された職務に対して労働者を割り当てるべきである。いわゆる職務中心の考え方にたつ労務管理が好ましい。労務監査の目指すべき方向は,職務に人間を割り当てる方向である。仕事中心の労務管理では,因習的で経験的な仕事は職務分析の対象となる。職務分析を通じて定義された職務となる。標準的な作業方法,標準的な作業時間が明確化される。あらかじめ標準作業量も定められる。職務は職務記述書に記載され,職務遂行マニュアル,職務訓練マニュアルも常備される。職務を労働者に割り当てる方向に日本企業の労務管理は方向転換すべきである。

　現代日本社会では国際労働基準である8時間労働制の真の確立が必要である。このことが前提条件とされなければ,科学的管理法が強調する「公正なる1日の作業量」は無意味である。1労働日8時間を前提条件として業務改革が進められなければ,全ての労働者に8時間の自由時間と8時間の生活時間を保障できなくなる。長時間労働と過重労働を撲滅するためには,企業組織の全職階の全労働者に経営効率の高い職務を付与し,単位当たりの労働生産性を高めると同時に,経済効率の高い業務管理体制を確立しなければならない。

3　費用の視点

　労務監査の主要な領域は,第1に,事業のスタッフ部門である人事部門所管の労務管理活動予算の執行に関わる領域である。費用の視点[3]に立つ以上,労

---

(3) 費用の視点は「経営の費用管理」の視点であり,それは内部統制の視点でもある。事業活動に伴って企業が支出する費用について,「ビジネス活動に伴う費用は事業活動に付随しまるで影のように付きまとう」と把握したのは藻利重隆稿「経営管理の体系」(藻利重隆著『経営管理総論』千倉書店,第2版,第6章所収,1967年)である。

務監査は労務管理活動予算の執行結果をその実績と比較しチェックする。複数の労務施策を実施した結果が期待値に達していなければその原因を探り，反省点を次期に活かす方策を取らなければならない。期待値を上回る労務施策も労務監査対象となる。事業収益の堅実な確保が事業経営を維持し，健全なビジネスとなるからである。現場の創意と工夫，日常の業務と改善の産物としての期待値の達成でなければならない。予想を超えた為替相場の変化，株式価格の値動きなど，企業経営の外部環境の変化による事業収益の向上は，企業経営者主導のビジネスを放漫経営と合理化努力を忘れた杜撰な業務管理と労務管理に導くからである。

　労働集約型投資を資本集約型投資と絡めて全社的規模で実施し，職務内容の高度化を図り，職務の統制範囲と責任範囲を拡大し充実させる必要がある。職能管理部門の管理職，監督職，作業職の職務内容を見直し，企業の指揮命令系統を短縮化し管理組織をフラット化する必要もある。製造工場の海外移転に伴って，海外生産量の増大傾向と国内生産量の減少傾向は不可避である。経済環境の変化に積極的に対応するには，労働生産性の高い企業，付加価値の高い企業，高い製品開発力を身に付けた企業に脱皮する必要がある。このような経営努力が本物であるかどうかは，事業活動予算の執行結果を事後的に精査することによって判断できる。これらの経営努力は費用数値となって現れる。

　第2に，企業の本業における事業活動予算の執行，特に労務管理活動の予算執行に関連する領域である。費用の視点に立つ労務監査が本業を注視するのは，本業の事業収益確保は企業全体に深刻な影響を及ぼすからである。例えば，本社製造工場の収益率低下は企業組織の全構成員に精神的な動揺と先行き不安感を醸成させる。本体業務において支出（費用）が収入（収益）を超えていたのでは企業存続は危うくなる。事業収益の確保と事業収益の向上は計画（Plan），実行（Do），評価（Check），改善（Action）のサイクルをまわし，事業予算の執行結果を直視し精査することによって，事業収益の確保を妨げている要因を洗いだすことが可能となる。労務費に即していえば，低い賃金水準が低労務費と高い事業収益を生むとは限らない。高い労働生産性，高い経営効率と結合

した高い賃金水準が低労務費及び高い事業収益となることもある。費用の視点に立つ労務監査はこのような事実と会計数値に目を向ける必要がある。

　第3に，個別労働関係紛争と称される労務トラブルの解決に関わる領域である。労務トラブルの発生基盤は職場の人間関係である。つまり，企業経営者の代理人である管理者，監督者と作業労働者との人間関係である。双務的社会関係が確立しているならば，労務トラブルが発生する可能性は少なくなる。労務トラブルが生じてもその解決は容易である。しかし，職場の労働組合が組合機能を十分に発揮できない現状では，労務トラブルの発生とその解決は難しい。職場で発生する労務トラブルの解決コストは数値的に確認されるべきである。

　労務トラブルが複雑かつ多岐に渡っている。例えば，労務トラブルの具体的な内容は，残業代の不払い，有給休暇の取得妨害，パワーハラスメント，セクシュアルハラスメント，マタニティハラスメント，ストーカー行為，弱い者いじめ，嫌がらせ行為等にとどまらない。些細な口論が喧嘩となって暴力行為に及び，刑事事件に発展する場合もある。企業は法務対策室，苦情処理機関，人事相談窓口等の設置，労働法令遵守の徹底，管理職研修の実施，定期的な配置転換を図っている。これらの制度的対応に関わる費用も精査する必要がある。労務トラブルは，職場の業務が滞りなく円滑に進行しているならば避けられる。費用の視点に立つ労務監査では，職場における労務トラブルの解決費用も見積もる必要があろう。

4　育成の視点

　育成の視点は，労働者に課すべき職務の設計に関わる視点である。学歴，年齢，性別，勤続年数，能力等の属人的性格の相違に拘わらず，管理者でも監督者でも作業者であってさえも，労働契約上，労働者が経営者から求められるのは仕事の誠実な実行である。仕事と呼ぼうと職務と呼ぼうと，労働者は働くために毎日会社に出勤していく。古今東西を問わずこれが常識的な理解であり，労働基準法上の労働は使用者の指揮命令に従う従属労働であり，労働者はその労働力を時間単位で提供する存在である。労働者の賃金を決定する場合に労働

時間が基準となるのは，誰にでも分り易く納得が得られるからである。

　労務監査が人材育成を重視するのは，実は人間は労働を通じて学び，労働に関する関連知識と技能を習得すると考えるからである。労働者の学習過程は労働現場に組み込まれている。職場状況に組み込まれた学習である。職場経験を通じて習得する一定の知識を暗黙知と呼んだところで意味はない。労働者の学びが職場の仕事のなかに組み込まれているのであるならば，育成の視点に立つ労務監査の重点は職務内容をどれだけ豊かなものにするか，職務内容にどれだけの責任と権限を盛り込むかにある。労働内容の貧しい職務を付与されている限り，労働者は職務の遂行を通じて成長できない。逆に，労働内容の豊かな職務を付与されるならば，労働者は豊かな労働を享受できるだけでなく，豊かで高度な職務の遂行を要求するようになり，良い仕事を通じて職業人生を享受することができる。人間は仕事を通じて成長し，成長した職業能力は企業の人的資産として蓄積される。

　職務内容は定期的に見直される必要がある。長期間にわたって労働者が一つの職務に従事するならば，労働者の労働力の形成は"仕事を通じて学ぶ"ものとなる。次第に労働者が保蔵する職業能力が，担当する職務が要求する能力要件を凌駕する場合がある。職務が要求する能力以下の職務を課し続けることは，労働者と企業の双方にとって決して好ましいことではない。労働者の能力向上の機会が停止するからである。労働者に課すべき職務の統制範囲を拡大すると同時に，職務権限の範囲を拡張することが必要である。人間は職務の誠実な遂行を通じて成長するからである。職務中心の労務管理に転換し，職務の見直しと職務の再設計を通じて，職務内容を豊富化する可能性を開く必要がある。

　職務の誠実な遂行が人間を育てる。教える者（trainer）と教えられる者（trainee）との社会関係は教授学習過程である。しかも，この教授学習過程の主導性は教える者の側にある。部下に教える者（trainer）は職務経験豊富な指導者でなければならない。同時に，他人に職務を教育し訓練する方法を習得していなければならない。作業者が昇進し監督職に就任したならば，昇進の前後において監督者訓練が実施されなければならない。作業者に求められる職

業関連的知識と技能は，監督者に求められる職業関連的知識と技能と質的に異なるものであるからである．

　監督者から管理者に昇進する場合にもこのことは当てはまる．職能部門の責任を負う立場にある部長職は経営トップから指示された内容を具体化し，下位者である監督者に業務命令を発する立場にある．職能部門の責任者（部長職）に要請される基本的職務は管理的意思決定であり，部長職の統制範囲も責任範囲も下位の監督者と比べて数倍も大きい．年功的な職場においては「お神輿は軽い方が良い」と囁かれる．企業間の国際競争が熾烈な状況下では，軽いお神輿では役に立たない．国際舞台で活躍できなければならない．年功序列と能力主義が綯交ぜとなっている日本企業では，昇進・昇格は内部昇進制度が前提とされている．内部昇進制度の弱点は，業務的意思決定はできるが管理的意思決定ができない職能部門管理者を輩出することである．経営の国際化に伴って意思決定が遅いために，日本企業はせっかくのビジネスチャンスを逃している．

　経営者は率先し経営理念を経営ビジョンに，経営ビジョンを経営計画（事業計画，利益計画，予算）に落とし込む必要がある．企業組織の全ての成員が心の底から納得できる行動綱領の作成は，経営理念の浸透にとって不可欠である．日本の民間企業の多くが行動綱領を作成し，全構成員に配布し，行動要綱の熟読と理解を求める時代が到来する．行動要綱は，企業組織の全ての成員にとって，いわば思考と行動の羅針盤となるものである．

　近年の企業が盛んに促す主体的キャリア形成施策は，企業が実施する配置転換政策と矛盾する．日本企業は主体的キャリア形成が重要であると一方で強調しておきながら，他方では有無を言わさぬ配置転換政策を通じて労働者が立案した主体的キャリア形成の計画過程を寸断している．これが現代日本企業の主体的キャリア形成の偽らざる現実である．労働者を企業の特定職場で計画通りに育成するつもりがあるならば，経営者は全ての組織成員を対象とするキャリアパスを制度化し，特定の職域において有能な人材を内部養成する必要がある．特定の職業労働の遂行を通じて，組織の全ての成員は高度な専門的職業能力を身に付けることを切望しているからである．

企業の経営理念がどのように企業組織の末端にまで浸透しているか，経営理念が管理者，監督者，労働者の行動と思考にどのような影響を与えているか，企業が定める行動要綱が全ての組織成員の行動原理となっているかを精査する必要がある。バブル経済破綻以後の民間企業には，職能別教育，職階別教育をコスト削減の対象にする傾向が顕著であった。我々の労務監査が人的資産形成という表現を採るのは，管理者，監督者，労働者の職務の遂行にとって必要な知識と技能に関し，職務遂行能力の底上げを図る必要があるからである。

　能力主義管理の亜種である成果主義人事によって破壊されたのは，従来の日本企業が大切にしてきた手厚い能力開発事業であった。能力主義と成果主義が生んだ弊害を踏まえて，日本企業の経営者には改めて長期雇用の利点を再認識してもらう必要がある。1985年以後，長期雇用の価値を再認識したからこそ，アメリカでは人的資源開発論が登場したのである。日本企業こそ本気になって長期雇用政策を採らなければ，企業の教育訓練施策は投資効率の低い事業となり，企業の人的資産形成に貢献できない代物となってしまう。

　バブル経済破綻後の民営化政策が推進される過程で，公共職業訓練体制は縮小されている。ホワイトカラー労働者を対象とする職業訓練事業も将来像を展望できていない。個人主導の職業能力開発は職業訓練を労働者個人に委ねるものである。民間企業は教育訓練を費用と見做し，投資行為であると見做していない。これからの人材育成に当たっては，経営戦略との連動性，雇用長期化政策の重要性を再認識し，人的資源開発を重視すべきである。経済社会が市場経済体制であるならば，市場が不確実であるのは当然である。市場が見通せない以上，事業活動を実際に担う管理者，監督者，労働者の職業能力開発を重視することは，経営者の雇用者責任の一部である。育成の視点に立つ労務監査は，経営者が教育訓練体制の再構築に向けた努力を継続させているかどうか，教育訓練体制が技術変化と組織再編成に対応しているか，企業の教育訓練施策が職種及び職務の実際に適合しているかなどを精査する視点である。

Ⅱ 労務監査対象項目

1 縦軸と横軸とのマトリックス

　我々が構想する労務監査は，縦軸にコンプライアンスの視点，業務の視点，費用の視点，育成の視点を採る。この場合，それぞれの監査視点にどのような監査対象項目を配置するかが重要となる。我々が構想する労務監査のフレームワークは，企業存立の根拠と意義が経営理念のなかにあると考えている。そして，企業の経営理念は四つの監査視点に貫かれており，企業の労務管理として具体化されることを想定している。図表1（「労務監査の全体構造」）の横軸には，労務監査の対象項目が並べられている。この場合，労務監査の対象項目となるのは企業の労務管理である。企業の労務管理は，人事管理（personnel relations）と労働組合対策（industrial relations）から構成される。労使関係の視点からみるならば，人事管理は個別的労使関係であり，労働組合対策は集団的労使関係であるともいえる。労務管理を人事管理と労働組合対策に区分する方法は，あくまでも便宜的な区分に過ぎない。厳密に人事管理と労働組合対策を厳密に区分することは事実上不可能である。この区分には不十分さと曖昧さがある。

　便宜的な区分であることを承知したうえで，人事管理職能を更に細分化し整理するならば，①労働者の採用・補充過程，②労働者の教育訓練・配置過程，③労働者の処遇過程，④労働者の法定福利・企業内福利過程というように区分することができる。

① 採用・補充過程には，空席職務の確認，労働者の募集，応募者の面接と採用，職業適性検査の実施などが含まれる。

② 労働者の教育訓練・配置過程には，新入社員研修，職階別研修，職能別研修，職務訓練，職場配置，配置転換，キャリアパスの設置，キャリア形成とキャリア管理などが含まれる。

③ 労働者の処遇過程には，賃金決定，諸手当の決定，職能資格制度，企業

内資格制度，昇進・昇給・昇格，人事考課制度，考課者訓練などが含まれる。

④　法定福利・企業内福利過程には，労災保険，雇用保険，企業年金，健康診断，人事相談制度，保養施設，託児所などが含まれる。

　以上の人事管理の説明は単なる便宜的な説明にすぎない。人事管理の一環としてなされる人事異動（配置転換）でも，単なる定期的な人事異動であるケースもあれば，直属の上司を内部告発した労働者に対する報復人事である場合もある。定期的な配置転換であると受け止められる場合でも，労務監査に当たっては，企業関係者の説明内容を額面通りに受け止めるべきではない。所属する労働組合を敵視する会社の労務政策の一環として，配置転換を解釈しなければならない場合もある。このような配置転換は労働組合活動に対する支配介入である。労働委員会から不当労働行為とみなされる可能性がある。監査法人に勤務する公認会計士と同じように，労務監査では「健全なる猜疑心」が求められる。

　企業の労働組合対策は，①前近代的労務施策と②近代的労務施策に区別される。前近代的労務施策と近代的労務施策を区別する明確な判断基準は，企業が労働組合を正式な団体交渉の当事者として承認するかどうかである。つまり，企業が労働組合を対等な交渉団体の当事者として認めるかどうかである。いずれの工業先進国も労働組合法の成立に伴って企業が労働組合を正式に承認するようになり，労働者の基本的な労働条件に関する決定を労使の団体交渉制度に委ねている。ドイツのように，従業員代表を取締役会に迎えて，企業の意思決定を労使が決めているところもある。日本の労働組合法は複数の労働組合の存在を認めている。仮に会社が嫌悪する労働組合であっても経営者は断交を拒否できない。地方労働委員会から不当労働行為として認定される。日本企業の経営者のなかには，「労働委員会は裁判所ではないのであるから従う義務はない」という経営者がいる。日本には労働裁判所が存在していないから，それに代替する社会装置として地方労働委員会，中央労働委員会がある。

　前近代的労働組合対策には次のような取り組みがある。アメリカの労働組合

対策の歴史を見るならば，前近代的労働組合対策には，クローズドショップ制度に対する批判，オープンショップ制度の採用，ブラックリストの作成，密告制度の採用，黄犬契約の強制，従業員代表制，プライベート・ポリスの結成と暴力の行使，争議行為に対する民事訴訟等が含まれる。争議行為に対する企業の民事訴訟は労働組合財政を逼迫状況に追い込むことになる。裁判所によるスト中止命令は，労働争議の指導部が投獄されるために労働組合運動に大きな破壊力を持っていた。1930年代に労働組合が連邦法で承認された以後，アメリカでは労働争議に対する企業の民事訴訟は禁止されている。

近代的労働組合対策には，次のような様々な取り組みがある。近代的な労働組合対策には，ユニオンショップ協定の締結，苦情処理機関の設置と活用，団体交渉制度の活用，労働協約の締結，平和条項の明記，技術導入に際しての事前協議制の設置，労使協議制の推進，一発回答主義，労働組合の経営参加，労働者重役制などが含まれる。アメリカにおける労務管理の歴史的発展を見るならば，労働組合が経営者に対して団体交渉権を獲得するには，労働組合は代表権選挙で過半数票を獲得する必要がある。代表権選挙に企業の管理職が介入してきた過去の事情が社会的に考慮されるようになった。会社と管理職が労働組合の代表権選挙に介入することは違法行為（不当労働行為）と見做される。近年では，複数組合を認めず単一労働組合化を図るシングルユニオン化も，近代的労働組合対策の一種である。

企業の労働組合対策は，前近代的労働組合対策と近代的労働組合対策に区別できる。しかし，この区別もまた単なる便宜的な区別に過ぎない。それぞれの企業の労働組合対策がどのような狙いを持っているかを正確に把握し判断するためには，多面的な分析と考察が必要であり，その狙いとするところはケースバイケースである。企業の労働組合対策の性格を見極めるには労働組合法の規定に準拠する必要がある。企業の労働組合対策が適法であるかどうかは具体的な事例に即して把握する必要がある。ただし，労働組合法上，どのような労働組合であろうと，経営者は労働組合の存在を否定できない。また，企業は労働組合からの要求に対しては誠実交渉に応じる義務を負っている。本来，労働組

合は政府からも資本からも独立した労働者の自主的組織であり，しかも，必ずしも企業別に組織化されていなければならない訳ではない。

2　内部監査と外部監査

　労務監査に当たって外部監査には自ずと限界がある。労務監査を商売にする実務家が提案するのは外部監査である。外部監査は第三者機関による監査となり，厳正な労務監査となる場合もある。しかし，外部労務監査人は必ずしも監査対象企業の労務管理を熟知していない。監査対象企業が外部監査人の顧問先である場合には，外部監査人による労務監査行為は利益相反となる。利益相反であったのでは公正な労務監査は望めない。公正な労務監査は成立しがたいと言わざるを得ない。一般的に多くの民間企業の経営者は，積極的に人事情報を開示しようとはしない。人事情報が営業上の秘密として取り扱われている会社もある。このように見るならば，労務監査の在り方は内部監査であることこそが望ましい。我々が提唱するのは内部監査である。内部監査であるならば，自社の営業上の秘密に触れることが許される可能性もある。自社内に労務問題を抱えていれば尚更のこと，社長をはじめとする経営執行役員層が誠実であるならば，根本的な問題解決の糸口を求めている。この場合には，人事情報を内部監査室に開示する可能性とその範囲は広くなる。

　民間企業の経営者のなかには，各種労働法規に違反していなければそれでよしとする安易な発想がある。各種労働法規に違反していることを熟知している場合でも，経営者のなかには何らの改善策を講じないものもいる。日本の労働基準監督官数は全国で4,000人程度に過ぎない。労働基準監督官による臨検などあり得ないと思っている経営者もいる。労働基準監督署数と労働監督官数の現状を見る限り，労働基準監督官による臨検が実施される確率は極めて低いというのも，否定できない事実である。過労死事件でも被害者の直属の上司だけに責任を押し付けて済ます経営者もいる。経営者及び経営執行役員がこのような甘い現状認識にとどまる限り，このような会社の労務管理の改善と改良は一向に進まないであろう。長時間・過重労働，３６協定の無機能化，過労死，過

労自殺，鬱病の蔓延，各種ハラスメント，指名解雇，解雇権の乱用，労働組合機能の無機能化，御用組合化，地域ユニオンの台頭，性差別，雇用差別，昇進差別，非正規雇用の正規雇用化など，労使が真摯に協力して取り組むべき課題も多い。現代日本企業の職場における労務管理状況は労務トラブルのデパートメントストアであり，労使対等原則に立つ労使関係の確立に向けて企業が取り組むべき問題は山積している。

　企業の経営者が本腰を入れて取り組むべき課題が放置されるならば，労災発生率が増大し，労働生産性は低迷し，労務トラブルが職場に蔓延し，労働の協働性が破壊され，有能な労働者から社外に流出し，結果的に労働力の枯渇化を招くことになるのは必至である。労働人口の高齢化，傾向的な出生率低下，労働人口の減少と並行して，企業の労務管理体制が無機能化していくことは避けられない。企業の要員数の決め方，職務設計の在り方，賃金決定の仕組みなどの問題は，労働者の安全と生命に関わる重大な労務問題[4]となる。経営者及び経営執行役員こそ内部監査としての労務監査の必要性を自覚すべきである。

　バブル経済破綻以後の日本企業の多くは，企業の教育訓練を無駄な経費と見做す傾向が濃厚である。ホワイトカラー労働者の働かせ方をめぐる改革[5]は，

---

(4) 電通事件及び大庄事件の判決文でも，要員決定，職務設計，賃金決定という問題領域には踏み込んで検討されていない。これらの問題領域は企業経営の聖域としての経営権（management right）事項と見做されているからであろう。全般的経営者及び経営執行役員を除けば，経営企画室と内部監査室にしか経営権の聖域に立ち入ることはできない。ただし，内部統制制度の構築は経営管理の可視化を要請する。内部統制監査が要員決定の仕組みにまで踏み込んで検討するならば，この聖域は必ずしも聖域ではなくなる可能性がある。因習的な仕事のやり方を見直し，作業合理化の視点から職務（標準作業）を確定し，それぞれの職務の標準業務量を確定できるならば，職務の標準作業方法，標準作業量，標準作業時間が明らかになり，標準作業量と標準作業時間との関係から要員数を割り出すことができ，作業合理化及び経営合理化をうながすことになるであろう。

(5) 本来，労働者を働かせる立場にあるのが経営者である。労働者に対する指揮・命令権を有する経営者が労働者に対して，その保持する労働力を提供させる行為が「労働者の働かせ方」である。資本主義社会では「労働者の働き方」は経営者による「労働者の働かせ方」に従属する。労働者個人の主観的な「労働者の働き方」を放置すれば職場の規律は乱れることになり，職場の作業効率を低下させる。現行の労働基準法も

本来ならば，1980年代に解決すべき必須の課題であった。日本全国の多くの事務職場でOA機器が広範囲に導入され，事務労働者の労働内容が大きく変化したからである。企業が情報機器の導入を情報処理ソフトの開発とリンクさせたならば，ホワイトカラー労働者の多くの作業を見直し，効率的な作業の在り方を確立させることができたはずである。ホワイトカラー労働者の業務は，主に書類作成業務，接客業務，業務上の意思決定等から構成されている。ホワイトカラー労働者の全ての業務を見直し，標準的な作業時間，標準的な作業方法，標準的な作業量を合理的に決定する必要がある。

III 労務監査の留意点

1 立法の精神

企業不祥事を引き起こした企業は，多くの市民から批判を浴びる。出資者である株主からの信頼を裏切ることになる。昨今の企業の労務管理が引き起こす最大の悲劇は，過労死又は過労自殺である。近年の各級裁判所の判決は，特定の個人名を挙げて代表取締役社長，業務執行取締役，部門責任者の責任を質している。このような各級裁判所の判決内容であっても，当該企業の実際の解決方法は，法人が全責任を負うことで処理されている。賠償金は企業から支出され，経営執行役員はその地位にとどまるか，会長職に身を引くことで処理される。しかし，株主の立場から見た時，有罪判決を受けた社長と取締役が事業利益のなかから賠償金を支出したならば，企業価値を毀損させたことになりやしないだろうか。損害賠償金額が多額に及んだならば，株主代表訴訟を起こす株主も登場する事態に発展することは必至であろう。

有限責任の範囲は民法の範囲にとどめるべきである。しかし，労災事故，過

労働者の労働の従属的性格を規定している。経営者が労働者の労働の従属性を明確に自覚しない限り，企業経営者の雇用者責任が曖昧とされる。その結果，本来，経営者が取り組むべき作業合理化と経営合理化が曖昧となる。経営者の主導性を否定する「労働者の働き方」ではなく，経営者の主導性を発揮した「労働者の働かせ方」でなければならない。主客混同の概念が経営者の合理化努力の妨げとなる。

労死,過労自殺など人命にかかわる重要案件の場合には,経営者に刑法上の責任が全くないと言い切れるものだろうか。法人ではなく生身の人間である経営者がその責任を負わずして,企業責任があいまいなままで過労死事件が幕引きとなって良いはずはない[6]。

企業の経営者は単に各種労働法令を遵守していれば,それだけで済む訳ではない。現代の企業経営では,モラルコンプライアンスの徹底化が必要とされる。罪刑法定主義を採る我が国では,企業経営者はモラルコンプライアンスの重要性に気付かない。パロマ事件判決(東京地裁判決,2010年5月)は,今後の企業経営は各種法令を遵守すれば済む時代では既にないということを物語っている。国廣正弁護士によれば,法律の条文を見る限り,パロマ株式会社に製造物責任を認めることは無理であったという[7]。パロマ株式会社が製造販売した湯沸かし器が爆発事故を起こしたからではないからである。パロマ社に製造物責任が問われるならば,製造過程で爆発事故に直結する何等かのミスが発見されなければならないが,パロマ株式会社には設計段階でも製造過程でもミスはなかったという[8]。顧客から批判を浴びるべき対象となるのは,パロマ製造沸かし器を修理した修理業者である。従来ならばこのような司法判断となるのは必然であった。

国廣正弁護士は「法律論としてパロマに製造物責任を認めるのは困難である。にもかかわらず,コンプライアンスの観点からはパロマは企業として非難され

---

[6] アメリカで2002年に可決された「企業会計不正防止法」に触れて,奥村宏氏は「それによって,不正会計を行った会社の幹部に対する禁固刑と罰金刑を強化し,例えば,証券詐欺,それまで最高5年の禁固刑であったものを25年にする,財務報告証明違反は最高20年の禁固刑にする,というように強化された」と指摘し,経営者が引き起こす経済犯罪に対して重い禁固罰が課せられていることを紹介している(奥村宏著『会社の哲学』東洋経済新報社,2013年,161頁)。アメリカに比べて日本ではそもそも経済犯罪という概念がないのではないだろうか。無論,会計不正と労務不正を同一視することはできないが,人命にかかわる労務不正については,刑法上の処罰が適用されてしかるべきではないだろうか。

[7] 國廣正著『それでも企業不祥事が起こる理由』日本経済出版社,2010年,19頁。

[8] 同上書,18-19頁。

なければならない」[9]と指摘し，この「問題は，既に不正改造されてしまった湯沸かし器への対応であ[10]り，「パロマがやるべきであったのは，『今後の新たな不正改造を禁止すること』だけではなく，『これまで不正改造された製品について危険を告知して事故を防ぐこと』だった」[11]と指摘する。パロマ事件判決が物語っていることは，これからの経営者はコンプライアンス概念に係わる従来の法解釈を超えて，モラルコンプライアンスにも応えなければならないということである。パロマ事件判決が示す判決の論理を労務監査に適用するならば，これからの企業は，各種労働法上の条文だけを根拠にして法令を遵守すれば良いのでなく，常に変化してやまない市民社会の要請に真正面から応える必要があるということである。法人企業は，市民社会の1人の構成員として市民社会に受け入れられなければ，ビジネスを展開することができない。企業といえども普通の一市民と同じように，当然守るべき社会的なルールと守るべき社会的な倫理の遵守が求められる。

2　労務監査と内部統制制度の構築

　会社法は内部統制という概念を使用していない[12]。しかし，大和銀行事件の株主代表訴訟判決では内部統制制度の構築の不備が指摘され，取締役会に対して善管注意義務違反を断定している。大和銀行株主代表訴訟事件の第一審判決は「取締役会は，リスク管理体制（すなわち内部統制システム）の大綱を決定することを要する」[13]と述べ，内部統制システムの構築が取締役会の責任であると明示した。大和銀行事件以後，日本の民間企業はリスク管理及び法令遵守を徹底化するために内部統制制度の構築に向けて取り組まざるを得なくなった。内部統制制度の構築の対象範囲は極めて広く，本社，工場，営業所のみならず

---

(9)　同上書，19頁。
(10)　同上書，20頁。
(11)　同上書，20頁。
(12)　会社法は全社的な内部統制制度の構築を求めている。これに対して，金融商品取引法が求めるのは財務報告の信頼性と正確性である。
(13)　大阪地裁判決（平成12年9月12日）『判例時報』1721号，3頁。

子会社や下請け企業も含まれる。これからの企業は全社的な内部統制制度の構築責任だけでなく，その維持責任のためにも多額の費用を捻出せざるをえない。

　現代日本の内部統制制度は誠に不評である。内部統制制度が不評であるのは，その構築に膨大な時間と費用を必要としたからではない。内部統制制度の維持に莫大な費用と時間を必要としているからでもない。内部統制制度の構築が経営者の自由裁量権を侵犯するからでもない。巷で囁かれるそれらの批判は必ずしも当たってはいない。金融商品取引法施行に伴って導入された経緯から見るならば，日本の内部統制制度が不評であるのは，日本企業の労務管理の持っている属人的性格が，内部統制制度の構築過程に混在しているためである。構築された内部統制制度そのものが極めて不完全な統制装置となっており，内部統制制度が保蔵されているべき統制機能を発揮できない体制となっているからである。

　日本の内部統制制度がどのような手続きを経て構築されたかを思い起す必要がある。経営管理を可視化するための内部統制制度の構築にとって必須の条件となるものは，①職務記述書，②ジョブフロー・チャート，③リスク・コントロールである。これらは内部統制の3点セットである。3点セットのなかで最重要視されるのは職務記述書である。職務記述書のなかで職務が厳格に定義されていなければ，内部統制制度の構築担当者は，合理的なジョブフロー・チャートを描くことができない。職務内容と職務間の連携関係のなかに作業ミスと不正行為を誘発するリスクを発見し，これらのリスクを統制する仕組みを組み込むこともできない。このように見るならば，内部統制制度が有効に機能しないのは，企業組織体を構成する細胞ともいえる職務が厳正に定義されないままに放置されているからである。職務の定義が明確化されており，職務記述書が存在し，職務遂行マニュアルが職場に常備されており，職務の統制範囲と責任範囲が明確化されていなければ，職務遂行上の作業ミスや判断ミス，各種の不正行為は見逃され易くなるだけでなく，各種の不正行為を思いとどまらせることも不可能となる。職務の設計段階において，職務の設計者は組織成員に不正行為をさせない仕組みを職務そのものと職務間連係に組み込んでおかなけ

ればならない。

　社長及び業務執行取締役をも含む取締会は，企業統治者としての業務上の権限を有している。内部統制制度の構築責任と運営責任は取締役に属する固有の責任である。経営管理を可視化し外部者に確認できる管理体制を敷いておく必要もある。内部統制制度がその機能を十分に発揮できる体制になっているかどうかは，社長及び取締役の責任である。内部統制制度の機能が発揮できない原因は他にもある。その主要な要因は，企業統治の仕組みにある。つまり，内部統制制度が経営者の自作自演の産物になり易いことである。常識的に判断するならば，株式会社制度上もっとも大きな権限を掌握している経営者自身が，「経営の自由裁量権（management prerogative）」を拘束する内部統制制度を構築するはずがない。内部統制制度が有効に機能しない要因は他にある。取締役会と経営執行役員との間に緊張感がないからである。経営執行役員を代表する社長自身が代表取締役に就いており，しかも，代表取締役は取締役会の召集権を掌握している。社長は配下の各種職能部長を業務担当取締役に任命している。社長を取り締まるべき取締役が社長の指揮命令下におかれている限り，企業統治が有効に働かないのは当然である。

3　労務監査と経営企画室

　労務監査機能は，全般的経営者から移譲される統制権限を根拠にして成立する。経営計画機能が全般的経営者から経営企画室に移譲されるのと同じように，労務監査機能は全般的経営者から内部監査室に移譲される。経営企画室の経営計画機能が管理過程の始動期に位置するのに対して，労務監査室の労務監査機能は管理過程の最終期に位置し，次期における管理過程の始動期に，つまり経営計画に影響を与える。我々が提起する労務監査はコンプライアンスの視点，業務の視点，費用の視点，人材育成の視点という四つの監査視点を採り，企業の経営計画（事業計画，利益計画，予算）に組み込まれた労務管理活動計画が，経営執行役員をはじめとする組織成員によって経営計画通りに遂行されたか，労務管理活動が果たしてどれだけの成果を生み出したかについて，当期中の労

務管理活動を振り返えり，反省すべきところを精査し評価する。そして，次期に実行すべき労務管理活動計画に生かすために，内部監査室は労務監査報告書を纏めて社長に報告する。

　労務管理施策を監査する場合，複数の労務管理施策は労務管理の目的との関連において精査され評価される必要がある。実際の労務監査は会計期間中の労務管理活動計画に対応する予算とその執行に関し，その妥当性，その適切性，その実績性を評価する必要がある。事前的予算統制と事後的予算統制が重要となるが，単独の労務施策の成果ではなく労務施策全体の成果を問う必要がある。いずれの企業でも労務管理体制は複数の労務施策から構成されている。複数の労務施策の相互連携関係についても精査されるべきである。労務管理活動計画の立案に当たっては，法制上の制約条件がある部分もあれば，経営者の裁量権で決定できる部分もある。前者には，法定福利事業，最低賃金，安全衛生，法定労働時間制などがある。

　後者には，企業内福利事業，教育訓練，労働移動対策，労使協議などが含まれるが，労務監査が最も注視すべき問題は，どれだけの業務量に対してどれだけの労働者数を割り当てているかという問題である。この問題は労働強度（労働密度）に関わる問題であり，取り扱いは極めて難しいものである。就業時間数が同じでも労働強度が高ければ，心身の疲労とストレスは倍加するからであり，労働強度が過労死，過労自殺，鬱病の蔓延という結果になった場合には，経営者は健康管理義務違反の責任を問われかねないからでもある。1労働日当たりの労働時間数及び週当たりの労働時間数の上限は法制上定められている。しかし，1労働日当たりの業務量がどれだけであるかについて法制上の制約はない。

　1労働日当たりの業務量を決める方法には，定員数を年間労務費総額から導出する方法もある。職務数をベースに一つの職務に1人の労働者を割り当てる方法もある。目標人員採算制度を使って要員数を割り出す方法もある。経営企画室が経営計画を策定する時，どのような原理に立って要員数を決定するかが，もっとも重要な点である。どのような原理から要員数を算定するかによって，

業務量の増大に対応しない労働力不足状況を招くことになるか，業務量に比較し妥当と思えない労働力過剰状況を招くことになるかに分かれる。労務費総額を抑制し過ぎるならば，労働者1人当たりの業務量が増大する。

　労務監査に当たり，内部監査室は経営企画室と定期的な協議の場を設ける必要がある。それぞれの職能部門における業務量と要員数を算定する仕組みについて，お互いの立場から意見を交換し，各種労働法令を遵守する体制を確立・発展させる必要がある。長時間過重労働，過労死，過労自殺，鬱病，パワーハラスメント，イジメ，嫌がらせ等が蔓延する職場ではなく，全ての労働者が生き生きと働ける職場を構築するために，全般的経営者の計画権限と統制権限を委譲されている両者が，知恵を出し合いお互いに協力する必要がある。

　労務トラブルの多くは企業組織の末端で発生する。そのために労務管理の研究者及び実務家の視野は，労務トラブルの発生場所だけに限定されがちとなる。しかし，労務トラブルの根源は取締役会と経営執行役員会のなかにある。取締役と経営執行役員の意識改革こそが，労務トラブルを断ち切ることを可能とする。経営トップが利益至上主義の考え方を断ち切らない限り，1労働日8時間以内で処理できる労働効率の高い職務を課す労務管理への方向転換は困難となる。法定労働時間内で処理できる作業量を労働者に課す労務管理体制の構築を目的にして，労務方針を方向転換できるのは全般的経営者（社長）だけである。労務監査には社長の持つ監査権限を委譲されているからこそ意味がある。1労働日当たりの労働時間である8時間労働制を実質的に国際的・国内的ルールの遵守にするためには，労務監査は経営者をその気にさせなければならない。

　我々が提案する労務監査は，労務リスクに優先順位を位置付ける必要を要請する。労務監査室での議論を通じて，労務監査人は監査対象企業の全職能部門を網羅する労務リスク一覧表を作成する必要がある。図表1（「労務監査の全体構造」）は，労務監査が取り組むべき業務の各ステップを示している。下段にはビジネスプロセスから生じる労務リスクを示している。労務監査はこれらのステップを踏まえて実施される。同時に，労務監査はビジネスプロセスから生じる労務リスクを読み取ることを求めている。労務監査は労務リスクを読み

取り，労務リスクを金銭的リスクに読み替える。経営者が労務トラブルの処理を誤るならば，企業は膨大な金銭的な損害を被るからである。損害賠償額によっては株主代表訴訟となることもあるからである。

　労務監査報告書を通じて，労務監査人は経営者のビジネス活動を支援し，労務管理の在るべき方向性を提示すべきである。我々が考えるところでは，これからの労務管理の改革と改善の方向は，従来の日本企業が引き継いできた属人的な労務管理の継続ではない。属人的な労務管理制度は制度疲労を引き起こし，ビジネス活動の妨げになっている。労務監査が提言する方向は職務中心的な労務管理である。労働者の募集，労働者の採用，配置，教育訓練，賃金決定，賃金支払い，昇進・昇給・昇格，配置転換，解雇，職場規律，その他の労務管理機能も全て職務を中心に対処する方向を提案する必要がある。日本企業の経営者は業績の確保のために経営効率の高い企業経営の構築を目指す努力を怠ってはならない。

　これからの日本企業の労務管理は技術と組織の再編成と連動させて，企業環境の変化に合わせて，管理者，監督者，労働者に課すべき職務の目的を見直し，職務分析と職務設計を繰り返して職務を再設計し，作業効率と経営効率の高い業務体制を確立し，法定福利及び企業内福利を発展させ，各種労働法令のみならず企業倫理やモラルを遵守する労働環境を整備し，社会的に妥当な処遇条件を労働者に提供しなければならない。

　労務監査の目的は，現代日本企業の労務管理の現状を正確に把握し，企業内部の様々な職業分野において多種多様な形をとって現象する弊害を把握し，労務管理のメカニズムを押さえたうえで労務管理を改善し改良することである。特にホワイトカラー労働者に真に求められるのは「柔軟な働き方」ではない。1労働日8時間，週40時間という法定労働時間を前提にして，法定労働時間内でやり遂げることができる業務量を与えることが先決である。適切な業務量の設定に当たり，職務分析による標準作業方法を活用することが不可欠である。

【平沼　高・大倉　学・大槻晴海】

【各　　論】

第1章

法定福利制度を対象とする労務監査

はじめに

　本章は労務監査の各論である「法定福利制度」に焦点を当てたが，労務監査の実施において法定福利制度を対象とする労務監査はあまり見受けられない。それは実務的な視点からすれば「賃金」，「労働時間」などが労務管理において最も重視されており，「法定福利制度」は経営者又は監査実施主体の取捨選択により労務監査の対象から外されているのであろう。だが，法定福利制度は「賃金」や「労働時間」と同等に労務監査の対象とされなければならない。その理由は，法定福利制度を含めた包括的な労務管理を労務監査の対象とすることにより，誠実な経営者であれば当然に要求するはずである企業経営の理想像を明らかにすることができるからである。そして，その企業経営の理想像を限りなく具現化することが正に誠実な経営者なのである。

　労務監査の総論で述べられたと思うが，本章でも労務監査における四つの視点と監査の対象項目について論述する。まず，コンプライアンスの視点では法令順守が労務監査の前提であることを指摘する。そのうえで法定福利制度が要求する水準以上の就業環境を見出すことが労務監査の意義であるとする。次に業務の視点では，社会保険料の負担を避けるために大多数の非正規労働者を採用することの弊害を指摘する。そして労働者がその労働力を最大限に発揮するためにいかに法定福利制度が機能しているか，そのことを労務監査によって評価する必要性を主張する。また費用の視点では，経営者の責任に対し法定福利

制度では補えない事実を指摘し，経営者としての責任を完遂するための措置の必要性を労務監査で明らかにすべきとした。最後に育成の視点であるが，法定福利制度の主旨を鑑みれば，労働者個人の豊な生活が労働によって満たさなければならない。その点を誠実な経営者ならばどのような施策を打ち出すか，労務監査で明らかにしようとするものである。また，監査の対象項目については労務監査を実施する経営者毎に異なってしかるべきであるが，少なくとも「雇用形態」，「経営組織体」及び「企業内福利制度」の３項目については，それぞれの視点から現実を深く掘り下げ，経営者が目指す方向を見出す必要性について述べた。

　なお，本章は，労働者とって最も関係の深い社会保険（健康保険・厚生年金保険）及び労働保険（雇用保険・労災保険）を中心とした論述となっている。法定福利制度は社会保険及び労働保険（以下，本章において社会保険と労働保険をあわせて「社会保険等」と表記する）に限られるものではないが，その他の領域については今後の研究課題とする。

I　コンプライアンスの視点

1　労務監査の前提たる法令順守

　法定福利制度は，社会保険等における被保険者資格の得喪や保険料の負担について労使双方の意思を問わない。文字通り「法定」であるから，法令に基づき社会保険等の適用を受けなければならない。したがって，法定福利制度を労務監査の対象とする際に，コンプライアンスの視点から社会保険等にかかる事務手続きの適法性を労務監査の目的とすることには些かの疑問がある。なぜならば，通常の健全な企業経営においては法令に従った事務手続きが当たり前に行われているはずであり，このことが大前提だからである。我々の主張する労務監査は違法行為を探し出すことを目的としている訳ではない。もし，社会保険等の事務手続きに違法性が認められるのであれば，労務監査を実施する以前にその違法性を何よりも先に是正しなければならない。違法を是正することは

極めて当然なことであることを主張しておく。我々の主張する労務監査は企業経営において適法性が担保されていることを前提としており，そのような前提条件があればこそ企業経営の理想像を見出すことができる。

2　職場の安全衛生管理体制

社会保険等のなかで，その適用範囲が最も広いのは労働者災害補償保険法（以下，「労災保険法」とする）である。労働基準法上の労働者とされ，労災保険法で適用を除外されたごく一部の事業所を除き，正規・非正規を問わず全ての労働者が労災保険法の適用を受ける。さらに，労災保険法では労災保険にかかる保険料を全額事業主負担としている点が他の社会保険等との違いである。このような特徴を具備する労災保険は，最も基本的な法定福利制度と言ってよい。労災保険法は，保険給付の目的を労働災害が生じた際の被災労働者に対する事後補償となっている。これはこれで必要不可欠な保険制度であるが，あくまでも事後補償であることが認識されなければならない。誠実な経営者であれば，労災保険法による事後補償で十分と認識するのではなく，そもそも労働災害を発生させてはならないと考えるはずである。当然だが，使用者たる経営者には安全配慮義務が課せられている。その義務を確実に履行することが要求されており，このことについて労務監査ではコンプライアンスの視点として経営者に問うものとなる。

3　安定的な雇用管理体制

社会保険等による保険給付は，いずれも社会生活上又は労働に起因するリスクに対する備えである。業務上の傷病，障害及び死亡は労災保険であり，業務外での疾病等は健康保険でカバーする。そして加齢に伴うリスクは介護保険が担う。また老齢，障害，死亡等による所得獲得機会の喪失には厚生年金保険であり，失業による所得獲得機会の喪失に対しては雇用保険が担う。これらのリスクの中で，労働者の自発的な失業はある程度経営者の努力によって回避できるものであり，そのことを全ての経営者は認識しなければならない。さらに解

雇など経営者の事情による失業は極力回避しなければならない。この雇用保険法は主として，労働者が離職し，再就職の意思及び能力があるにも関わらず就業できない状態である期間に一定の保険給付を行うものである。その保険給付に関し，労働者の離職事由は問わないが，離職事由により保険給付の内容を異にしている。だが，前段で述べたとおり労務監査においては経営者の都合による解雇は回避されることを前提としなければならない。誠実な経営者であれば，自発的離職者を出さない労働環境の構築に注力しなければならないと考えるのが自然であろう。経営者には，ごく当たり前であるが労働者が末永く働ける環境の整備と同時に，労働者の事情に配慮した労働条件等の整備が必要となってくる。この労働者の事情とは「ワーク・ライフ・バランス」という言葉がもっとも端的に表せるであろう。このワーク・ライフ・バランスという言葉はすでに一般世間に浸透し，労働者の働き方が注目されている。また，政府も労働者の事情に配慮する姿勢を示しており，安倍内閣も「一億総活躍社会」の実現に向けて「介護離職ゼロ」を目指す政策などを打ち出している。このような状況のなかで誠実な経営者であれば，労働者の事情に配慮した雇用管理体制を構築しようとする。さらに，労働者が直面する事情が多岐にわたることも充分に理解しており，家族の介護や出産・育児に直面する労働者への配慮も怠らない。これらのことは経営者が労働者の雇用を守る責務そのものであって，労務監査においてはその責務を示させる意図が含まれるのである。

4　労働者の健康管理体制

　労働者の健康管理を労働者自身に委ねている経営者と，積極的に労働者の健康増進を推進している経営者では，企業経営に関してメリットが大きいとされるのは後者であると考えられる[1]。すると，誠実な経営者であれば労働者の健康管理について，企業としてどこまで把握し，どのような支援が施されている

---

(1)　NHKクローズアップ現代『健康経営のすすめ～会社も町も大変身！～』（2014年1月28日放送）NHKホームページ（http://www.nhk.or.jp/gendai/articles/3459/1.html）参照（2017年2月22日最終アクセス）。

かを明らかにし，不足があればそれを補う施策を打出さなくてはならない。特に法定の健康診断を実施した後の労働者に対するフォローは経営者によって様々であり，やはり労働者の健康を増進するためにも経営者の積極的な関与が期待される。この期待とは，法令で定められたものではないかもしれない。だがこの労務監査におけるコンプライアンスの視点では，労務管理に関する法令の趣旨を十分理解したうえでより一層の労務管理を目指すものである。労務監査によって経営者が労働者の健康に関してどこまで積極的であるかが明確に現れる。経営者の意識を変えるきっかけとなることに労務監査の意義がある。

II 業務の視点

1 適正な要員配置

　企業経営にとって社会保険等の保険料負担が決して安易なものではないことは理解できる。社会保険等の保険料は企業の経営状況に関わらず賦課徴収されるものであり，経営者にとってみれば社会保険等の保険料は一種の負債として認識されることもやむを得ないであろう。ゆえに社会保険等の保険料負担を回避すべき方法を模索すること自体は理解できる部分もある[2]。しかし，その結果として非正規労働者の大量採用とならざるを得ないことに危機感を抱かなければならない。非正規労働者の採用自体は何ら違法ではなく労働力の需給調整に大きく貢献するものであり，労働者側のニーズに合致さえすれば多様な働き方として労働者の選択肢を広げることになる。このこと自体は全く批判されるべきことではない。問題視すべきなのは，社会保険等の保険料負担の回避を目的に非正規労働者を大量に採用することである。すなわち非正規労働者の採用目的を見誤っていることである。企業における業務には必ず基幹となる仕事が

---

[2] 「社会保険料を削減する」といった趣旨のノウハウ本が書店で見受けられる。本章では実際に社会保険料を削減できるか否かについては言及しないが，何らかの意図的な手続きは必要であると推察する。全国社会保険労務士連合会では，会員たる社会保険労務士に対し不適切・不誠実な指導・助言はしないよう注意喚起している。

ある。基幹業務は企業存在のための決して疎かにできないものである。つまり，誰でも簡単に携わることができない，熟練を要する仕事が必ず存在する。この企業の存続を左右する領域（仕事）を社会保険等の保険料負担と引き換えにして，労働コストが安価な非正規労働者に委ねて良いのか否か，経営者は熟慮しなければならない。非正規労働者の採用は決して無用ではなく，採用の目的を誤らなければ経営の効率化に大きく寄与することは間違いない。しかし，目的を誤ってしまうとその代償はとても大きなものとなる。企業の存続を左右する基幹業務に従事する労働者の社会保険等の保険料削減について議論する余地は全くない。もし，目的を誤った採用人事であるならば，労務監査で修正しなければならない。

2　高齢者の就業意欲と雇用確保措置

現在では，労働力人口の減少により人材不足が表面化されつつある。特に建設業や介護分野での人手不足は頻繁に報道されているところである。これらの傾向は全ての産業で懸念されるものであり，人材の確保は企業経営にとって喫緊の課題とされる。これと相まって高齢社会であるわが国においては，満60歳を下回る定年制を法律で禁止し，希望する労働者に対しては原則として満65歳に達するまで雇用を継続するよう企業に義務を課している。

政府の具体的な施策としては，雇用保険法による「高年齢雇用継続給付」がある。満60歳以降，賃金の減少に伴い一定割合の給付金を労働者に支給するものである[3]。「高年齢雇用継続給付」は，経営者に対しては定年を迎えた労働者の再雇用を促し，定年を迎えた労働者に対しては賃金の減少に手当てを施し，就労意欲の喚起を図っている。このような法令や政策を考慮して，経営者が今後の人材確保を考えたとき，現状のままで十分であるか熟慮する必要があろう。その理由は，若年労働者の雇用を他企業と競争するよりも既存の労働者が末永

---

[3]　雇用保険法では高年齢雇用継続給付のほかに育児休業給付及び介護休業給付を設けており，労働者の就業意欲に対し継続雇用を促す施策が講じられている。経営者は雇用保険法の施策と相まって労働者の雇用継続に尽力しなければならない。

く業務に従事してもらうほうが，総合的な労働コストは低価となるからである。さらに，労働者にとって末永く労働できる労働環境の整備が重要であり[4]，誠実な経営者ならば労働者が生涯にわたり活躍できる環境を提供しようと考えるはずである。したがって，若年者の採用と高齢者雇用確保のバランスを労務監査で評価する必要性は大いにある。

3 法定福利制度と企業内福利制度

　業務の視点からすれば，労働者がいかに労働力を発揮できる環境にあるかが監査の視点である。その点において福利厚生制度の充実が労働のモチベーションとなることに疑いの余地はない。少なくとも，福利厚生制度に対する不満は労働力の低下に影響することは間違いない。そのように考えれば，法定福利制度だけでは十分とは言えず，経営者は法定外の企業内福利制度に関しても検討しなければならない。企業内福利制度には，退職金制度や社宅制度，社員給食制度などがある。これらの企業内福利制度は大いに歓迎すべきであるが，全ての労働者がその労働力を最大限に発揮させるための施策となっているかを検証する必要がある。つまり，法定福利制度は必要最小限の制度であって労働者のモチベーションを向上させるには効果は少ない。だからこそ企業内福利制度の充実が図られるわけであるが，その企業内福利制度は全ての労働者に対し公平に与えられなければならない。たとえば正規労働者には手厚い企業内福利制度を充実させながら非正規労働者に対しては法定福利制度のみとなれば，企業全体の労働力を最大限に発揮させることは困難であろう。労務監査では法定福利制度のみでは十分ではなく，さらに企業内福利制度の充実を求めるとともにその公平な給付を強く要求するものである。繰り返しになるが，労務監査における業務の視点は，何よりも労働者が労働力を最大限に発揮できるための労務管理であるか否かを評価するものなのである。

---

[4]　参考までに，平成28年度版　高齢社会白書（概要版）によれば，高齢者の44.9%が収入を伴う仕事を続けたいと回答している。

III 費用の視点

1 法定福利費の保全

　費用の視点では，何よりも法定福利費の保全について監査しなければならない。社会保険等の保険料のうち労働者負担分は給与から直接控除され，後日，事業主にて事業主負担分とあわせて保険者に納付される仕組みである。つまり労働者負担分の保険料は一時的に事業主が預かる形となっている。当然ながら，労働者から預かった保険料であるから他に流用はできず，確実な保全が要求されるのである。しかしながら，社会保険等の保険料を滞納する事業所が存在する事実をみれば，明らかに労働者から預かった保険料を他に流用していると推察される。事業主負担分だけを滞納するならまだしも，労働者負担分も一緒に滞納することはどのように説明がつくのか，全く理解できないところである。社会保険等の保険料滞納は労働者の信頼を裏切る行為であり絶対にあってはならない。これらのことはコンプライアンスの視点でも述べたが，やはり労務監査の前提である。具体的には，勘定項目をしっかりと設定して預り保険料を別口で管理するなど，厳格な保全があってしかるべきである。この点は監査の対象として絶対に外すことはできない。

2 経営者の責任と法定福利制度の限界

　法定福利制度のみをもって経営者の責任が果たされるものではない。特に労働災害の事案では，経営者に対する損害賠償請求が認められるケースが多く見受けられる。このことは労働基準監督署長の処分によって労災が認められなかった事案であっても，裁判によって損害賠償請求が認められるケースも含まれる[5]。つまり，経営者に対する責任について，労働基準監督署長の労災認定基準と裁判所の賠償責任基準に違いがあることを意味する。コンプライアンス

---

(5) 東京弁護士会弁護士研修センター運営委員会編『労働法の知識と実務』ぎょうせい，2010年，147－148頁。

の視点でも述べたが，安全で衛生的な職場環境を整備する義務が経営者に課せられている。だが，すべての事象を予見し，それに対処するのは困難であると思われる。しかし，何らかの手立てを用意しておかないわけにもいかない。その点において川人弁護士は過労死・過労自殺を予防するための法律家の役割として，「一部上場企業では大体今労災認定が出た場合は約3千万ぐらい遺族に自動的に補償します。その分は，大体は損害保険会社と契約しています。〜（中略）〜こういう努力で損害賠償訴訟をできるだけ避けるのがよろしいのではないかと思っています。」と述べている[6]。また，同氏は「労災保険は，夫がなくなった妻に対しては厚いけれども，独身者がなくなった場合の両親に対しては薄いということです。」と述べ，遺族が満足に補償を受けられない制度であることを指摘した[7]。このことは，労働災害を起こさない前提に立ちつつも，労災保険ではカバーできない事案に対し経営者の雇用者責任として，法定福利制度のほかにも労働者保護の施策が求められることを意味している。そしてこの労働者保護の施策には当然費用が発生するわけであり，その費用を予算化しておかなければならないのである。

3　法定福利費の納付

社会保険等の保険料を正確に申告し納付しなければならないことは言うまでもない。そのうえで，保険料の納付について制度上のペナルティーについて知っておく必要があろう。誠実な経営者であれば追徴金や延滞金などの支払いは無縁と思うが，社会保険等保険料の申告納付に潜在するリスクとして監査を行うべきである。まず，労災保険料の算定において，一定規模以上の事業所で連続する3保険年度の間における収支率により労災保険料率の改定が行われる。簡単に言えば，労働災害が少なければそれに応じて保険料が減額されるものであり，逆に多くなれば基準料率よりも割増された保険料率が適用されるもので

---

[6]　前掲書，166-167頁。
[7]　前掲書，165-166頁。

ある。これは労働災害の発生に対する事業所間の公平性を担保するものであり，労働災害が頻発するような事業所では労災保険料が増額される仕組みである。

　雇用保険料と労災保険料は，労働保険料徴収法（以下「徴収法」とする）により，一般の事業所では両保険を一括して申告納付が原則となる。この労働保険料の申告や納付期限についての説明は省くが，ペナルティーとして追徴金と延滞金が課せられる場合がある[8]。追徴金は，徴収法の規定により労働保険料が認定決定された場合に徴収される。経営者が申告した保険料額が認定決定された保険料額に対し不足していたときは，その不足分の10％が追徴金とされ，不足分と合算して支払うこととなる。また，延滞金は政府が労働保険料を督促したときに，労働保険料の納付期限の翌日から完納又は財産差押えの日の前日までの間，年14.6％の割合で計算された延滞金が徴収される。また，健康保険料や厚生年金保険料の延滞金についてもほぼ同様である。このほか，社会保険等の保険料を滞納する者は，国税滞納処分の例により処分される。

　以上のように，安全衛生管理の怠慢や誤った保険料の申告や保険料の滞納は不要な費用を生じさせる。このことは，単に不必要な費用の負担を強いられるだけでなく，労働者の信頼を失いかねない。また，一般社会からの信用が揺らぎかねない。社会保険等保険料の義務負担と労働者の信頼及び一般社会からの信用を比し，その優劣が認識できない経営者はその資質を疑われる。なぜならば，誠実な経営者はいかなる理由があっても当該保険料の納付を確実に行っているからである。保険料納付は単に経営者の義務負担に応ずるものではない。労働者からの信頼に対し誠実に応えなければならないことの自覚があるからである。このことについて経営者自身が認識しているかどうか，この労務監査で明らかにされるのである。

---

(8)　徴収法21条，27条。

Ⅳ 育成の視点
1 労働者の能力開発と人材の確保

　法定福利制度は，労働者が負う労働及び社会生活上でのリスクに対処するものである。だから，社会保険等として直接的に職業能力の向上を目的とした保険給付はかなり限定され，その中では雇用保険法による「教育訓練給付」が唯一と言える。この教育訓練給付は，労働者が職業能力向上を目的とし自ら教育訓練を受講し，修了した場合にその教育訓練機関等に支払った受講料等の一部に相当する額が支給されるものである。このような制度の性質上，経営者が教育訓練給付に関与する余地は極めて低い（あくまで労働者の自主性に委ねられている）。だが，雇用保険制度の主旨を鑑みれば，雇用の安定と失業の予防は労使双方の課題であり，労働者の能力開発はまさに雇用の安定と失業の予防に資するものである。よって労働者の能力開発は企業経営にとって必須であることは言うまでもない。さらに経営者が労働者から提供される労働力をいかに高め，そしていかに効率よく消費するのか，それは経営者の裁量であって，権利であって，そして経営者としての経営能力なのである。そして正にこの点が労務監査の目的となる。このことに気付かない経営者は，失業問題を労働者自身の問題であるとの誤った認識に立ち，その結果として優秀な人材を流出させることになるであろう。このような誤った認識を回避するためにも，我々の主張する労務監査によって労働者の能力開発に関する施策を検証する必要がある。その結果として経営者がどのような施策で労働者の能力開発を実施しながら優秀な人材を確保しているのかを明らかにすることができる。すなわち，労務監査の評価は経営者としての経営能力を正直に示すものとなるのである。

2 自助への支援

　社会保険等は社会生活上全てのリスクに対応するものではなく，また完全な補償ないし救済機能を有しているわけではない。その社会保険等は相互扶助な

いし世代間扶助で成り立つ仕組みであり，負担と給付における公平の観点からも全てのリスクに対応しなければならない。しかし完全な補償ないし救済機能を要求することにはおのずと限界がある。また社会保障に関する財源も無限ではなく，持続可能な社会保障制度の確立を図るためにも最低限度の補償ないし救済機能に止めておかなければならない。そうすると労働者には自助努力が求められ，経営者にはその支援が期待される。たとえば労働者自らが健康づくりの意識を高め，その健康維持増進の取り組みを経営者が支援する。また，定年後も就労意欲を失わず，生涯現役を目指し労使双方で共同の取り組みを模索するなど様々な自助努力とその支援が期待され求められるのである。このような期待と要求に対し適切な施策とその実行がなされているかをしっかりと検証して評価する必要がある。その検証と評価は他でもなく法定福利監査の範疇である。

3　労働者個人の充実

誠実な経営者であれば自ら雇用する労働者を単なる労働契約上の相手方とはせず，共に幸福を追求していく存在と見るであろう。だから，労働基準法第1条に規定されている労働条件の原則について「人たるに値する生活を営むために必要を充たすべきものでなければならない」としている点は労働者の幸福追求の観点からして到底満足できるレベルではなく，あくまで原理原則に過ぎないことを理解できるはずである。しかし，労働者を満足させることが企業経営の主たる目的であることは決してあり得ない。労働者や経営者は，それぞれの立場からその役割と職責を果たし正当な評価を得ることで幸福追求の第一歩を踏み出すことができる。

法定福利制度の監査は，企業経営が法定福利制度の主旨を汲み，理想の労務管理に沿ったものであるか否か経営者に振り替えるきっかけを与えるものである。そして法定福利制度の主旨は，労働者（被保険者）の生活の安定と福祉の向上であることが各種の労働・社会保険法の目的条文から読み取れる。この生活の安定と福祉の向上が幸福追求の礎となるのである。したがって，経営者は

労働者の幸福追求に応えるため，労働者個人の充実を図らなければならない。それは，職務分析によって労働者個々の役割や職責を明確にし，正当な評価を与えることに尽きるのではなかろうか。そのような労働者個人の充実を図る施策が構築され機能しているか，この労務監査によって省みることが必要であり誠実な経営者としての最低条件である。

V　監査の対象項目

1　雇用形態

　社会保険等は雇用形態によって適用範囲が異なるため，監査の対象もおのずと異なってくる。雇用形態は各々の企業によって異なるため一概には言えないが，少なくとも監査の対象としては正規労働者（フルタイム勤務）と非正規労働者（短時間労働者），期間雇用労働者，定年再雇用労働者等に区分されるであろう。さらに細分すれば，派遣労働者や外国人労働者又は新規学卒労働者あるいは中途採用者など様々な雇用形態を監査の対象とすることもできよう。この労務監査は四つの視点（コンプライアンス，業務，費用，育成）から企業経営の姿勢を詳らかしようとするものであるが，この四つの視点を様々な雇用形態の労働者に一律に当てはめることを想定するものではない。やはり，正規労働者と非正規労働者では要求されるものが異なることは認識しておかなければならない。そして経営者は少なくとも非正規労働者に対する福利厚生が正規労働者に比し見合ったものであるか否か，法定福利制度について労務監査で検証する必要がある。労務監査は，非正規労働者の雇用自体を否定するものではなく，企業経営において非正規労働者の雇用が適切であることをチェックするものである。それゆえに監査の対象は様々な雇用形態の実情に即したものである必要がある。

2　経営組織体制

　法定福利制度が厳正に運営管理されるためには，法定福利制度の管理につい

てその知識を有した部署に所掌させる必要がある。そして適正な要員数の確保と相応の権限が付与されなければならない。この所掌部署は各々の企業規模によって異なってくるであろうが，規模の大小を問わず必要とされる部署である。この法定福利制度を所掌する部署が，労務監査における四つの視点からの要求にしっかりと対応できる体制であるか検証しなければならない。しかし，労務監査における四つの視点は労務管理全体を視野に入れており，法定福利制度を所掌する部署のみを監査の対象とするのは正しくない。前述のとおり労務監査の各論である法定福利制度を対象とした労務監査では，労働者の安全衛生や働きやすい職場環境の確保を要求している。この要求に対しては法定福利制度を所掌する部署よりも企業内に設置されている安全衛生委員会[9]の所掌事務といえる。また，被災労働者への救済や補償などの点については法務部門が適任であり，また法定福利費（社会保険等の保険料等）の保全については経理部門の専門分野である。このように法定福利制度について労務監査が要求する事項は，企業経営全体の管理部門に影響するものであり，法定福利制度を所掌する部署で解決しようとしてできるものではない。さらに，労働者の就業環境に関する相談窓口[10]や社内通報窓口[11]などの各種機関がそれぞれの設置目的を果たしているかなどを検証するためにも，企業内の横断的な各種機関も監査の対象とされる。企業の規模や経営手法により監査の対象となる組織体を一概に示すことは困難であるが，大体の企業において企業経営を管理する部署はほぼすべて労務監査の対象になると考えてよい。

3　企業内福利制度

　企業内の福利厚生制度は法定福利制度と表裏一体であることは言うまでもな

---

[9]　業種及び使用労働者数によって異なるが，安全衛生法で安全衛生委員会の設置が義務付けられている（安全衛生法第17条－19条）。
[10]　ハラスメントに関する相談窓口など。
[11]　公益通報者保護法により内部告発者に対しては，労働条件等で不利益な取り扱いをしてはならないとされている。その内部告発者に対する保護の実効性についても法定福利監査の対象である。

い。この関係は法定福利制度と企業内福利厚生制度が相互に補完し合うものであるから，どちらか一方が不備であれば期待された恩恵は教授できない。つまり，企業内の福利厚生制度がとても充実したものであっても法定福利制度の運用が不適であれば，労働者は不満を持ち企業内福利の恩恵を忘れてしまうであろう。またその逆も然りである。企業内の福利厚生制度が未熟であり，あるいは企業内の福利厚生制度の給付に不公平が生じているようであれば労働者は不満を抱くであろう。その点について，企業内の福利厚生制度は労使合意によるものであるとはいえ，企業経営者は常にその機能や効果を意識しなければならない。企業内の福利厚生制度は退職一時金，財形貯蓄支援，住宅取得支援など様々であるが，これらの諸制度について費用対効果を含めて労務監査にて検証する必要がある。

おわりに

　本章のキーワードといえる「誠実な経営者」の立場で理想的な労務管理の追求するうえでの論点を示したつもりである。企業経営における法定福利制度の意義について詳述しておく必要もあったが，紙幅の制約もあり削除せざるを得ない点も多々あった。だが，法定福利制度の労務監査において主張すべき点は文中で述べたつもりである。なので，ここで多くを論ずる必要はないのだが，最後に簡単にまとめる。

　1点目としてコンプライアンスの視点では，法定福利制度の主旨を鑑みれば職場の安全衛生管理，労働者の雇用管理，そして労働者の健康配慮義務についても監査の必要性があるとした。これらは賃金監査や労働時間監査からのアプローチもあってしかるべきだが，法定福利制度の主旨を理解すれば正に法定福利制度監査の範疇なのである。次に2点目の業務の視点では，社会保険等の保険料負担を避ける理由から非正規労働者を採用する労務管理を批判した。非正規労働者の採用自体を否定するものではないが，前述の理由で採用するような経営者は企業の基幹業務をも非正規労働者に担わせるであろう。その結果，技

術の継承や品質の維持向上の妨げとなりかねない。また近い将来は労働人口の減少が深刻となることが予測される状況下では，非正規雇用に依存する要員計画は企業経営の失墜に導くものである。だから，高齢者雇用や労働者の動機付けなどの労務管理も今後はますます重要となる。それらの点が法定福利制度監査における業務の視点であるとした。3点目の費用の視点では，法定福利費のずさんな管理は何よりも労働者の信頼を失うことを主張した。また社会保険等の保険料においても追徴金や延滞金が法定されており，この不要な課徴金を支払う事態となれば経営者として落第であり誠実な経営者とは言いがたい。最後に4点目の育成の視点では，労働者個人の充実を焦点とした。個人主導の職業能力開発，自己啓発に対する支援そして幸福追求である。この視点こそ誠実な経営者が追い求める理想の労務管理なのである。

　監査の対象は，第1に雇用形態によって法定福利制度の適用や労務管理が異なる実情に鑑み，正規労働者と非正規労働者や臨時労働者などといった様々な雇用形態についてそれぞれの視点から監査を実施すべきであるとした。第2に，経営組織体を監査の対象とした。このことは，それぞれ四つの視点が要求する事項に対し，各所掌部署が確実に機能しているかを検証するものであり，企業経営の根幹を監査するといってよい。最後に企業内福利厚生制度を監査の対象とした。企業内福利厚生制度を充実させることは好ましいが，それが法定福利制度と表裏一体であることを経営者は認識しなければならない。

　本稿で述べた四つの視点と監査の対象は，その一例を挙げたに過ぎない。企業の経営理念はその企業の数だけ存在するわけであり，我々の主張する労務監査はその企業の経営理念に立脚するものである。したがって，四つの視点や監査の対象はそれぞれの企業によって定めるものである。しかしながらすべての企業に共通するものは，我々が主張する労務監査の総論で述べる「労務監査の構造」という概念である。それぞれの視点を横軸に，監査の対象を縦軸としてマトリクス図に収め，交差する事項について監査を実施してもらいたい。繰り返しになるが，横軸である4つの視点と縦軸である監査の対象は，それぞれの企業によって異なってしかるべきである。誠実な経営者は理想の労務管理を追

求するはずであるから，企業の経営者は四つの視点と監査の対象を広い視野から大局観に立って定めることが求められるのである。

　本論は「労務監査の構造」に沿って法定福利監査における四つの視点と監査の対象を考察した。その結果として，法定福利制度を対象とする労務監査の根本的な意義とその目的を最後に示しておきたい。それは，経営者が労働者を「崇高な人間である」と認識しているか否かを経営者が自問自答することにある。我々の主張する労務監査はそのきっかけを与えているに過ぎない。

【稲山貞幸】

第2章

労働時間監査

-医療機関を中心に-

はじめに

　労働時間は，労働者にとって重要な労働条件である。そのため，労働時間管理に関する議論は古くから最も多くなされてきた議論でもある。労働時間制の推移を見ると，少人数の労働者を無制限に酷使することで利益をあげてきた時代から，人間としての労働者という認識が生まれ，労働時間の制限に至った経緯を確認することができる。明治44年（1911年）に制定され，大正5年（1916年）に施行された工場法などにおいて，16歳未満の児童及び女子については拘束時間の制限が行われていた。16歳以上の男子についてはなんらの制約もなかったが，昭和14年（1939年）に工場就業時間制限令が制定され，1日最長12時間の制限が設けられた。そして，昭和22年（1947年）の労働基準法の制定によって，1日8時間・1週48時間労働制が実現した。

　昭和60年代になり，労働時間の短縮が重要な課題となってきた。これは，労働者の福祉の増進などを目的としたものであるが，生産性向上の成果の一部が労働時間短縮として配分されたものであるともいえる。その後改正を経て，平成6年から，1週40時間（一部規模・業種においては44時間）労働制が本則通り実施されるに至った。また，平成18年（2006年）には，「労働時間等の設定の改善に関する特別措置法」により，労使の自主的な取り組みによる多様な労働時間の設定への改善が求められた。さらに，「労働者が心身の健康を保持できることはもとより，職業生活の各段階において，家庭生活，自発的な職業能

力開発,地域活動等に必要とされる時間と労働時間を柔軟に組み合わせ,心身ともに充実した状態で意欲と能力を十分に発揮できる環境を整備していくことが必要」[1]とされ,環境整備や業務の態様に対応した労働時間の設定を行うことを使用者に求めている。

労働基準法第32条において,「使用者は,労働者に,休憩時間を除き1週間について40時間を超えて,労働させてはならない。使用者は,1週間の各日については,労働者に,休憩時間を除き1日について8時間を超えて,労働させてはならない。」としている。

本章では,労働時間規制に関する考え方をもとに,おもに医療機関の労働時間に関して,内在している課題を掘り下げ,企業におけるコーポレート・ガバナンスの考え方を参考にしたクリニカル・ガバナンスという考え方もあることを紹介しながら,労務監査の在り方を考える。

I 長時間労働の現状

「毎月勤労統計調査」(厚生労働省)によれば,年間実労働時間は減少傾向で推移し,2010年には1,800時間を下回っている。この統計は,OECDの労働時間の国際比較統計(図表1)でも利用されている。1970年代から1990年くらいまで2,000時間を超える労働時間で推移していたものが,その後大きく減少し,1,800時間を下回るまでになった。労働基準法改正により法定労働時間が40時間となったことの影響も大きいが,短時間労働者比率が高まったことも総実労働時間の縮減に寄与しているものと考えられる。ただし,この統計には賃金支払いの対象となる労働時間のみが計上されており,いわゆるサービス残業の時間や,労働時間の規制を受けない者の労働時間は含まれていない。

---

[1] 「労働時間等見直しガイドライン」(労働時間等設定改善指針)厚生労働省告示第108号,2008年。

図表1　年間実労働時間の国際比較（1960〜2013年）

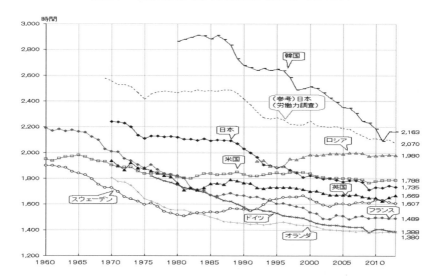

出所：Employment Outlook ベースのこのデータは，各国の時系列把握のために作成されており，厳密には資料の違いから特定時点の国際比較には適さない。フルタイマー，パートタイマー，自営業を営む。ドイツ1990年以前は西ドイツ。日本（労働力調査）は非農林業雇用者の週間就業時間の年間換算値（×52.143）。
資料：OBCD. Stat 2014.9.16，総務省統計局「労働力調査」。

　黒田は，「社会生活基本調査」（総務省）の個票データを用いて，労働時間の計測を行い，過去30年間の時間配分の推移を観察し，日本人の1人当たりの労働時間は米国と比べると依然として長く，時間当たりの生産性は相当程度低い可能性があるとしている[2]。また，法定労働時間の引き下げをしても，仕事量に変化がない場合は総労働時間は低下せず，むしろ平日の労働時間の増加を生むことを懸念している。よって，全体としては減少傾向にあるものの，個別事情を見ていかないと課題を見落とすことになりかねない。

　特に医療機関のように一般論で括れない業種に関しては，全体の流れの中で着目されずに看過されることのないように，声を上げていかなければならない。

---

[2] 黒田祥子『日本人の労働時間は減少したか』ISS Discussion Paper Series J_174，2009年。

また，佐藤は，アンケート調査を行い，長時間労働の実態を明らかにしている[3]。どの調査においても長時間残業者が存在しており，偏在化の傾向があることも指摘している。偏在傾向は，職種だけでなく，人物タイプによっても見られるとし，いわゆる有能で仕事の出来る人ほど長くなるという。また，長時間労働の発生理由として，「所定労働時間内では片付かない仕事量」であることが最も多く指摘されている。

　作業量と作業時間を標準化しやすい職場においては，一定量の業務の処理に要する労働投入量の計算が可能であるため，要員数と労働時間が算出可能であるが，ホワイトカラーや医療従事者の業務については容易ではない。また，要員数と労働時間が算出できても，非効率的な業務の遂行方法であったり，適正に労働時間管理が行われなかった場合は，長時間労働になりかねない。管理者の行動と意識，労働者の行動と意識も関係してくる。このような状況においては，労働時間法制と関連付けた労働時間のマネジメントが求められ，職場全体のルールづくりをする必要がある。

　労働時間の適正管理をするためには，第1に労働関係諸法が遵守されているかどうか，第2に無駄な労働時間を発生させていないか，第3に労働者が高いモチベーションを維持しているか，といった視点での取り組みが求められる。

　労働法制は，特に平成13年の通達「労働時間の適正な把握のために使用者が講ずべき措置に関する基準について」（基発339）を契機に厳格化し，労働基準監督署の行政指導も，実効的な改善を求めるものとなった。これによりサービス残業問題が表面化し，取り締まり件数も増大したが，別の見方をすれば，従前通りの労働時間管理を続けることは企業側のリスクを高めることの警鐘にもなったといえるのではないか。

　なお，医療機関の場合は，上記の3つの視点に加えて，労働時間と要員数の関係も重要な視点となるため，労働関係諸法のみならず，医療関係諸法[4]との絡みの中で，最も生産性が高く，労働者負担が少なく，より高い診療報酬点数

---

(3)　佐藤厚「仕事管理と労働時間」『労政時報』労務行政研究所，2007年。
(4)　医療法，医師法，保健師助産師看護師法等。

に結び付く人員配置はどんなものかを考えなければならない。

II　コンプライアンスの視点

1　労働時間法制

　労働基準法第32条は，労働時間の最長限度を規定したものである。第１項で週の法定労働時間を，第２項で１日の法定労働時間を規定している。しかし，次条以下に例外規定が設けられていることから，原則的労働時間について規定したものと捉えられる。１週間については，暦週を意味するかどうかは必ずしも明確ではない。一般的には，就業規則などに別段の定めがない場合は日曜日から土曜日までの暦日をいうものと解されている。また，１日とは，原則として午前０時から午後12時までの暦日を意味するが，医療機関等においては，一勤務が２暦日にまたがる場合がある。たとえば，16時間の２交替勤務シフトなど労働時間が午前０時をまたいでいる場合，通常の日勤業務の時間外が午前０時を超えてまたがる場合などである。これについては，「継続勤務が２暦日にわたる場合には，たとえ歴日を異にする場合でも一勤務として取り扱う」とする通達（昭和63.1.1基発第１号）が出されている。

　時間外労働が長時間になり翌日にまたがったとしても，前日の労働の延長と解される。ただし，その勤務の途中で睡眠時間が入る場合は，一時的中断であるか，睡眠後新たな勤務が始まったかの判断は，睡眠時間の長さや態様を考慮してなされる。

　昭和62年に１日８時間制が取り入れられ，これを超えて労働させる場合には，使用者と労働者の過半数で組織する組合又は労働者の過半数を代表する者との労働基準法第36条に定める書面による協定（３６協定）の締結・届出と割増賃金の支払いが必要となる。この労使協定の締結にあたっては，時間外労働の限度時間の記載を求められる。これは，暗に，本来は例外であるところの時間外・休日労働を最小限の時間に抑える意識を促していると考えられる。

　協定の内容は，時間外又は休日労働が必要のある具体的事由，業務の種類，

労働者数，延長する時間などであり，所定の届出様式で届け出る。36協定は，あくまで，過半数労働者等が同意した範囲での時間外・休日労働について刑事上の責任を問わないとするものであって，この枠を超えて労働させることは許されない（平11.3.31基発168号）。なお，前述の通り，時間外・休日労働は最小限に抑えられるべきであることから，労使協定に定める時間外労働を無制限に容認する趣旨ではないため，平成10年改正で，延長時間の限度等に関する基準（平10労働省告示第154号）が規定された。

しかし，限度基準第3条第1項ただし書は，臨時的に限度時間を超えて時間外労働を行わなければならない特別な事情がある場合に限り，特別条項付き協定の締結により限度時間を超えて労働時間を延長できる旨を定めている。「特別の事情」は臨時的なものに限り，全体として1年の半分を超えないことが見込まれるものという制約はあるが，「限度時間を超える一定の時間」の限度時間は示されておらず，当事者同士で決定することになる。つまり，極論すれば，当事者同士が合意すれば，何時間でも働かせることが出来るということになる[5]。医療機関等，慢性の人員不足に陥っている事業所では，恒常的に限度時間を超える時間外労働を余儀なくされている例があり，1か月の限度時間が120時間といった協定届もある。はたして本当に合意の上の協定なのか，医療従事者の犠牲なくしては患者のニーズに応えられない現状を慮ってのやむなき合意なのかは定かではない。

労使で合意したその協定の範囲内で時間外労働を行わせることは適法と認められるとしても，36協定はあくまで長時間労働の削減を目的として適正に時間外労働協定が締結されることを意図するものである。労働時間監査としての見方をするならば，長時間労働による過重な負荷は，労働者に脳・心疾患や精神障害を招きかねないことを念頭に，労働時間面からの健康に関する配慮をし，労働基準法の遵守，労働者の健康管理，事業の存続のバランスをどのようにとっていくのかを考えたうえで労使が合意したものであることの確認を要する

---

[5] 2019.4.1施行の「働き方改革関連法」により，時間外労働の上限規制が導入され，年720時間を限度とされる。

と考える。

　また,「労働」とは, 一般的に, 使用者の指揮監督のもとにあることをいい, 必ずしも精神あるいは肉体を活動させていることを要件としてはいない。医療の現場には, こうしたグレーゾーンの労働が多発する。たとえば, 救急医療の現場で, 患者待ちの状態で体を休めている場合, 又は仮眠している時であっても, それは「労働」（手待時間）であり, その状態にある時間は労働時間と捉えることができるのだが, ほとんどは労働時間とカウントされていない状況である。

　「休憩時間」と「手待時間」との相違は, 使用者の指揮監督下にあるか否かである。「休憩時間」は, 労働者の自由利用が認められ, 労働から離れることを保障されている時間を指す。使用者の指揮監督下にあるか否かは明示的なものである必要はなく, 黙示の指揮命令下に行われていても労働時間である。よって, 就業規則等で休憩時間の定めがあったとしても, 労働者の行為が使用者の指揮命令下におかれたものと客観的に評価された場合は, 当該行為に要した時間は労働時間に該当する。

　労働者が使用者の実施する教育, 研修に参加する時間を労働時間と見るべきか否かについては, 不参加の場合に制裁等の不利益取り扱いを受けるか否か, その研修が業務との関連性が強く, 参加しなければ業務に支障が生じるなど, 実質は強制参加となっているか否かにより判断される。

　このように明確な労働時間以外の時間に関してのルールが存在するものの, 労働時間の定義を常に意識している医療機関は少数ではないかと思われる。たとえば, 医師を例にすれば, 年俸制を取っている例が多く, 年俸に時間外労働分の賃金を含めて雇用契約を締結しており, 労働時間の多寡によって変動しないことがほとんどであるため, 自らの労働時間管理をする意識が乏しい。応召義務[6]があるため, 患者がいればたとえ過重労働だという意識があっても対応を余儀なくされる場合があることは事実であるが, 加えて医師不足によって,

---

[6] 医師法19条で,「診療に従事する医師は, 診察治療の求めがあった場合には, 正当な事由がなければ, これを拒んではならない。」と定めている。

恒常的に長時間労働になっていることも認識しなければならない。また，大学病院の研修医等は，時間外労働と捉えるよりは自己啓発的な意味合いが強く，長時間労働の認識が薄い。あるいはそのように感じるような環境にある。このように様々な要因があるが，改善に向けての第一歩としては，労働時間法制の原則を知り，法令遵守の意識を，使用者側と労働者側とで共有することが必要ではないか。

2　業務の繁閑に対応した労働時間制度

労働基準法は，1日8時間，1週40時間の原則の法定労働時間制を弾力的に運用できる制度も規定している。いわゆる「変形労働時間制」である。一定期間の総所定労働時間の平均が40時間を超えなければ，特定の日の労働時間が法定労働時間を超えても割増賃金の支払いを要しない。業務の繁閑に合わせて事前に予定が立つ業種であれば，この制度を利用して，時間外労働として別途賃金を支払うことなく，繁忙期に長時間労働をさせることが可能だ。1か月の中で繁閑の差が大きい事業所では1か月単位，1年以内の期間で繁閑の差がある場合は1年単位の変形労働時間制を選択するのが一般的だ。多くの医療機関においては8時間を超える夜勤勤務が存在する。変形労働時間制をとらない限り違法となってしまうため，就業規則あるいは労使協定において1か月単位の変形労働時間制をとることを定め，それによって8時間を超える夜勤を合法としている。

図表2　時間外労働の限度時間例

一定期間		限度時間
週又は月を単位とする期間	1週間	15時間（14時間）
	1か月	45時間（42時間）
	3か月	120時間（110時間）
1年間		360時間（320時間）

＊（　）内は，1年単位の場合。

変形期間が長くなれば規制も強まる。変形期間に応じて，時間外労働の限度時間も決まっている。

しかし，現時点では，この限度基準は行政の指導基準でしかなく，３６協定においてこの限度基準を超える時間外労働を定めても無効にはならない。限度時間をさらに超えることが予想される場合は，前述の特別条項を締結する。繁閑や業務に合わせて変形労働時間制を導入し，シフトを策定しても，結果的にはそのシフト通りの業務遂行が不可能な場合が多く，限度時間が意味をなさない状況にある医療機関も多い。

また，変形労働時間制をとっている場合，特に深夜の時間帯では労働時間を管理する者が的確に始業・終業の把握をすることが難しく，患者の状態や労働者本人の業務の進捗度合によって，所定労働時間と誤差が生じやすい状況でありながら，時間外労働の申し出，許可，承認などの手続きが曖昧なため，サービス残業になりがちな側面を孕んでいる。労働時間管理が不十分であることは未払賃金の発生にもつながり看過できない。なお，賃金の支払いさえしてあれば問題がないということではなく，変形労働時間制という隠れ蓑で，長時間労働が放置されるような状況はあってはならないと思料する。

3 長時間労働に対する是正勧告

筆者は，平成22年に，社会保険労務士総合研究機構の研究プロジェクトにおいて，医療機関の是正勧告調査を行った[7]。

調査報告書にある通り[8]，対象病院の197件のうち，労働基準法第32条違反が最も多く，64件であった。第32条は，労働時間の限度時間を規定しており，現状では病院において最も法令遵守しにくい労働条件と言わざるを得ない。長時間労働に関する是正勧告に対して，改善報告をしなければならないが，勤務体制の見直しを検討するとしても，増員が難しい状況では速やかな解決には至

---

[7] 「医療現場の労務管理に関する研究－勤務医等の過重労働を中心に－」社会保険労務士総合研究機構，2012年。
[8] 同上書，23頁，24頁から抜粋。

らない例が多い．恒常的な時間外労働の改善，深夜勤務，終夜勤務を断続的に繰り返すことにより，睡眠リズムは乱れる．心理的負荷も大きくなることからメンタルヘルスに注目した是正勧告も見られた．

　ついで多いのが，第37条違反である．時間外，休日及び深夜の割増賃金支払いに関しての違反である．また，限度時間を超えて働かせることに対してのいわゆる３６協定の有無に関しての是正も多い．１日８時間，１週40時間を超えて働かせるには，３６協定の締結・届出，割増賃金の支払いが必要であるが，協定が締結されていない場合もあれば，協定の締結が形骸化していて実態とそぐわない場合もある．時間外・休日労働に関する協定の届出がないのは論外であるが，届出の時間を超えて労働させなければならないという実情があることも事実である．

　部長職以上のいわゆる管理職の立場にある医師に対して，深夜の時間外労働に対する割増賃金の支払いを求める是正勧告もあった．管理監督者であって，時間外労働に対する割増賃金の対象とならない場合であっても，深夜は除外される．よって，宿直時に実労働があれば，その時間帯に対する深夜割増は必要となる．それが支払われていないという指摘である．許可を受けて適用を除外されている「宿・日直」中でも，救急患者への対応がほぼ連日となっている事実からして，この時間帯は労働時間であると判断できる場合が多い．是正勧告においても，この事実について改善命令が出ている．「宿・日直」が間欠的な作業に終始するものではなく，実態は実労働が頻繁に行われているという指摘である．しかし，これに対し，その多くは，鋭意努力しているものの短期的な改善は難しいと報告している．

　以上，是正勧告調査を行った結果，長時間労働を強いられ，休息が得られない，未払い賃金が発生している，といった状況における，医師，その他の医療従事者の労働環境改善の必要性を改めて認識した．また，医療従事者の絶対数不足がさまざまな問題として顕在化しており，その最たるものが長時間労働であることが明確になった．

　しかし，こうした是正勧告は氷山の一角にすぎず，表面化していない労働時

間問題が山積しているのが実情である。監督機関の目は逃れても，長時間労働を強いている現場では，労働者の心身の負担は徐々に増していき，人材の定着・確保が難しくなる。やがてはバーンアウトし，人材不足の状況を生み出す。退職に至らなくてもモチベーションを下げる要因になり，結果的には，質の高い医療を提供できなくなるリスクを抱えることになる。

　効率的に業務を行い，労働者の生活の充実と向上を図るためには，労働時間や休日等の適正管理や休暇の付与が必要である。どんな労働であっても，長時間継続して働くことは心身への負担となることから，労働基準法上は，1日8時間，1週40時間以内という制限がある。しかし，病床を持つ医療機関等では夜勤があるため，変形労働時間制による拘束時間の長い勤務が存在することになる。深夜労働を含む変形労働時間制は，労働時間を弾力化することで効率的に労働力を使える半面，労働者にとっては生活が不規則になり，24時間を単位とする内因性のリズムを崩したりすることにつながるため，十分な勤務間隔の確保と健康上の配慮が求められる。

　医療機関では命を預かる特殊な業務が日常的に行われている。法令順守は当然のことながら，労働時間を監査するに当たっては，コンプライアンスの視点だけでは不足がある。後述するそれぞれの視点（業務の視点，費用の視点，育成の視点）での現状分析をもとに，総合的に監査する必要があることを述べていきたい。

Ⅲ　安全衛生の視点

　これまで，医療従事者は，患者の健康が第一であり医療従事者本人の健康についての関心は患者の次とされる風潮があった。しかし，患者の命を救う，健康を守る医療従事者が業務を通して健康を害するという矛盾は起こってはならないことであり，自身の健康と安全が守られてこそ，質の高い医療が提供できると考えるべきである。

　そのためには，医療従事者を取り巻く勤務環境を，安全衛生の視点で見直し，

健康を害する危険因子を見つけ出し，それを防ぐための手立てを組織の問題として取り組んでいかなければならない。

　厚生労働省（当時労働省）は，1999年に「労働安全衛生マネジメントシステムに関する指針」（平成11年労働省告示53号）を公表している。第1条に定める目的として，「事業者が労働者の協力の下に一連の過程を定めて継続的に行う自主的な安全衛生活動を促進することにより，労働災害の防止を図るとともに，労働者の健康増進及び快適な職場環境の形成の促進を図り，もって事業場における安全衛生の水準の向上に資すること」としている。この指針が，全社的に取り組むことによってリスクが低減し，労働災害が減少するという流れを示していることからも分かるように，まずは，職場には労働者自身の力だけでは取り除くことができない業務上の危険因子が存在していること，組織的な取り組みが重要であることの理解が必要である。

　例えば，医療機関における業務上の危険因子とは，感染の危険を伴う病原体への曝露，医療機器や医療材料の使用及び医薬品等への曝露，患者・同僚などからの暴力，労働形態や作業に伴う危険，夜間及び不規則な勤務時間から発生する健康リスクなどが考えられ，これらの危険要因の除去には組織的な取り組みが不可欠である。

　特に作業工程における有害要因の把握や測定及び改善措置の検討，作業に関する時間研究や動作研究及び労働密度や休憩時間の検討など，労働時間と密接に関連する部分が多いため，労働時間監査においては，常に安全衛生との関連性を視野に入れて行うべきであると思料する。

IV　業務の視点

1　職務分析

　労働者の能力を十分に発揮してもらうことは，労働そのものを効果的に活かすことになり，結果的には労働時間の効率的な使い方となる。個々の能力や貢献には少なからず差が出てくるものであるが，それは同じ業務を能力の異なる

労働者に強いるからではないだろうか。つまり，個々の労働者が自分の能力を最大限に発揮できる環境が整っていて，さらにその能力を開花させるための支援があれば，能力と業務のレベルをマッチングさせた配置が可能となり，無駄な時間が減少し，労働者のモチベーションも上がるはずである。

そのためには，職務分析に基づいた職務内容の明確化と，責任の範囲の明確化が求められる。さらに，どのようなスキルや経験を要するのか，どの程度の責任を持ってその業務を遂行しなければならないのかを明確化して，職務内容に見合った処遇であることを納得させることにより，能力が十分に発揮できる環境が出来上がっていくのではないか。

監査項目の収集と職務内容の明確化は同時に行うことができると考える。医療機関の場合，各職種（資格を含む），職位，時間帯，経験年数などによって業務内容が異なることが多いが，これに個々の能力を加えることを想定して，院内のキャリアパスや人事考課規程などをもとに，基本的な項目を収集する。次に労働者本人からヒヤリングをしたり，上司の意見を聞いて，各層に求める業務の水準を決めていく方法が考えられる。

典型的な日常業務について，どんな業務にどれだけの時間をかけているか，何のためにその業務を遂行するのかを時系列に詳細に聞いて，業務を整理していく作業が必要になる。業務レベルの整理は，もっとも簡単なレベルから，実務経験だけでなく専門知識が求められる高度なレベルまでを分類して整理する。また，それぞれの業務を最も早く適切に行うことができる労働者について，どのくらいの期間でこなせるようになったのか，知識や技能はどのように習得したのかを聞いて，それを標準化することも効果的である。

医療機関では，日常業務に従事しながらリーダーとしての役割や指導者の役割を果たさなければならない職位にある労働者も多い。対象となる労働者に関しては，責任や権限の範囲に見合った業務内容となっているか，業務の成果に関してどのような役割を果たすのかなどに関しても明確にしておく必要がある。

職務分析は，現状での職務と能力のマッチングだけを目的とするものではなく，最終的には業務を標準化して人材育成に寄与するものであると考える。

2 テイラーの「科学的管理法」からみる作業管理

　医療の質を保証するためには，医療行為の適正が不可欠であり，適正でなければ効率も達成できない。医療技術，患者満足，医療安全，経営面からと，失敗やばらつきのない適正な医療行為を決めるために「標準化」が求められる。

　医療の標準化を考えるとき，テイラーの「科学的管理法」が参考になる。生産管理の一部として研究されてきた作業管理は，医療労働においても例外ではない。テイラーの「科学的管理法」は，「動作研究」，「時間研究」をもとに，最も効率的な作業方法を定め，標準作業量を算出し，課業の達成による異率的出来高賃率などの賃金制度を作り，生産性を高めようとした業務管理の手法である。「科学的管理」の考え方に依拠して，これを医療行為に応用し，それぞれの疾病ごとに必要とされる一連の作業内容と作業工程を客観的に明らかにすることは不可能ではない。無論，それぞれの工程にかかわる医師，看護師，診療放射線技師，臨床検査技師，理学療法士，作業療法士などによる一連の作業内容と作業工程を客観的に解明することが必要となるため膨大な作業となろう。しかし，筆者は，医療関係者を最高能率的に働かせるヒントが「標準化」にあると考え，労働過程が成果に向かって効率的に進行するためには，協働する労働者の各労働過程における作業管理が重要であると考える。

　医療に携わるのは，医師，看護師などの多くの職種の人々である。現状では，医師の指示によって遂行される業務が多く，医師以外の職務は，医師の業務の一部を補助する副次的な業務となりがちであるが，その仕事の境界は明確ではない。他職種への補完的な業務も含めて各々の職種の職務を明確化し，どれだけの労働力を投入し，延労働時間はどのくらいになるか，どのくらいの処遇が適切かを算定することができれば，医療労働に係る適切な費用を算出することも可能ではないか。

　また，常に改善を加えながら進化していくという基本的な考え方を軸に進めていくのであれば，標準化の視点は有効であると思われる。

V　費用の視点

　医療機関の収入は，診療行為に応じた診療報酬が主となる。診療報酬とは，各診療行為の対価とその対価が適用されるための条件を提示した全国統一の公定価格であり，その価格は1点を10円とする保険点数で表現される。また，診療報酬制度は，診療行為を保険で補償するか否かを算定する仕組み[9]でもある。よって，収入は基本的には診療行為の種類，数によって決まるが，点数が加算される場合もある。この加算は施設基準や人員配置基準による。医療機関の場合は，人手が多い方が収入が上がるということになる。簡単に言えば，環境の良い整った施設で，十分な人手がある手厚い体制で診療を行った場合は，収入も増えるということである。逆に言えば，人員不足では加算が取れないということだ。

　こうした医療機関の特徴を考えると，一般企業のように，非情なリストラを行って人件費を減らして収益を上げるという考え方は馴染まない。多くの医療機関では職員の採用に時間と費用をかけているのが現状だ。

　厚生労働省「平成25年度病院経営管理指標」[10]によれば，入院単価が上がるほど人員配置が手厚い傾向にあり，結果として，入院単価が低い医療機関ほど職員1人当たり人件費は低くなっている。「平成22年度病院経営管理指標」における人件費率を見ると，経年的には微減していると報告されているが，それでも平均して50％を超えるなど，他業種と比較すると高いことが特徴となっている。

---

[9]　自費診療を主とする医療機関は自由に価格設定ができる。
[10]　「平成25年度病院経営管理指標」，厚生労働省医療施設経営安定化推進事業，委託先株式会社明治安田生活福祉研究所，11頁。

図表3　入院単価別比較（医療法人）

開設主体			医療法人					
病院種別			一般病院					
入院単価			3万円未満	3万円以上～5万円未満	5万円以上～7万円未満	7万円以上		
（病院数）			(31)	(111)	(56)	(16)		
（平均病床数）			(61.6)	(132.4)	(217.6)	(242.2)		
機能性								
平均在院日数	（日）		53.54	24.87	13.86	9.95	r＝0.501	p＝0.000
医師1人当り入院患者数	（人）		8.71	6.41	4.26	3.13	r＝0.523	p＝0.000
職員1人当り入院患者数	（人）		0.70	0.49	0.41	0.34	r＝0.502	p＝0.000
ケアカンファレンス実施率	（％）		19.2	5.8	2.4	1.0	r＝0.320	p＝0.021
二次医療圏外からの在院患者割合	（％）		6.3	10.7	19.1	31.1	r＝0.471	p＝0.000
収益性								
経常利益率	（％）		−0.7	3.0	1.2	4.2		
償却金利前経常利益率（補正指標）	（％）		3.7	8.5	7.0	10.5	r＝0.160	p＝0.020
材料費比率	（％）		16.7	17.6	21.2	23.0	r＝0.272	p＝0.000
人件費比率	（％）		57.4	54.8	52.8	44.1	r＝0.364	p＝0.000
職員1人当り人件費	（千円）		5,752	6,149	6,924	6,425	r＝0.263	p＝0.000
安全性								
1床当り固定資産額	（千円）		9,667	11,760	15,859	25,194	r＝0.474	p＝0.000

出典：医療施設経営安定化推進事業「平成25年度病院経営管理指標」、11頁。

図表4　病床規模別比較（人件費比率）

(単位：%)

区分		一般病院	ケアミックス病院	療養型病院	精神科病院
医療法人	20～49床	54.5	61.5※	58.8	63.2
	50～99床	55.7	57.7	60.4	
	100～199床	55.3	57.8	60.1	
	200～299床	51.7	57.1	58.4	63.0
	300～399床	51.3	56.9	60.6	65.2
	400床～	48.3	57.1	55.2※	63.3
自治体	20～49床	80.9	84.2※	90.5※	83.1※
	50～99床	74.1	73.6	94.9※	
	100～199床	71.7	67.8	67.2※	
	200～299床	63.0	56.3	84.4※	106.1
	300～399床	57.0	72.2	－	66.2※
	400床～	53.2	62.2	－	－
社会保険関係	20～49床	－	70.0※		
	50～99床	－	－		
	100～199床	54.9	64.1※		
	200～299床	51.4	48.1※		
	300～399床	45.5※	－		
	400床～	49.8	－		
その他公的	20～49床	65.2※	－		70.4※
	50～99床	58.8※	68.0	65.2※	
	100～199床	54.6	65.3	68.1※	
	200～299床	51.0	56.8	－	－
	300～399床	50.8	52.1※	－	－
	400床～	49.2	54.5※	－	－

出典：医療施設経営安定化推進事業「平成22年度病院経営管理指標」，19頁。

とはいえ，医業収入と人件費のバランスが適正かどうかの判断も必要である。このバランスが労働分配率であり，高すぎれば収益性は悪化し，低すぎると労働の質が低下することにもなりかねない。うまくバランスをとって人員を配置することが必要となる。

ただし，人件費ばかりに目を向けても生産性を向上させることは難しい。医薬品などの材料費率を適正にする必要もある。

医師や看護師などの医療従事者の人件費は，個々の患者に直接関与する行為と会議や教育・研修などの間接行為に区分し，調査票やヒヤリングによって把握した労働時間にそれぞれの労務費単価を乗じて算出する。材料費は，使用する薬剤，医療材料の数量に購入単価を乗じて算出する。光熱費，消耗備品などの経費は，部門の専有面積から消費量を推計し，患者人数や検査件数で除して算出する。建物や設備に関する減価償却費については，病院全体の減価償却費を基に専有面積から部門別の減価償却費を把握し患者人数や検査件数で除したものを，部屋の稼働率で除して算出する。診療支援部門における費用は，クリティカルパスに基づく検査や画像診断の診療報酬請求額に原価率（診療報酬点数に対する比率）を乗じて把握する。上記の主だった費用にそれぞれの算出方法によるそれ以外の費用を加えて計上し，標準原価を算定することができれば，時系列に比較することにより，原因分析が可能となり，より詳細に人件費の分析ができる。

経営の力点が効率性重視，コスト削減にのみ向かうことなく，経営戦略の判断材料となることが望ましい。

VI 育成の視点

医療を必要とする患者へ，適切に質の高い医療を届けるには適正な人材が必要である。しかし，現状では患者ニーズに応じた提供体制を進めるためには，専門職種は量的に不足しがちである。専門職の育成には時間がかかる。よって，可及的速やかな対応としては専門職種を補う補助職との役割分担が不可欠であ

ろう。

　役割分担はすなわち労働時間のシェアでもある。例えば，看護補助者は単なる看護師の補助として人材不足を補うだけの者ではなく，看護補助者としてなすべき業務の認識を持ち，役割を明確化して，その業務量や力量に応じた労働時間の算定をし，そのうえで必要人員数を算出して確保することが望ましい。

　補助職の登用などの工夫をして，窮状を乗り越えながら，同時に人材育成を進めていくべきであろう。

　医療職は，職種が多岐にわたるため，技術や教育水準の点で各職種ごとの機能を考えつつ，一体的に捉えたキャリアパスをどのようにイメージするかが求められる。

　平成21年9月に新潟県病院局が策定した「病院局人材育成プログラム」を見ると，まずは病院のビジョンを前提として，病院職員の役割と業務を確認し，どのような人財が求められるのかを明記して，求める人物像を育成するとしている。

　人材育成の基本方針としては，業務遂行能力の向上のためには，専門的知識・技術とともに関係法令や制度等の知識を早期に習得させ，OJTとoff-JTとを基本に，研修を実施して高度化を図っていくとし，職種別キャリアラダーに連動させていくという。さらに，院内にトレーニングチームを設置し，トレーナーによる総合的な学習支援を行うという仕組みだ。

　同様の人材育成の仕組みは多くの医療機関で見られるが，研修時間を労働時間として取り扱うかどうかについては異なる場合がある。医療の質の向上を見据えた人材育成の重要性からすれば，業務の一環として位置づけ，労働時間の枠内に組み込んで，無理のないスケジュールを組むことが望ましい。

　疾病構造の変化や高齢化など環境の変化に対応していくためには，常に教育と専門性の向上が求められる。人材育成に係る費用はコストではなく投資であるという認識が必要ではないかと思料する。

Ⅶ　コーポレート・ガバナンスとクリニカル・ガバナンス

　今般，企業経営におけるコーポレート・ガバナンスが重要視されてきている。コーポレート・ガバナンスの概念については，寺本が，「『マネジメント』とは，企業の目的を達成するためのさまざまな戦略や戦術の選択と実行に関わっている。それに対して『ガバナンス』とは，企業の目的そのものの決定に関わる制度であり，経営が適切に行われているかどうかをチェックする制度である。」[11]としている。また，本間は，「コーポレート・ガバナンスにおいて検討されるべき基準となるのは，企業経営の効率性，適法性，倫理性である」[12]と述べている。

　企業の不祥事が連続する中，1994年の舞浜会議において，コーポレート・ガバナンスの実質的な議論が始まった。その後，日本コーポレート・ガバナンス・フォーラムが設立され，2006年の「新コーポレート・ガバナンス原則」では，経営が従業員との協働活動であるという考え方が示されている。経営者は従業員との対話や情報開示など，認識を共通にするための措置を講ずるよう求めている。また，従業員側に対しても，法令・社内規定に適合する行動を求めている。つまり経営側と従業員側の双方にコーポレート・ガバナンスを意識することを推奨しているのである[13]。

　医療業界においても同様の動きがある。医療事故等の医療機関の不祥事に対しての防止策として，コーポレート・ガバナンスを参考にした考え方が「クリニカル・ガバナンス」であり，医療の質の向上のためのメカニズムの構築と病院経営の責任のあり方を包含する概念である。この新しい概念は，イギリスの

---

[11]　寺本義也『日本企業のコーポレート・ガバナンス』生産性出版，1997年，58頁。
[12]　本間正明「コーポレート・ガバナンス」日本経済新聞，1994年2月5日〜11日（『やさしい経済学』）。
[13]　「新コーポレート・ガバナンス原則」日本コーポレート・ガバナンス・フォーラム，2006.12.5公表資料，3頁参照。

ブリストル王立小児病院事件[14]がきっかけとなり，イギリスで提起された。

　コーポレート・ガバナンスの目的は大きく二つあり，一つは適法性の監視，もう一つは効率的な経営・競争力強化といわれている。この2大目的は，クリニカル・ガバナンスにおいても適用できる。

　まず，目的の一つである適法性の監視という意味で考えてみる。企業の不祥事は顧客離れにつながり減収となる。やがて資金繰りが悪化し，従業員の士気の低下を招き，経営的不振となりかねない。医療機関に置き換えてみれば，営利対非営利という点から等しくは考えられない部分もあるが，医療事故などが起これば患者離れにつながり，無論診療報酬は減る。資金繰りの悪化は職員の処遇低下につながり，退職者が増加し，やがて減床を余儀なくされ，あるいは閉院に追い込まれる場合もある。このような流れを生む不祥事の防止策として，法令遵守経営が不可欠である。

　医療機関は一般的に所有と経営が分離していないことが多いため，所有者による経営者の監視の必要性はほとんどない。また，医療法人の場合は，社員総会も理事会も出資比率に関係なく1人1票制のため，同族で固めるケースが多い。資金調達に関しても不特定多数から調達するわけではないため，外部からチェックされることなく説明責任も乏しい。こうした中で，医療機関に適法性の監視が求められる根拠は，公益性であり非営利性の維持という点であろう。換言すれば，患者や医療従事者その他すべてのステークホルダー[15]のための適法性の監視が求められるということになろう。そのために，法令遵守，医療過誤，環境保全などをチェックするのである。

　次に，もう一つの目的である効率的な経営・競争力強化について，医療機関にとってはどういったものかと考えると，倫理観を持ちながら，人的資源を含

---

[14] ブリストル王立小児病院事件：1990年代に，ブリストル王立小児病院で心臓手術を受けた38人の子供のうち20人が死亡したことが内部告発で発覚し，心臓外科医と病院管理責任者が責任を問われた事件である。

[15] ステークホルダーとは，組織の目的達成に影響を与える，あるいは与えられる団体又は個人であり，企業にとっては，株主，顧客，従業員，サプライヤー，地域住民，行政，環境などを指す。

めた限りある資源を効率的に使って質の高い医療を提供することであるといえるのではないか。競争力強化のためには，医業経営の透明性を実現するための，ステークホルダーに向けた積極的な情報開示も必要であろう。なぜならば，情報開示に代表されるステークホルダーとの積極的な関係は，医療経営上のリスクを最小限にとどめる手段でもあるからだ。クリニカル・ガバナンスの視点で，適法性の監視を意識した医業経営のあり方を考えるべきである。

おわりに

　労働時間法制と実情の間には，まだまだかい離があるようである。このかい離をなくしていく努力をしていかなければならない。そのためにも，ガバナンスを取り入れた病院経営の取り組みの一つとしての法令遵守が重要である。
　医療機関や医療従事者が遵守すべき法律[16]は多岐にわたっている。内田は，「法令遵守は医療提供上のみならず組織経営全般における危機管理の源泉となっているといっても過言ではない。病院が医療提供や組織運営において抱えるさまざまなリスクを管理し，その低減を図ることは病院内の内部統制をより高める効果をもたらす。そのことは，病院を利用する患者や地域社会での信頼を高めるためにも必要不可欠であり，法令遵守はまさにその第一歩と言える。」[17]と述べている。
　組織の上層部はもとより，医療従事者に至るまで，法令遵守の思想を浸透させることが重要であり，一般企業以上に法令遵守の手順や仕組みの構築が求められる。こうした手順や仕組みの構築の支援として，経営労務監査の考え方や手法が活用できる。
　また，効率化の視点では，専門職集団ともいえる医療機関で，専門職種の本来業務に専念できる環境づくりをすることによって，効率化が図られ，労働時

---

[16] 医療法，薬事法，医師法，労働基準法，安全衛生法，健康保険法，消防法，建築基準法等。
[17] 内田亨『医療ガバナンス』日本医療企画，2010年，59頁。

間を削減し，疲弊をなくすことが可能になると考える。たとえば，現状では多くの看護師が看護業務以外の仕事に費やす時間の増加によって，直接患者に接する時間が失われている。そこに，看護補助職を投入し，周辺業務を看護補助職に移す等の協働体制をとると，看護師は患者ケアにその時間を投入することができ，同時に看護補助職の雇用機会を生む。そして，結果として患者・医療従事者双方の納得，満足につながる。そこにはチーム医療の思想が不可欠である。患者の満足を高める業務は，医療従事者のモチベーションを上げていく。好循環ができていくのである。

　実は，専門分野の異なる者同士の協働は簡単ではない。分業を続ける限りは意見対立が起こり，コミュニケーションも取りにくい。医療の高度化と医療従事者の作業量の増加，患者の権利意識の変化等が進む中，医療専門職を巻き込むマネジメント上の工夫が必要である。業務を分割するということは，その間の調整が必要になるということでもある。この調整は，何のために，誰のために業務をなすのかという目的の再認識によって行われる必要がある。必要に応じて仕事を分類し，仕事ごとに組織構造をまとめ，チームを構築する。これこそがこれからのマネジメントであろう。特定の者が力を発揮するといった体制ではなく，チームによる協力を基盤として医療体制を構築することが，民主的な意思決定の仕組みに寄与するものと考えられる。

　医療機関という組織は多様な専門職が集まる特殊な組織ではあるが，一般企業と変わらない経営実践の必要があり，一般企業と同様のマネジメントの考え方をもとに改善が求められている組織であるということが理解され始めている。とりわけ医療機関は些細なミスが重大な結果を引き起こすリスクの高い組織であることと，経営効率と医療の質の高さの両立を余儀なくされる点からも，組織全体の経営にガバナンスの視点を導入することが重要であると考える。

　医療機関の労働環境に関しては，一般企業等の労働環境が改善されつつある状況と比較すると，まだかなりの遅れが目立ち，いわゆる「ブラック病院」ともいうべき病院さえある。しかし，一般企業と異なる点は，過重労働が利益追求の結果ではなく，医療従事者の絶対数不足，偏在，患者優先の考え方など，

医療分野特有の原因によることが多く，医療機関単独で解決できる課題に限られない点である。労働環境改善の必要性を理解してはいても，人員に限りがあり，そこに患者がいれば無理をせざるを得ないという特殊事情がそれを阻んでいるということもできる。

特殊事情に配慮してもコンプライアンスの視点は必要不可欠であることと，長時間労働が医療安全を脅かすものであることを鑑みて，医療機関こそ労働時間監査の必要性を認識するべきである。

医療機関の課題がガバナンスの視点ですべて解決できるとは考えていない。政策的な課題も山積している。しかし，政府や社会が主導してくれることを待っているだけでは解決にならない。クリニカルガバナンスの考え方を参考にして，医療機関が自助努力により，課題改善に向けて動き出す時期にきていると思料する。

【引用・参考資料】
- 寺本義也・西村友幸・坂井種次『新版　日本企業のコーポレート・ガバナンス』生産性出版，1997年。
- 本間正明『コーポレート・ガバナンス』日本経済新聞，1994年2月5日～11日。
- 「新コーポレート・ガバナンス原則」日本コーポレート・ガバナンス・フォーラム，2006.12.5公表資料。
- 菅野和夫『労働法』㈱弘文堂，2008年。
- 厚生労働省労働基準局編『労働基準法』2011年。
- 黒田祥子『日本人の労働時間は減少したか』ISS Discussion Paper Series J_174，2009年。
- 佐藤厚「仕事管理と労働時間」『労政時報』労務行政研究所，2007年。
- 「医療現場の労務管理に関する研究－勤務医等の過重労働を中心に－」社会保険労務士総合研究機構，2012年。
- 内田亮『医療ガバナンス』㈱日本医療企画，2010年。
- 小島愛『医療システムとコーポレート・ガバナンス』㈱文眞堂，2012年。
- 猶本良夫・水越康介『病院組織のマネジメント』㈱碩学舎，2012年。

【福島通子】

第3章

賃金管理監査
－固定残業制を中心に－

はじめに

　賃金は労働条件のなかでも労働時間と並んで最も重要な車の両輪であろう。しかしながら，明確な労務方針が示されず賃金制度そのものが確立されていない会社は実に多い。企業のトップが経営理念のもとで夢と希望に溢れ生き生きとした経営を実践しようとする姿は，従業員の勤労意欲（モラール）形成の原点といえる。経営者は自ら本来のあるべき姿に向かって邁進している姿を管理者，監督者を含む労働者に見せなければならない。しかるに，経営者が自社の賃金問題や人事問題に頭を悩ますようでは甚だ心もとないと言わざるを得ない。
　ところで，従業員の賃金に対する不平不満がもっぱら賃金ベースの低さにあると考えている経営者は意外と多いが，労働者相互間における賃金の格差，不適正な賃金制度の運用，あるいは，賃金制度そのものが確立されていないことから生まれる将来への不安などの原因を見逃していることが実に多いのである。経営者にとって，従業員のなかにあるこのような問題に対する不平や不満を取り除き，従業員のモチベーションを高めるために，賃金の水準はもとより賃金制度の合理的な整備と適正な運用の確立を図ることは何より重要な課題となる。つまり，内部監査としての労務監査では，経営者の賃金制度への理解と対応を促すことが必要不可欠といえる[1]。

---

(1) 弥富賢之（1992），『社長の賃金経営学』日本経営合理化協会出版局，序を参照。

さて，賃金に対する経営者の考え方はいかがであろうか。儲かったら，業績が向上すれば，高い賃金を払うという経営者は多く存在する。しかし，このような経営者に導かれる会社で働く労働者は，果たしていつになったら高い賃金がもらえるようになるのであろうか。そもそもこの会社も経営計画（事業計画，予算計画，利益計画）を立てているはずである。この会社の経営計画のなかの予算計画には総額労務費が計上されていないのだろうか。既に経営計画を策定する段階で，「儲かったら高い賃金を支払うものとする」，「業績が向上したならば高い賃金を支払うものとする」と明記されているのだろうか。このような経営計画が語っているのは「経営なんて遣ってみなければ分からない」ということであろう。このような企業経営者は資本制企業の企業経営がまるで「社会主義」[2]であることを理解していない。

　自社のビジネスを積極的に展開しようと思ったならば，「ビジネスを展開した結果として偶然にお金が儲かったら高い賃金を出す」という考えであってはならない。「資本制企業のビジネスとは本来お金を儲けるための活動であり，経営計画を忠実かつ誠実に実行し，予算計画に盛り込んだ労務費総額に従って全ての従業員に賃金を支払い，全社を挙げて計画を完遂し確実に純利益を生みだし，純利益のなかの○○％は夏季及び冬季の賞与として支払いたい」と考えるべきである。

　立派な経営理念のお題目を並べたて従業員を鼓舞しようとも，単にそれだけでは経営理念は死文化したのも同然である。経営計画（事業計画，予算計画，利益計画）は勿論のこと，賃金支払いを含む人事労務施策も企業の経営理念と懸け離れてしまっていたのでは企業の業績向上に繋がらないであろう。企業の人事労務施策の一環をなす賃金制度は，経営理念を体現したものでなければならない。

---

[2] 資本制社会は市場経済であるので個々の企業は製品及び資本市場を統制できないが，企業経営者は企業内の経営管理を統制できる。経営計画の計画機能，計画の執行機能，計画を執行した後の統制機能は経営計画の執行役（社長）の権限に属する。社長は計画機能を経営計画室に統制機能を内部監査室に委譲し，自らは専ら経営計画の執行機能を担う。企業内部はまるで計画経済となる。

日本の会社の賃金制度は企業内の労使自治で決定されるものである。欧州諸国の「産業別に労使団体間の労働協約のもとで，職種ごとに技能の等級に応じた賃金率が設定され，正規・非正規を問わず共通に適用される」[3]ものと，日本の会社の賃金形態は大きく異なっている。我が国の賃金形態は概ね属人級制度をとっているが，その具体的な内容はそれぞれの企業によって多種多様であり，複雑である。実際，経団連の調査[4]では，賃金を複数の項目で構成する企業は8割に上り，しかも3項目以上の企業が約半数を占め，同一地域，同一産業内の企業においても共通した賃金制度とはなっていない[5]。一般に企業経営者は全てにおいて自身の独自性を打ち出そうとするあまり，賃金制度に関しても各々の独自性を示すことに陥り易い。もちろん独自の経営哲学を持っていることが賃金制度に違いを生じさせることは当然であるといえる。しかし，基本給が何を評価して支払われるかという賃金の理論は一定の普遍性を持つべきものである。

　賃金を含む人件費は果たしてコスト（費用）なのであろうか。今日までの会社経営にあっては，経営合理化の主眼は，常にコストをいかに切り下げるかという問題におかれてきた。経団連に統合される以前の日経連は，毎年の春闘期には若年労働者の初任給を上げないように全国の経営者に注意を喚起していたが，このような注意喚起も企業の労務費総額をいかに低く抑えこむかという問題が極めて重要であったからであり，労務費を含む人件費を上げてはならないという考えが盛んに語られてきた時代は今も続いている。しかし，少子高齢化の時代を迎えて労働人口が低減していく大きな流れのなかで，高賃金の支払いが労務費総額の肥大化を招いて倒産の憂き目にあうというよりも，いわゆる人手不足倒産が既に始まっている。人手確保ができない一番の理由は実は賃金水準の低さにある。

---

(3) 日本経済団体連合会（2016），『同一労働同一賃金の実現に向けて』，1頁。
(4) 日本経済団体連合会（2014），『2014年人事・労務に関するトップ・マネジメント調査結果』。
(5) 日本経済団体連合会（2016），前掲書，3頁。

弥富賢之氏は，会社の株価と初任給との関係性について，株価と初任給には密接な相関があり，株価の高い会社の初任給は高く，低い会社の初任給は低いことを示している。一般的に言えば株式会社の株価は，その企業の収益度を反映している。儲かっていない会社は，人手を欲しくても初任給を上げることができないのである。更に，賃金水準とコストとの関係性では，賃金を高くして労働者の質を上げなければコストダウンの成功はなく，賃金を上げなければ製品とサービスのコストは下がらない時代になったと指摘している[6]。このように賃金に対する考え方は，経済環境に応じ，いまや最低生活を保障するという賃金から，社会的生産力の高い経済社会に相応しい賃金，つまり豊かで実りある生活を支える賃金へと変化し，それを実現し支援する企業経営が望まれている。労務監査が賃金監査を主眼として行われる場合，賃金に対する考え方の変化に労務監査人及び経営者は気付くべきである。

勿論，労働者側からみれば，賃金水準のみならず，労働条件の劣悪さなども重要な判断材料となるはずであるが，賃金水準の高さは企業選択の重要な要素である。しかしながら，現代の日本企業の賃金制度を見れば，単純なる見せかけの賃金水準の高さが散見されるところである。本章では，いわゆる固定残業制である定額残業代及びみなし残業代を中心に，賃金格差，特に企業内賃金格差の問題にも触れながら昨今の賃金のあり方を問うてみる。

I 法律上の賃金とは何か

賃金は，法律上どのように規定されているのであろうか。まず，第1に，労働基準法（以下，労基法）第11条において，「賃金とは，賃金，給料，手当，賞与その他名称の如何を問わず，労働の対償として使用者が労働者に支払うすべてのものをいう。」と定義されている。それ以外の法律[7]において，労働保

---

[6] 弥富賢之，前掲書，43頁。
[7] 最低賃金法における労働者，使用者，賃金の定義は，労基法によると規定されている。

険の保険料の徴収に関する法律第2条においては，労基法と同様に規定されているが，支給条件の明確な見舞金や結婚祝い金等，住宅貸与時の3分の1超の額の徴収の場合等は賃金としないなど若干の相違がある。また，健康保険法第3条においては報酬や賞与として規定されており，労基法の賃金と若干相違するが，いずれも労働の対償であるという点において一致している。次に，労働契約法第6条においては，「労働契約は，労働者が使用者に使用されて労働し，使用者がこれに対して賃金を支払うことについて，労働者及び使用者が合意することによって成立する。」と規定されている。ここでも労働に対する対価として，労働者と使用者の合意に基づくものとされている。

さらに，労働者と使用者の規定を見てみると，労基法第9条においては「労働者とは，職業の種類を問わず，事業又は事務所（以下「事業」という。）に使用される者で，賃金を支払われる者をいう。」とあり，労働契約法第2条においては，「労働者とは，使用者に使用されて労働し，賃金を支払われる者をいう。使用者とは，その使用する労働者に対して賃金を支払う者をいう。」と規定されている。これらの規定から判断すれば，賃金とは，①労働の対償として，②使用者が労働者に支払うもの，③労働者に支払われるもの，という3つの条件を満たすものであるといえる[8]。したがって，賃金に当たるかどうかが非常に重要となる。

「①労働の対償として」においては，その判断基準はなく，個々の事情に応じて総合的に判断されている。雇用契約が締結されている場合，問題となることは少ないが，我が国の賃金は，複数の項目から成り立っていると指摘したように，直接的に労働の対償と結びつかない家族手当や住宅手当などの手当てもみられる。さらには，社会保険料，出張旅費，制服代などの業務関連費，慶弔関連費，賞与や退職金など，労働の対償としての賃金に当たるかどうかが問題となる。特に賞与と退職金に関していえば，我が国では通常の賃金に加えて，賞与や退職金を支払う企業が多く，これが日本企業独特の慣行となってい

---

[8] 中野妙子,「法律上，賃金とは何ですか。」労働政策研究・研修機構HP，http://www.jil.go.jp/rodoqa/02_chingin/02-Q01.html，（2016／8／16アクセス）。

る。もちろん賞与や退職金に関する支払い義務は法律上規定されている訳ではなく，企業経営にとってそれらの制度を有しなければならない必要もない。しかし，単なる恩恵的な給付として，使用者の裁量によって随時適当な金額が支払われるという場合を除いて，就業規則等により支給基準が決められている場合や労使間において支給条件が明確になっている場合は，賃金に該当するものと解釈され使用者はその支払い義務を負う。

　雇用契約ではなくて請負や業務委託契約などである場合，報酬は労働ではなく仕事の完成に対して支払われることとなり，賃金に該当している訳ではないが，雇用契約においては，仕事の完成ではなく労働をしたこと自体に対して賃金が支払われることになる。

　「②使用者が支払うもの」においては，いわゆるチップが例示される。チップは，顧客が直接労働者に渡すものである場合は，賃金には当たらないが，一旦使用者が受け取った後，労働者に分配する際には，賃金となる。「③労働者に支払われるもの」においては，その労働者性が問題となる。先に述べた請負や業務委託契約に含まれる本来の姿からは程遠い偽装雇用[9]など，実質的には労働者であるにも関わらず，個人請負として偽装されているものでは，その報酬は賃金に当たる場合がある。

II　賃金不払残業等の現状

　さて，賃金の定義規定及び賃金該当性（賃金に当たるかどうか）に関して示したが，ここでは，昨今の賃金不払残業の現状，さらには，賃金格差の動向など，賃金の現状において気になる点を検討してみる。

---

[9] 偽装雇用とは，偽装請負と区別されるもので，前者は，誰にも雇われない自営業者として業務委託を受けている状態で，個人請負・業務委託を偽装した雇用を指し，後者は，ユーザー企業の指揮命令があって実質的に労働者派遣であるにもかかわらず，契約上請負社員として働いている状態で，請負・労働者派遣を指す。橋口昌治 (2008)，「偽装雇用の実態と抵抗」，Core Ethics Vol.4, 1頁。

1 賃金不払残業の実態

　賃金不払残業，いわゆるサービス残業については，賃金不払残業総合対策要綱[10]によれば，「所定労働時間外に労働時間の一部又は全部に対して所定の賃金又は割増賃金を支払うことなく労働を行わせること」とされている。この賃金不払残業に関して，厚生労働省は，その解消を図るため，平成13年4月には「労働時間の適正な把握のために使用者が講ずべき措置に関する基準について」[11]を策定し，重点的に監督指導を実施することに加え，平成15年5月には「賃金不払残業の解消を図るために講ずべき措置等に関する指針」[12]を策定し，事業場における賃金不払残業の実態を最もよく知る立場にある労使に対して主体的な取り組みを促すとともに，適正な労働時間の管理を一層徹底するなどの取り組みを行ってきた。このように賃金不払残業については，行政も認める公知の事実であるが，その労働時間や，不払の金額を示す統計データはない。なぜなら，厚生労働省の労働時間に関する基幹統計である「毎月勤労統計調査」（以下，毎勤）は，所定内労働はもちろんのこと，所定外労働についても賃金又は割増賃金を支払った時間のみを取り出して集計しており，労基法違反の賃金不払残業は，建前上存在しないことになっているからである[13]。しかしながら，この問題に関して，森岡は1990年代から取り組み，賃金不払残業の推計を試みている。その後も多くの研究者がこの問題に取り組んでいるが，ここでは森岡の推計を取り上げ，賃金不払残業の実態を確認する。

　森岡は，企業調査に基づく「毎勤」[14]と，労働者調査に基づく総務省の「労

---

[10] 平成15年5月23日基発第0523003号　厚生労働省労働基準局長通達「賃金不払残業総合対策要綱について」。

[11] 平成13年4月6日基発第339号　厚生労働省労働基準局長通達「労働時間の適正な把握のために使用者が講ずべき措置に関する基準について」。

[12] 平成15年5月23日基発第0523004号　厚生労働省労働基準局長通達「賃金不払残業の解消を図るために講ずべき措置等に関する指針」。

[13] 森岡孝二（2008），「労働時間のコンプライアンス実態とサービス残業」，『ビジネス・エシックスの新展開』研究双書第147冊，179頁参照。

[14] 「毎勤」における労働時間は，対象事業所が賃金を支払った毎月の実労働時間，所

働力調査」⑮（以下，労調）の労働時間を比較することで，おおよその不払残業時間を推計している。1980年からの推計結果の中で，若干の低下傾向は見えるものの「労調」と「毎勤」の差は，年間300時間とほとんど変化していなく，この差の多くは賃金不払残業に当たると指摘している。2012年のデータでは，1人当たり不払残業時間は331時間，不払賃金は80万7,000円，年間総額で26兆5,000億円と推計し，賃金不払残業を「最大の企業犯罪」と指摘している⑯。

2　賃金格差の動向

　1990年代に大企業を中心に導入された成果主義賃金制度は，大方の予想に反して，従業員のモチベーションを低下させ，職場のコミュニケーションや，人材育成機能までも崩壊させ，企業業績や生産性に寄与しないと結論付けられた⑰。その結果として残されたのは，正規・非正規雇用者間の企業内賃金格差であった。また，この間，非正規雇用者は拡大の一途をたどり，正規雇用者と非正規雇用者の間での企業内賃金格差も拡大している⑱。賃金格差を議論する際には，企業規模間格差，産業間格差，年齢階級別格差，学歴別格差，男女間格差も重要なテーマではあるが，ここでは，正規・非正規雇用者，中でも同一価値労働同一賃金において最も重要な正規雇用者と，フルタイムの有期雇用者との賃金格差を中心に検討する。

　因みに，ここでは所定労働時間がフルタイムかパートタイムか，契約期間が無期か有期かの別により，図表1のように社員を区分する。

定内労働時間，所定外労働時間，出勤日数を集計している。
⑮　「労調」における労働時間は，毎月の月末1週間の就業状態について，早出，居残り及び副業も含め，対象労働者が実際に従事した時間を集計している。
⑯　森岡孝二（2013），『過労死は何を告発しているか』岩波書店，112-118頁。
⑰　富永晃一（2016），「企業内賃金格差をめぐる法学的考察」，日本労働研究雑誌2016年5月号NO.670，23頁参照。
⑱　『日本労働研究雑誌』編集委員会（2016），「企業内賃金格差の諸相」，日本労働研究雑誌，2006年9月号No.670，2頁参照。

図表1　フルタイム

	フルタイム有期社員	正規社員	
有期契約	パートタイム有期社員	パートタイム無期社員（短時間正社員）	無期契約

パートタイム

（注）　富永晃一（2016），「企業内賃金格差をめぐる法学的考察」の契約形式・就労実態による労働者の分類を参考に筆者作成[19]。

　1990年代以降，非正規雇用者は拡大を続け，2015年には1,980万人，役員を除く雇用者の37.5％となっている。多様な働き方が謳われ，いかにも労働者が自ら選択したかのように非正規雇用者の拡大を賛美している向きもある。しかしながら，非正規の職に就いた理由のなかで，いわゆる「不本意型」非正規雇用者とも呼ばれる『正規の職員・従業員の仕事がないから非正規雇用者の職に就いた者』は，総務省の調査[20]では，非正規雇用者の約2割，厚生労働省の調査[21]では，約3割となっている。

　この間，フルタイムかパートタイムか，無期か有期かの労働条件の差について，法整備も行われてきた。労働契約法第20条では，労働者の業務の内容及びその責任の程度（職務の内容），職務の内容及び配置の変更の範囲（人材活用），その他の事情において差別的取り扱いの禁止が規定されている。また，同様に，パートタイム労働法第8条では，正社員（通常の労働者）と同視すべきパート労働者（正社員と職務（仕事の内容や責任）が同じで，人材活用の仕組み（人

---

[19]　山口雅生（2006），「正規－パート間賃金格差拡大のマクロ的要因」『日本労働研究雑誌』，2006年，No.554，94頁。
[20]　江刺英信他（2015），「最近の正規・非正規雇用の特徴」総務省統計局統計調査部，http://www.stat.go.jp/info/today/097.htm#shousai，（28／9／30アクセス）。
[21]　厚生労働省（2013），『平成23年有期労働契約に関する実態調査（個人調査）　調査結果報告書』，11頁。

事異動の有無や範囲）が全雇用期間を通じて同じで，かつ，契約期間が実質的に無期契約となっているパート労働者）のすべての待遇について，パート労働者であることを理由に差別的に取り扱うことの禁止を規定している。

　高橋康二（2016）は，なかでも特に問題が大きいとされる正規社員と，フルタイム有期社員との賃金格差の問題に取り組み，①フルタイム有期社員と正規社員との賃金格差は，パートタイム有期社員と正規社員との賃金格差とほぼ同程度であること，②その賃金格差は，定型補助業務か専門業務かの活用理由には関係がないこと，③パートタイム有期社員に比べて，正規社員と同じ仕事をする場合が多く，そのことにより賃金不満が強まっていることを指摘している[22]。これらの結果からも分かるように，そもそも同じ仕事を行いながら，雇用形態が有期か無期かというだけの理由で，大きな賃金格差が生まれるということ自体が非合理であり，これこそが問い直されるべき問題である。しかしながら，企業側においてはこの点に関しての動きはきわめて鈍いのが実情であるが，非合理な賃金格差の是正に対して社会的公正の確保の観点から，十分な検討を期待するものである。

　正規・非正規雇用者の労働条件が問題となるなかで，2016年6月に閣議決定された「ニッポン一億総活躍プラン」において，内閣府は非正規雇用者の待遇改善を目指し，同一労働同一賃金を実現する方針を示している。そこでは，「①正規か，非正規かといった雇用の形態にかかわらない均等・均衡待遇を確保する。②同一労働同一賃金の実現に向けて，我が国の雇用慣行には十分留意しつつ，躊躇なく法改正の準備を進める。③欧州の制度も参考にしつつ，不合理な待遇差に関する司法判断の根拠規定の整備，非正規雇用労働者と正規労働者との待遇差に関する事業者の説明責任の整備などを含め，労働契約法，パートタイム労働法及び労働者派遣法の一括改正等を検討し，関連法案を国会に提出する。④これらにより正規労働者と非正規雇用労働者の賃金差について，欧州諸国に遜色のない水準を目指す」[23]となっている。

---

[22] 高橋康二（2016），「有期社員と企業内賃金格差」日本労働研究雑誌，2006年9月号 No.670，75頁参照。

このような言質は従来何度となく言われてきたことであり，実行こそが求められている。企業経営上，企業内賃金格差は重要である。そのなかでも契約形態のみが異なるだけでなく，有期契約といっても反復継続されて実質上無期契約と何ら変わりのないフルタイム有期社員との賃金条件格差は改善しなければならない重要な問題である。

Ⅲ　コンプライアンスの視点

　近年の日本企業では特にコンプライアンスが注目され，法令遵守のみならず，社会的規範，社内的規範，企業倫理の遵守などの重要性が叫ばれている。しかも企業不祥事の問題を契機として企業の社会的責任（CSR）が問われる時代となっている。しかし，労務監査が係る労働分野に限るならば，日本全国津々浦々，日本企業においては実はコンプライアンスどころではない現状がある。賃金に限ってあげるならば，女性賃金差別，正規雇用と非正規雇用者の賃金格差，前述した賃金不払い残業，最低賃金法違反，さらには，みなし労働時間等の労働時間，偽装雇用など，問題を孕んでいる事柄は枚挙にいとまがないといえよう[24]。

1　賃金法制

　コンプライアンスの視点において，最も重要なのはいうまでもなく各種労働法令の遵守であり，ここでは賃金に関連する法令から確認する。

①　労働基準法

　「賃金とは」で述べたように，まずは，賃金に該当するかどうかが問題となる。さらには，休憩時間中の労働，仕事に付随した時間外のQC活動・研修・会議，短時間の保守・清掃や着替え，朝礼など，そして風呂敷残業・USB残

---

[23] 日本経済団体連合会（2016），前掲書，1頁。
[24] 森岡孝二（2008），前掲書，171頁。

業などといわれる持ち帰り業務が労働時間に含まれているか。そして，その上で，残業代不払いで問題となる割増賃金の基礎となる賃金に該当するかどうかが重要となる。

　労基法37条の5項及び労働基準法施行規則（以下，労規則）第21条において，割増賃金の基礎となる賃金から除外することができる賃金として，①家族手当，②通勤手当，③別居手当，④子女教育手当，⑤住宅手当，⑥臨時に支払われた賃金，⑦1か月を超える期間ごとに支払われる賃金が，例示ではなく限定列挙されている。更には，①～⑤の手当については，このような名称であれば全てが除外できるという訳ではないとして，厚生労働省の通達で指示されている。労働者の無知も手伝って割増賃金の基礎から除外し，単に〇〇手当となっている違反例も枚挙にいとまがない。労働時間の計算も不払い残業の温床となっている。法的にはたとえ1分たりとも計算しなければならないとされているが，15分単位や30分単位として処理されることは多く，それ以内は切り捨てられて計算される場合も多い。

② 　最低賃金法

　最低賃金は，地域毎の地域別最低賃金と，特定の産業毎の特定最低賃金が規定されている。労働者の募集時において違反がみられる例はさすがに近年少なくなっているが，試用期間中の違反や，労働時間が深夜に及ぶ場合において，計算してみて初めて違反が判明する場合などがある。固定残業制で基本給に残業部分が組み込まれている場合，実際に時間当たりの賃金額を計算してみると賃金単価が最低賃金を割っている場合がみられる。また，同様に〇〇時間分の残業代を含むとした場合でも，割増率に従って実際に計算してみると，時間当たり単価が最低賃金を下回っている場合が多々ある。近年は，ハローワークにおいても募集時の曖昧な固定残業制は，受理されなくなっており，厳密さが求められる。

2　固定残業制の諸問題

　労働時間の管理と賃金の適正な支払いについては相互に密接な関係がある。ここでは近年問題視されている固定残業制などを取り上げ，労働時間の取り扱いと適正な賃金の支払いについて検討を加えてみる。

①　定額残業代制度

　定額残業代制度とは，一般に賃金の一部を時間外労働，休日労働，深夜労働に伴う割増賃金相当分としてあらかじめ定額で設定し，定額の残業代として支払うことをいう。本来，労基法第32条では，1週間につき40時間，休憩時間を除き1日につき8時間を超えて労働させてはならないと規定されており，また労基法第35条では，毎週1回ないし4週間を通じ4日以上の休日を与えなければならないと規定されている。このような法定の労働時間を延長し，又は休日に労働させるには，労基法第36条に関わる労使協定を締結する等の手続きが必要不可欠であり，企業はその協定に基づいて労基法第37条の割増賃金を支払う必要がある。したがって，定額残業代として成立するためには，法定の時間外労働，休日労働，深夜労働に対する割増賃金に当たるかどうかが問題となる[25]。もし定額残業代として認められない場合は，時間外労働等の割増賃金を全く支払っていないとされ，定額残業代部分が割増賃金の基礎となる賃金に含まれると解釈されることになる。その際，単位時間当たりの賃金単価が跳ね上がることとなる。労務監査人はこのような労基法上の規定とともに，定額残業代制度の取り扱いを間違えたならば，過去2か年間に及ぶ未払い残業代だけでなく，労基法第114条で規定する付加金についても支払いを求められることになりかねないことに，留意しなければならない。

　本章では，定額残業代制度のいくつかのパターンを提示し検討してみる。最

---

[25]　所定内労働時間が，法定労働時間を下回る場合は，所定外残業代として当然賃金を支払うこととなるが，ここでは，定額残業代を法定外の割増賃金として取り扱うこととする。

初に，定額残業代が基本給に組み入れられている場合で，例えば，「基本給には20時間分の残業代を含む」，「基本給には3万円分の残業代を含む」などと規定されている場合がこれに当たる。次に，基本給とは別に何らかの名称の手当として区分している場合で，例えば，時間外手当のように名称それ自体において時間外であると謳っているものから，営業手当，管理手当，特励手当などその名称は異なっているが，「〇〇手当は，固定的な残業代の内払として支払う」などと規定されている場合がこれに当たる。

　一般に，定額残業代を支払うということは，例えば定額残業代部分が20時間分の残業代と規定した場合，20時間を超えて労働した時は，当然その部分に対して割増賃金を支払う必要がある。したがって，新人の募集広告で，あるいは就業規則等において，企業が定額残業代を規定しているからといって，法定労働時間を超えた賃金を一切支払わなくて良いという訳ではない。使用者側は労働者が就労した労働時間を正確に把握し，時間外労働，休日労働，及び深夜労働を明確に区分して計算し，定額残業代を超える割増賃金部分に関しても必ず支払わなければならない。また，逆に10時間しか残業しなかった場合であっても定額残業代として就業規則等に規定した以上，企業は定額部分を全額支払う必要があるのであって，定額残業代に相当する20時間に足りない労働時間に対して労働者にペナルティーを与えたり，その部分を減額したりすることは許されない。したがって，もし，定額残業代制度が導入されていなかったならば，使用者側は本来支払わなくて済む労働時間分の残業代を支払う結果となり，事実上使用者側は経済的に損失を被ることとなる。労基法の規定を素直に解釈するならば，誰が考えたとしても定額残業代制度を導入するメリットは見出せないという結論になる。

　定額残業代制度を導入するメリットとして，①給与計算の事務処理が簡単となること，②定額残業代が初めから固定されており，一定額が確保されているため残業時間が短縮される可能性があること，③基本給に加え定額残業代を規定しているため，採用上の給与を高く見せることができることなどを指摘する向きもあるが，定額残業代制度の導入目的が，定額残業代部分以外は残業代を

支払わないとか，定額残業代に規定した残業時間に達しなければ減額するなど，単なる残業代節約目的での運用であるならば，明確に割増賃金部分を区分し就業規則等に規定していたとしても，何をかいわんやといわざるをえない[26]。

本来，労基法において厳格に法定されている労働時間数を，従業員に対して業務の繁閑を問わず超過して働かなければならないことを告げること，新人の募集広告や就業規則等において規定すること自体が，健全なる企業の対応であるとはいえないのではないだろうか。誠実な経営者であるならば，自社の製品やサービスの質を実質的に決める従業員の日常の努力と不断の労働に報いて，自社従業員に豊かで実りある生活を実現すべく支援することに心を砕くはずである。このように思念するならば，不透明な定額残業代制度の導入は，経営の王道を行くとは言えないのではないだろうか。

② みなし労働時間制とみなし残業代

固定残業制に絡んで，次に，みなし労働時間制に関わるみなし残業代を取り上げてみたい。みなし労働時間制には，「事業場外みなし労働時間制」（以下，みなし労働時間制），「専門業務型裁量労働制」（以下，専門業務型），「企画業務型裁量労働制」（以下，企画業務型）がある。

みなし労働時間制は，事業場外で労働する場合で労働時間の算定が困難な場合に，原則として所定労働時間労働したものとみなす制度である。しかしながら，そもそも労働時間が算定しがたいかどうか，また，業務上，通常所定労働時間を超えて労働することが必要な場合かどうか，そして一部の業務を事業場内で行った場合はどうなるかなどが問題となる。通常所定労働時間を超えて労働することが必要な時間を10時間とすれば，これを所定労働時間であると見做すのではなく，あくまでも2時間分の割増賃金を算定しなければならない。また，一部の業務を内勤等で行った場合，それが付随的業務でないと判断される一定の場合は，別途実労働時間分の割増賃金を加算しなければならない。

---

[26] 峰隆之他（2016），『定額残業制と労働時間法制の実務』，労働調査会，169頁参照。

専門業務型は，デザイナーやシステムエンジニアなど，業務遂行の手段や時間配分等に関して使用者が具体的な指示をしない19の業務について，実際の労働時間数とはかかわりなく，あらかじめ労使協定で定めた労働時間数について働いたものとみなす制度である。また，企画業務型は，事業運営の企画，立案，調査及び分析の業務であって，業務遂行の手段や時間配分などに関して使用者が具体的な指示をしない業務について，実際の労働時間数とはかかわりなく，労使委員会で定めた労働時間数を働いたものとみなす制度である。ここでも，そもそも対象業務に該当するかどうか，更にこれらの2つは業務の性質上，その業務の遂行方法を大幅に労働者に委ねる裁量性が必要となる。しかしながら，この制度は一定の労働時間を働いたと見做す制度であり，労働時間に関する労基法の規制を除外する制度ではないために，当然時間外労働・休日労働及び深夜労働の割増賃金の支払いは必要となる。

③ 年俸制と定額残業代

賃金の一支払い形態にいわゆる年俸制がある。これは，あらかじめ年間の給与を定めるものであるが，賃金支払いの5原則を免れるものではないため，年俸額を12分割して隔月に支払わなければならない。また，12分割ではなく，賞与を定めて，例えば年俸額を17分割して，1／17を毎月，残りの5／17をさらに2分割して，2.5／17を夏季と冬季の2回の賞与支給にあわせて支給するなどの場合もある。ともすれば我々は年俸制というとプロ野球選手の年俸制を即座に思い浮かべてしまう。しかし，民間企業の労働契約における年俸制とプロ野球選手の年俸制とは大きく異なっており，労基法上の割増賃金に関する規定が除外されているものではなく，当然のことながら一定の場合に割増賃金が発生する。更に，上記の例のような賞与支給に合わせた支給部分は，本来の労基法第24条の「賞与その他これに準ずるもの」には該当せず，割増賃金の基礎となる賃金の計算に含めておかなければならない。また，この年俸制にも固定残業代を含む場合がみられる。その際においても基本的には固定残業部分が明確にされている必要があり，その算定された労働時間を超えて労働させる場合に

は，前述した通り，この超過した労働についても割増賃金の支払い対象としなければならない[27]。

④ 管理監督者と定額残業代

労基法第41条における「監督若しくは管理の地位にある者」（以下，管理監督者）と，いわゆる管理職の問題は古くから存在する。管理監督者に該当すれば，労基法の労働時間，休憩・休日に関する規定は除外される。なぜこのような除外規定があるかといえば，労基法が定めている管理監督者は，企業経営者と一体的な立場にある重要な職務や権限を付与されているものであって，労働時間においても広範な裁量を有し，賃金等の待遇においても一般の労働者に比して優遇されていて，労働時間等の規制がなくとも十分な保護が与えられているとの趣旨である[28]。しかるに，「管理職にすれば残業代を支払わなくても良い」などといった誤った解釈に基づいて，例えば入社1・2年目で管理職，時間単位で換算した場合にアルバイト社員より時間給が低くなってしまう管理職，管理職が従業員の半数以上を占めるなどといった，昨今の「管理職」の乱発などの現象は，上記の法の趣旨に反しており，労基法上の管理監督職とみなされないことは当然のことといえる。

また，管理監督職であっても深夜労働については割増賃金の支払い対象となる。この労基法第37条の規定は労働時間の長さではなく，労働時間の時間帯に着目した規定であって[29]，労働時間の他の規定と大きく異なっており，たとえ十分な保護のある管理監督者であるといえども，健康を損ねる場合があることに配慮した規定といえる。このように管理監督者性の判断に当たっては，「労働条件の決定その他労務管理において経営者と一体的な立場にあるものの意であり，名称にとらわれず，実態に即して判断すべきもの」[30]として，名称ではなく，

---

[27] 平成12年3月8日基収第78号 厚生労働省労働基準局長回答「年俸制適用労働者に係る割増賃金及び平均賃金の算定について」。
[28] 峰隆之他（2016），前掲書，246頁。
[29] 寺本廣作（1998）『労基法解説』，信山社，256頁。
[30] 厚生労働省昭和22年9月13日基発。

職務内容や権限・責任などの勤務の実態や処遇に照らした実質的な判断がなされることに留意しなければならない。企業の労務管理担当者が管理監督者の解釈を誤っていた場合には、世間一般の考えに囚われることがないように、労務監査人は注意喚起する必要がある。

Ⅳ 費用の視点

　前述したコンプライアンス上の問題は企業経営者に多くのリスクをもたらす。コンプライアンスを狭く法令違反であると解釈した場合でも、各種労働法令違反は企業の不祥事であり、一旦重大な法令違反であると見做されるならば、経営者はもとより、労務管理担当者らは訴追され、時と場合によっては刑事訴追をうけることもあり得ないことではない。したがって、労基法違反事件は単に労務管理問題にとどまる問題ではないといえよう。社外との関係でみれば、当該企業が永年にわたって築き上げた企業ブランドを棄損させ、企業間ネットワークをも破壊させることになりかねない。また、社内との関係でみるならば、労働時間に関わる賃金制度に対して適法性、公正性、納得性を求める大多数の従業員側のモチベーションやモラル、職場の文化を醸成する従業員の自己規律性にも深刻な大きな影を落とすこととなる。このようにコンプライアンス上の問題は、重大な経営上の問題へと発展しかねないのであり、その損害の回復には多大な費用を要することとなる。

　さて、ここでは、費用の視点から賃金の分配の問題に触れるとともに、不払残業代における費用リスクに関して取り上げてみる。

① 賃金の分配－企業の内部留保と平均賃金

　2016年9月の財務省の発表では、資本金10億円以上の大企業が抱えるいわゆる内部留保（利益剰余金）が300兆円を超え、その後も増加の一途を辿っている。一方、労働総研「2016年春闘提言」[31]によれば、物価上昇を差し引いた実質賃金は安倍政権が発足した2012年からの3年間でマイナス4.8％となっている。

図表2　大企業の内部留保と民間平均賃金の推移

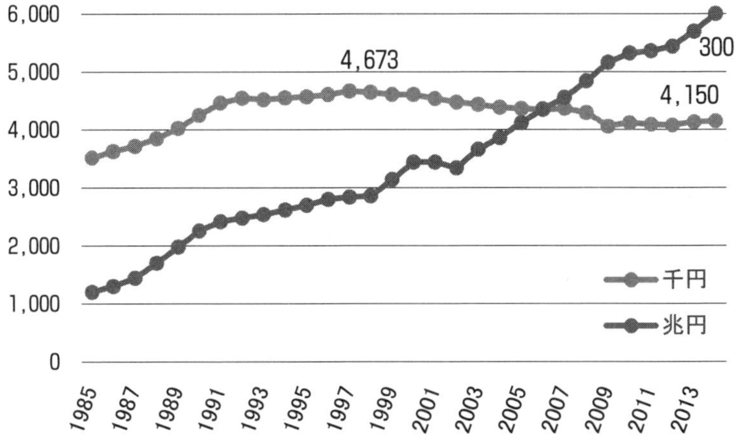

出典：内部留保は『2016年国民春闘白書』，民間平均給与は国税庁の『民間給与実態調査』による。

　また，図表2の通り，2014年の労働者の平均賃金は，415万円（国税庁「民間給与実態統計調査」）と，前年からの上昇はわずか1万4,000円（0.3%）であり，物価上昇が続くなか実質賃金はマイナスとなっている。長期的な推移を見ても1997年の467万円をピークに低下傾向であり，事業収益が従業員の賃金に回っていないといえるであろう。

　労働分配率を見てみると，主要各国の労働分配率は概ね低下傾向にあるが，日本の労働分配率の低下は非常に大きいものがある。この点に関して，OECDも「雇用アウトルック2012　日本に関する分析」[32]の中で次のように指摘している。「日本の労働分配率は過去20年間で大きく低下しており，これは大半のOECD加盟国よりも大幅な低下であった。1990年から2009年までの間，OECD加盟国全体では労働分配率が3.8%低下したのに対し，日本では5.3%低下した。さらに，この傾向は所得格差の大幅な上昇とともに生じた。労働分配率全体が急速に低下した一方で，上位1%の高所得者が占める所得割合は増加し，結果

---

[31]　日本労働運動総合研究所（2016），「2016年春闘提言」，2016年1月20日。
[32]　OECD（2012），雇用アウトルック2012－日本に関する分析。

として，労働分配率の低下は，上位1％の高所得者の所得を除けば，より一層大きなものとなるであろう。」

　労働分配率はその定義によっても異なるため一概には断定できないが，非正規雇用の拡大などの要因もあり，日本の賃金が伸び悩んでいるのは事実である[33]。経営者の所得とのあまりにも大きな格差は，労働者が持っている意識のなかでの公正観・公平観にも大きな影響を及ぼすものと考える。日本の社会全体の消費を考える時，2015年9月の第15回経済財政諮問会議において，「GDPに占める個人消費割合を，現在の約6割から米国並みの7割を目指す[34]」と示されたように，その個人消費の中核となるのは賃金であることに異論はないはずである。社会における中間層の縮小と下層の増大による国内消費の低迷は，いずれ自社の売上にも影響を及ぼす結果となろう。株主配当，経営者報酬，内部留保の増大に対して，労働分配率の低下は，しいては，企業の売上高を減少させ，経済の好循環を阻害させるはずである。日本社会全体の問題としても，賃金格差の是正と事業利益の分配に関しては社会的考慮が必要であろう。

② 見えるリスクと見えないリスク

　次に，不払残業代に潜むリスクを検討してみる。不払い残業代は先に指摘したように行政も認める公知の事実であるが，不払い賃金総額がどれだけであるかを示す統計データは存在しない。官製のアンケートに回答するのは企業の人事担当者であるから，自社に不払い労働があったとしても，そもそも違法行為を認めるような回答をするはずはないであろう。しかしながら，平成13年4月に使用者が労働時間を適正に把握する責務があること及び労働時間の適正な把握のために使用者が講ずべき措置を明確にした「労働時間の適正な把握のために使用者が講ずべき措置に関する基準について」が策定されたことに伴って，全国の労働基準監督署が監督指導の重点課題として，賃金不払残業（所定時間

---

[33]　内閣府，「平成20年度年次経済財政報告」66-84頁。
[34]　内閣府（2015），「経済の好循環の拡大・深化に向けたアジェンダ」財政諮問会議，平成27年9月11日。

外に労働時間の一部又は全部に対して所定の賃金又は割増賃金を支払うことなく労働を行わせることをいう。いわゆるサービス残業のこと）の解消に取り組んでいる。

平成26年度の定期監督及び申告に基づく監督等により是正を指導した結果では，不払になっていた割増賃金が支払われたもののうち，その支払額が１企業で合計100万円以上となった事案の状況を図表３のように取りまとめている。

図表３　平成26年度　監督指導による賃金不払残業の是正結果

是正企業数	1,329	前年度比88企業の減
支払われた割増賃金合計額	142億4,576万円	同19億378万円の増
対象労働者数	20万3,507人	同88,627人の増
支払われた割増賃金の平均額	１企業当たり1,072万円	
	労働者１人当たり７万円	
１企業での最高支払額	14億1,328万円	

出典：厚生労働省「監督指導による賃金不払残業の是正結果（平成26年度）」を基に筆者作成。

是正企業数は1,329件，従業員数は20万人，支払われた割増賃金額の総額は142億円に上り，１企業当たりでは1,000万円，労働者１人当たりでは７万円，最高支払金額は，実に14億円にも及んでいる[35]。

１企業当たり100万円以上の是正となったものの公表であるため，中小企業における是正件数は不明である。また，図表４の通り，調査が本格化した2003年以降に急激に増加し，現在は，ほぼ一定の範囲で指導されていることが伺えるが，一向に減少していないともいえる。過去の平均的１人当たりの不払残業代は10万円であり，100名の企業で，1,000万円となる。これに賦課金が加わり2,000万円ともなれば，企業の存続に関わることとなろう。また，さらに企業名が公表されることともなれば，風評被害は計り知れないものとなり，特に非正規雇用者の割合が多い産業においては，後の採用問題にまでも発展すること

---

[35] 厚生労働省，「監督指導による賃金不払い残業の是正結果（平成26年度）」参照。

となり、そのリスクたるや甚大なものとなることを経営者は知っておかなければならない。

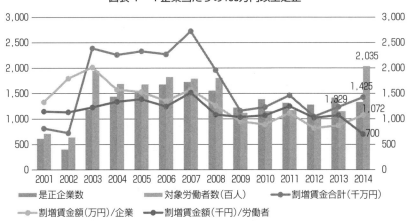

出典：厚生労働省「監督指導による賃金不払残業の是正結果（過去10年間）」を基に筆者作成。

さて、ここまで費用の視点から賃金の分配と不払残業が及ぼすリスクの問題を取り上げてきたが、次に、不払残業の温床となっている長時間労働がもたらす生産性の低下、不払残業が企業経営にもたらす悪影響、企業における本来の生産性向上策の方向性について検討する。

V 業務の視点

本来的にみれば、1年の間には多忙を極める時期とそれほどでもない時期とがある。月及び週においても同様で、経営者は繁忙期には従業員に残業を命じ、何とかこの多忙な時期を乗り越えなければならない。繁忙期があるからと言って従業員を新たに雇うということは労務費の増大となり、特に中小企業では労務費の増大が経営を圧迫することとなる。

労働法令は、このような事業経営者の立場を尊重し、従業員の過半数を代表

するものとの間等において３６協定を締結し，監督官庁に届け出るならば，一定の割増賃金を支払うことによって本来法令違反である残業行為を「時間外労働の限度に関する基準」を設定し免責している。さらに，限度時間を超える臨時的で特別な場合もあり得るとの観点から，特別条項付き協定により限度時間を超える時間外労働を容認してきた。しかしながら，時間外労働は本来臨時的なものとして必要最小限にとどめられるべきものであり，その中でも特に例外的な特別条項は，１年を通しての限度基準を超えた時間外労働はあってはならないものとして，年６回までと規定している。労基法は，残業を不可避とする経営者の立場を尊重しているが，経営の合理性の観点からすれば，残業時間において，事業主が支払う割増賃金相当分を超えるだけの生産性向上がなければならない。残業労働中の労働生産性が低下するならば，労働生産性の低い労働のために賃金を割り増して支払うことになりかねない。

　業務の視点から見るならば，第１に，法定労働時間の時間帯と同様，残業時間帯であっても賃金支払いのある労働時間である以上，経営者は従業員にしっかりと労働してもらわなければならない。第２に，少なくとも法定労働時間と同等の労働生産性が確保されていなければならない。つまり，あえて残業代を支払っただけの労働生産性が確保されているのかどうかが問われる。企業側からしばしば「社内でダラダラ残業が蔓延している」「自発的に労働者が残業している」という声が聞かれるが，いずれの現象も職場における業務管理が弛緩していることを示す証左である。労務監査に当たっては，労務監査人は杜撰な業務管理の実態とそのメカニズムに対して，あくまでも残業は経営の必要性に基づいて職場管理者からの指示によるべきものであり，労働者の「自発性」に基づくものではないことを経営者に諭し，ダラダラ残業の是正と「自発的」残業を放置することは経営者として本来あってはならないことであることを指摘しなければならない。

１　労働時間の経過と労働生産性

　１労働日当たりの労働効率を鳥瞰するならば，労働時間の経過に伴って労働

者の作業効率は変化している。一般的にいえば，仕事の開始直後は作業効率が低く，その後時間の経過とともに作業効率は上昇するが，一定時間以上経過後は返って疲労の蓄積により作業効率は低下し，さらに，判断力の低下などにより，ミスの発生も考慮しなければならない。このように見れば，残業時間帯では，作業効率の低下とミスの多発という可能性が高くなる。

経済学では，労働時間の長さは労働者の労働供給行動と，企業の労働需要行動の意思決定によって決まるという。余暇を楽しむ効用より追加的賃金の価値が勝れば，労働者は労働時間を増やすこととなり，企業側も労働量は多いほど歓迎する[36]。しかし，法定労働時間を超えた労働時間の増大は割増賃金を生むこととなり，残業時間が増えれば増えるほど労働者が得る賃金額も増える結果となる。したがって，残業命令を発する場合が想定される時には，経営の合理性を求める企業側は，費用対効果との関係性から労働者に明示する労働時間数を決定する必要がある。一定時間以上の労働による作業効率の低下は，更に割増賃金増により単位時間当たりの生産性の低下につながる。法定労働時間と法定外労働時間の単位当たり労働コストを比較すれば，残業時間帯の労働コストは当然多額となる。坂口尚文は，経過時間当たりの労働効率の低下について論じており，早見均の推計[37]による労働コスト効率曲線および月間残業時間50時間が労働者の疲労などが慢性化する臨界点であるとした山崎喜比古の結果[38]を基にして効率労働時間を推定している。その分析結果によれば，効率労働時間は，月間161.45時間（1日に直すと約8時間），賃金センサス上の実労働時間である178時間（1日に直すと約9時間）では，作業効率は1／4ほど低下し，その後はさらに低下することを指摘している[39]。

---

(36) 小倉一哉，坂口尚文（2004），「日本の長時間労働・不払い労働時間に関する考察」，JILPT Discussion Paper Series 04-001, 35-40頁参照。

(37) 早見均（1993），「労働時間効率と生産者行動の分析」，KEO Occasional Paper No.28, 早見均（1995），「労働時間とその効率」，猪木武徳・樋口美雄編『日本の雇用システムと労働市場』，日本経済新聞社。

(38) 山崎喜比古（1992），「ホワイトカラーにみる疲労・ストレスの増大とライフスタイル」，『日本労働研究雑誌』No.389。

労務監査人は労務監査を実施する場合，割増賃金の対象となる法定労働時間を超えて，さらには9時間を超える労働では著しい生産性の低下につながることを理解し，経営者に労働生産性が低い時間帯に残業を命じることの是非を問わなければならない。人間はロボットではなく生身の人間であり，労基法が規定する労働とは雇用主の指揮命令に基づく従属労働であり，労働者が保持する労働力の消費過程である以上，労働力の支出能力が低下し労働生産性が低くならざるをえない時間帯に，労働者にあえて割増賃金を追加してまで就労を求めることは，無駄（浪費）ともいえるからである。

2　賃金不払残業を生む背景

　前述した賃金不払い残業については，そもそも長時間労働が結果的にサービス残業の温床となっているといえる[40]。三谷直己は，評価方法が業績に基づく職場において，サービス残業が発生しやすいことを明らかにしたうえで，企業が労働時間ではなく業績で賃金を決定する職場では，多くの労働者は結局のところ労働時間を長くし自己の業績を上げようとし，その業績は将来の昇格・昇進で補てんされるとしている[41]。また，高橋陽子は，有休取得率の低いホワイトカラーほど自発的にサービス残業をする傾向があり，企業が支払うボーナス等によってサービス残業の対価を獲得していることを示している[42]。

　長時間労働とサービス残業の発生要因として考えられるのは，第1に，企業が行う労働時間管理がある。この労働時間管理の問題では，従業員にいつ労働させるかという労働時間の配置と，どのくらい労働させるかという労働時間の長さがある。労働時間の配置に関しては，労働時間の柔軟化と関係し，みなし労働時間制や裁量労働時間制などがあげられる。労働時間の長さに関しては，

---

[39]　小倉一哉・坂口尚文（2004），前掲論文，40頁参照。
[40]　大木栄一，田口和雄（2010），「賃金不払残業」と「職場の管理・働き方」・「労働時間管理」，『日本労働研究雑誌』，No. 596／Feb.-Mar., 60－65頁参照。
[41]　三谷直紀（1997），『企業内賃金構造と労働市場』勁草書房，66－70頁。
[42]　高橋陽子（2005），「ホワイトカラー『サービス残業』の経済学的背景－労働時間・報酬に関する暗黙の契約」，『日本労働研究雑誌』No. 536, 59－64頁参照。

法定労働時間を超えた労働時間がどのくらいかが不透明であること，基本給に残業代が含まれる定額残業制などがあげられる。いずれも本来の労働時間法制の趣旨から外れた企業の労働時間管理の曖昧さに規定されている。

第2に，職場での管理者の仕事の管理と従業員の働き方がある。管理者の業務管理では，付き合い残業，残業ありきの業務指示，残業時間の長さを人事考課の対象とするなど，企業の本来の労働時間管理からかけ離れた職場の実態があげられる。従業員の働く意識や行動の側面でみるならば，職場の協調性を大切にするあまり何でも引き受けてしまいがちであること，付き合い残業をさせる上司に対して上司との人間関係を最優先し，不本意ながら職場に長く居残ることなどが考えられる。いずれも労働時間の長さが成果の証であるとの考えによる。

第3に，そもそもの事業予算の中に残業代が組み込まれているという問題がある。今日の多くの企業では，部課単位で残業代が予算化され，その予算額の範囲内でしか従業員に残業時間数を付けさせない，付けられないという企業の予算管理の問題である。

次に，不透明さを多分にはらんでいる定額残業制の導入や，割増賃金の対象となる法定労働時間外での残業を発令することが，企業の労務管理が本来目指すべき業務効率化にどのような影響を及ぼすかについて，幾つかの論点に絞って考察してみる。

第1に，自発的残業と人事考課制度との関連についてである。自発的な意思に基づいて従業員が残業を行う職場では，法定労働時間を超える就労，つまり残業が発生し易くなる。本来ならば残業は上司からの業務命令でなされる。それにもかかわらず労働者が自ら進んで残業するのは，その企業の労務管理が企業にとって望ましい従業員像を職場に居残り頑張る人物に求めるからである。換言すれば，労働者の事業収益に対する貢献度や業績ではなく，法定労働時間外にまで及んで働くという行為が評価されるからであり，この行為そのものは就労した労働時間数で換算されるからである。このような職場では，多くの労働者が結局労働時間を長くすることで人事考課の評価点を上げようとする。職

場に居残ってまで働く労働者が従業員の理想像であるとする文化（思考と行動）は，多くの従業員に，労働時間を長くすれば人事査定で高く評価されると思いこませる効果がある。人事考課制度で高いポイントを稼ぐことができるならば，長時間労働をいとわず働くことで示される貢献度が，期末の賞与や昇格・昇進を通じて金銭的に補てんされることとなるからである。

　労務監査人は，誠実な経営者に本格的な経営合理化を行うことを要請すべきである。これもまた労務監査が果たすべき役割の１つである。経営合理化で最も重要なことは労働時間における全ての作業が合理的であり，無駄がないものであるかどうかである。１労働日当たりの法定労働時間数は８時間であるから，法定労働時間当たりの業務量を厳格に定めておかなければ，要員数と比べて業務量が多すぎる職場では多くの従業員は法定労働時間を過ぎても就労する。労務監査人は，職場での代表的で主要な業務を取り出し，どのような労働対象で，どのような労働手段で，どのように作業が行われているか，最も効率的で無駄のない作業とはどのようなものであるかを明らかにし，それを推進する上で不可欠な作業遂行マニュアルの整備を進め，残業せずとも業務が回る業務体制をとることを提言する必要がある。

　第２に，事業予算の策定と残業予算との関係である。企業では経営計画策定時において総額労務費又は総額人件費が決められている。部課を単位とする残業予算の配分は，予算の範囲内でしか従業員に残業時間数を付けさせない指導と管理を生み出す温床となる。労務監査人は，本来必要な残業代が支払われないとなればコンプライアンス上の重大問題となり，決して黙認してはならない。経営計画室はその立案時にどのような考え方に立脚し職場の要員数を決めているか，本来ならば不要であり無駄につながる残業が発生しているのはなぜか，労務監査人は経営計画室にこのことを指摘する必要があろう。

　第３に，個人業績及び個人の企業貢献度と職場上司による人事考課との関連である。これらの問題は目標管理が導入されている職場で顕著となる傾向があるが，ここでは労働者の事業収益に対する貢献度，労働者が上げた業績が人事考課の主たる対象となる。しかし，営業部門のように１人の従業員が何台の製

品を販売したかが数値的に明らかとなる職場もあれば，職場の労働者の協力体制があってこそ業績が上がる職場もある。特に後者の場合においては，労働者個人の貢献度や業績は必ずしも計画時に数量化できるものではない。いずれにしても人事考課に基づく評価は主観的となりやすく，業績評価といっても人物評価（personnel assessment）となり易い。学閥や閨閥の他にも社内の人的ネットワークによって，昇進・昇格が決まりがちな職場などでは，人事考課には情意はつきものであると解される傾向にある。これからの労務監査の志向性は，主観性を帯びやすい人事考課制度と賃金の連動性の低下を図っていく方向となろう。

VI 育成の視点

日本の大きな特徴でもある社員教育は，長期的な観点から見て労働者の生産性を上げることは疑う余地がないであろう。ここでは，第2の賃金ともいえる教育関連費用に関して，企業内教育訓練を中心に取り上げてみる。

企業内教育訓練は，労働生産性を上げる教育投資と見做すことができる。しかし，今まで述べてきたような不透明な定額残業代制度の導入や，残業代の不払いなどは，企業の文化（全従業員の行動と思考の様式）を劣化させ，教育訓練投資効率を妨げる要因となる。

経営者の労務方針は，企業の人事部門が進める労務施策を通じて実現される。企業が従業員の教育訓練に取り組もうと，階層別研修・職能別研修及びOJTなどを実施し，自己啓発の促進を図ろうとして，たとえ，これらの教育訓練に対して一定額の費用額を割り振り，これらの教育訓練に投資したとしても，劣化した職場の文化では，その投資が無意味なものとなりかねない。教育に対する投資がより効果的になるためにも健全な企業文化の醸成が必要となる。ここでは，近年の教育訓練費[43]の動向から検討する。

⑷ 厚生労働省がいう教育訓練費とは，従業員1人当たりで月当たりの教育訓練費を指しており，労働者の教育訓練施設に関する費用，訓練指導員に対する手当や謝金，委

厚生労働省職業能力開発局が，第2回雇用政策審議会において提示した「人的資源の最大活用について②（人的資本形成関係）」のなかでは，「民間企業における現金給与を除く労働費用に占める教育訓練費の割合の推移をみると，80年代においては一貫して上昇していたが，90年代以降低下・横ばい傾向にある。」⑷⑷と報告している。図表5に示す通り，企業の支出する教育訓練費自体も，1973年（346円）から1991年（1,670円）にかけて右肩上がりに増大したが，以後2011年（1,038円）と，上下しながらも減少の一途をたどっている。

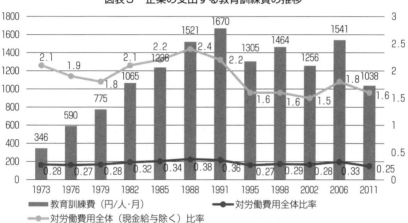

図表5　企業の支出する教育訓練費の推移

出典：厚生労働省職業能力開発局，「人的資源の最大活用②（人的資本形成関係），平成25年10月24日。

このような傾向の背景には，日経連報告『新時代の「日本的経営」－挑戦する方向とその具体策－』があることは論を待たない。日経連は，この報告書で労働力類型を長期蓄積能力型，専門能力開発型，というように分類すると同時に「個人主導の職業能力開発」を提唱し，今後期待される職業能力開発とは労働者個人が基軸となり，自ら主体的に自己のキャリア形成に努めるべきである

託訓練に要する費用，国内・外留学に要する費用等の合計額である。
⑷⑷　厚生労働省職業能力開発局（2013），第2回雇用政策審議会資料2－2「人的資源の最大活用について②（人的資本形成関係）」，平成25年10月24日，3頁。

と指摘している[45]。これでは，企業の人材育成につながる教育訓練費は，あたかも無駄な支出であると述べているに等しい。個別企業が経営理念で明確に人材育成の意義を述べ，重要課題として位置付けていない限り，教育投資は減少の一途を辿るであろう。このままでは，社内でじっくりと人材育成する企業は減少し，即戦力を求める企業が増加することとなるだろう。しかし，即戦力となる新規学卒者など存在するはずもない。労務監査に当たっては，教育訓練費を無駄な費用と考えるのではなく，従業員に対して行う教育投資と考えると同時に，経営理念，経営計画，人材育成計画というように，経営理念に基づいた人材育成計画を推進するべく，重大な戦略課題と位置付けるよう指摘する必要がある。

　もちろん従業員は自己啓発投資として，一定の金額を月例賃金から支出しなければならない。しかしながら，労働者が受け取る賃金は，自己と家族の生計費に向けられる部分の他に，医療，教育に向けられる部分もあれば，自己の労働力の保全と高度化に向けられる部分もある。この場合，「怪我と病気は自分持ち」ではないが，業務の遂行に必須の教育や訓練でさえも「自分持ち」となっている現実がある。しかし，実は家計の中で一番先に削り落とせる部分でもある。労働分配率の低迷が続いているなかで，消費税率のアップに伴う生鮮食料品等の物価上昇，電気，ガス等の公共料金の値上げ等もあって，自己啓発努力に向けられる支出が削られている。また労働時間が長くなればなるほど，労働者は自己啓発のための時間を確保することが困難となる。自己啓発努力が後退しているのは単に費用の問題のみならず，そもそも自己啓発のための時間が取れないことが大きな原因であるともいえる[46]。

　このように人材育成投資は，生産性の向上をも見据えた大変重要な投資である。経営理念に人材育成などの人の問題を挙げる企業は星の数ほどあるが，実際に企業内教育投資を活発に行っている企業はどれほどあろうか。また，たと

---

[45]　新・日本的経営システム等研究プロジェクト，『新時代の「日本的経営」－挑戦すべき方向とその具体策－』，日本経営者団体連盟，平成7年，31頁参照。
[46]　内閣府（2013），「平成25年度年次経済財政報告」，264頁参照。

え自らの投資は疎かになっていたとしても，企業は，労働者が自ら投資を行う自己啓発の機会を支援こそすれ決して妨げてはならないであろう。

おわりに

　以上，賃金管理監査に関して固定残業制の問題点を中心に述べてきた。コンプライアンスの視点を除いて賃金制度自体に，監査の目を向けることはなかなか困難であるが，広がる賃金格差の問題，不払い残業の問題など，労働時間法制と相まった賃金に関する偽装的手法は，労働分野においての企業犯罪ともいえる問題を多く含む。企業の社会的責任（CSR）が叫ばれるなか，幾多の偽装的賃金制度を見るに，日本の企業の倫理は，どこへいってしまったのかと疑いたくなる。戦後労使関係は一変し，近代的な資本主義に移行してきたはずである。しかしながら，昨今の資本の暴走ともいえる一連の動きは，賃金においても同様であり，まるで時代をさかのぼったかの如くの様相を呈している。また，非正規雇用の広がりと生涯賃金の低下を見るに，幾多の企業では，自社の製品を買うことさえ出来ない労働者を世に送り出しているともいえる。自分たちの将来の消費者を自分たちで摘み取ってしまっていることに気付かなければならない。日本社会の沈没を自ら招いてはならないであろう。

　賃金は，本来その国の将来を形成する基盤であり，短期的な利益に左右されてはならないのである。国際社会を視野に入れた社会的な要請の中で普遍性の高い賃金制度とその運用を行わなければならない。賃金制度とその理論の判断基準は，社会的倫理観に裏打ちされた経営理念に沿った，経営目的に叶うものでなければならない。

【重本　桂】

第4章

業務管理監査

はじめに

　平成28年秋以降マスコミが報道した電通女性新人社員の過労自殺問題によって，企業の違法な残業の実態が改めて明らかになった。全国都道府県労働局の積極的な取り組みによって，長時間労働是正の動きが広がっている。安倍政権がいう「働き方改革」は，正規雇用労働者と非正規雇用労働者との賃金格差の解消を，具体的には「同一労働同一賃金」をうたっている。同時に，「働き方改革」の狙いは，長時間・過重労働の解消という労働時間問題でもある。労働時間の長さを言うのであれば，単位時間の生産性を問題視しなればならない。我が国の労働生産性は必ずしも高いとは言えないからである。OECD加盟35カ国の中で20位であり，アメリカ合衆国の6割強である[1]。労働生産性の低さは企業の業務管理の在り方と直結している。長時間過重労働を是正するには，企業の業務管理を見直し改善する必要がある。業務監査の在り方を考えるうえで，業務管理と労務管理との密接不可分の関係を明らかにすることが重要となる。

　一般的に言えば，業務管理は，「企業経営における特定業務が，効果的かつ能率的に遂行されることを確保するための管理活動[2]」である。ところが，多くの日本企業では，労働者（作業者）が遂行する業務は必ずしも客観化・標準

---

[1] 公益財団法人日本生産性本部「労働生産性の国際比較2017年版」（2017年12月20日）参照（https://www.jpc-net.jp/intl_comparison/intl_comparison_2017_press.pdf）。
[2] 小学館大辞泉編集部編『大辞泉（第二版）上巻』小学館，2012年11月7日，956頁。

化されていない。職務とは言われてはいるが，実際に作業者が従事する職務は，仕事とか，作業とか，業務とかである。少なくとも客観的に分析されて，工学的に設計されている職務ではない。職務中心の業務管理・労務管理が行われる欧米企業と異なり，サービス産業の労働者の「働かされ方」の実情を考えてみるならば，日本企業の多くの職場で見られるように，作業者が従事する職務は厳格に定義されておらず，職務記述書，職務遂行マニュアル，職務訓練マニュアルは整備されていない。

　本章は，最初に，厚生労働省等の各種調査から過労死等の現状を検証し，過労死問題とはどのような問題であるかを把握する。次に，どのような業務管理監査の在り方が望ましいかについても考察する。そして，考察の素材として取り上げるのは，滋賀県石山駅の「日本海庄や」で起きた過労死と過労死裁判の判決である。併せて，平成12年に判決のあった電通事件[3]に関しても言及する。

I　過労死等の現状

　厚生労働省は，平成14年から「過労死等の労災補償状況」を取りまとめている。平成29年度のそれらの状況は，平成30年7月6日に公表されている。この報告書が網羅する範囲は以下のようなものである。
　① 過重な仕事が原因となって発症した脳・心臓疾患
　② 仕事による強いストレス等が原因となって発病した精神障害の状況
　③ 裁量労働制対象者に関する労災補償状況[4]
　④ 労災請求件数や労災保険給付を決定した支給決定件数
　この「過労死等の労災補償状況[5]」によれば，脳・心臓疾患及び精神障害に関する労災補償状況は前年度に比べて請求件数は増加している。脳・心臓疾患

---

(3) 電通事件（最二小判，平12.3.24，『判例時報』，1707号87頁）。
(4) ③は，平成29年度版から新たに追加された。
(5) 厚生労働省「平成29年度過労死等の労災補償状況」（2018年7月6日）（https://www.mhlw.go.jp/stf/newpage_00039.html）。

の請求件数は840件であり，前年度比で15件の増加である。また，精神障害の請求件数は1,713件であり，前年度比146件の増加である。これに対する支給決定件数は，脳・心臓疾患は253件であり，精神障害は506件である。前者は前年度と比べて減少しているが，後者は増加している。

脳・心臓疾患の請求件数を業種別でみるならば，多い順に運輸業・郵便業，卸売業・小売業，建設業などである。支給決定件数は運輸業・郵便業，卸売業・小売業，宿泊業・飲食サービス業の順に多い。精神障害の請求件数が多い業種は，医療・福祉，卸売業・小売業などが上位を占めている。支給決定件数は製造業，医療・福祉，卸売業・小売業の順に多い。脳・心臓疾患の請求件数が多い運輸業・郵便業の業種は，宅配便業者の人手不足などによる影響が反映されているといえる。

第186回国会において過労死等防止対策推進法が議員立法によって成立し，平成26年11月1日から施行されている。この推進法第6条に基づいて，国会に報告を行う法定白書である『平成28年版過労死等防止対策白書[6]』が初めて公表されている。この白書では過労死等の現状が詳しく記述されている。過労死等の定義もなされている。

『平成28年版過労死等防止対策白書』によれば，「業務における過重な負荷による脳血管疾患・心臓疾患を原因とする死亡」，「業務における強い心理的負荷による精神障害を原因とする自殺による死亡」，「死亡には至らないが，これらの脳血管疾患・心臓疾患，精神障害」と規定されている[7]。また，業務と疾病の発症との関連性が強いとされる長時間労働に関する労災の認定要件は，発症前1か月間でおおむね100時間の時間外労働，発症前2か月から6か月で，1か月間でおおむね80時間が目安とされている。平成28年4月から，厚生労働省では，全国の労働基準監督署による重点監督の対象を「月に80時間を超える時

---

[6] 厚生労働省，『平成28年版「過労死等防止対策白書」（平成27年度年次報告）〔骨子〕』，（平成28年10月7日）（http://www.mhlw.go.jp/file/06-Seisakujouhou-11200000-Roudoukijunkyoku/kosshi.pdf）。

[7] 過労死等防止対策推進法（平成26年法律第100号）第2条に規定されている。

間外労働が疑われるすべての事業所」に拡大し，過重労働の防止に努めている。

　労働時間に関わる分析では，労働者１人当たりの年間総実労働時間は緩やかに減少しているが，パートタイム労働者を除く一般労働者の年間総実労働時間は2,000時間前後で高止まりの傾向にあると報告されている。１週間の就業時間が60時間以上の雇用者の割合は，平成15,16年をピークとして概ね緩やかに減少している。しかし，30歳代，40歳代の男性で，週当たり60時間以上就業している者の割合が高いという傾向は変わっていない。年次有給休暇の取得率に関してみるならば，付与日数は長期的には微増しているが，有給休暇取得率は必ずしも高くない。つまり，平成11年頃までは５割を上回っていたが，平成12年以降では５割を下回る水準で推移している。

　厚生労働省は企業及び労働者を対象としたアンケート調査[8]を実施（平成27年12月～平成28年１月）している。この調査結果をみると，平均的な１か月当たりの時間外労働時間が45時間を超えていると回答した企業の割合は，①運輸業，郵便業，②宿泊業，飲食サービス業，③卸売業，小売業の順に多かった。１か月当たりの時間外労働時間が最も長かった月において，80時間超と回答した企業の割合は，①情報通信業，②学術研究，専門技術サービス業，③運輸業，郵便業の順に多かった。

　以上のように，日本企業の労働時間に関する調査を見る限りでは，確かに労働時間管理の適正化へ向けた改善がみられるが，実際には業種や年代に偏りが見られるのであって，全体としてみるならば，依然として長時間労働が強いられている現状が浮き彫りになっている。厚生労働省の調査では，残業時間が高いほど「疲労の蓄積度」及び「ストレス」が高いとされており，睡眠時間の足りない理由として，「残業時間が長いため」が最も多くなっている。他の理由としては，「その他家事労働（炊事・洗濯等）に要する時間が長いため」，「通勤時間が長いため」が一定の割合を占めている。

　『平成28年版過労死等防止対策白書』の段階では，政府として実施する過労

---

(8) 企業調査約１万社（回答1,743件），労働者調査約２万人（回答19,583件）。

死防止対策は過労死等の実態解明のための調査研究，過労死防止のための啓発活動，相談体制の整備，民間団体に対する支援などに限られていた。もちろん研究調査，啓発，研修の実施，相談体制の整備は重要である。しかし，過労死を撲滅させるには調査研究と周知徹底などの対策だけでは不十分であり，抜本的な解決策が検討され提示されるまでに至っていなかった。「平成29年版過労死等防止対策白書[9]」おいては，政府の対策は従来よりも一歩踏み込んだ具体的な施策を展開している。違法な長時間労働を許さない仕組みやメンタルヘルス・パワーハラスメント防止対策のための取り組みなど，「『過労死等ゼロ』緊急対策」を推進する。働き方改革実施計画を踏まえた時間外労働の上限規制等の取り組みなどである。この政府の対策が実効性を伴うものになれば，長時間労働の是正に大きく貢献するであろう。

II 過労死事件と過労死裁判

　本章では，脳・心臓疾患及び精神障害の多い業種として飲食サービス業に着目し，その実態を考察する。特に飲食サービス業の過労死事件の一つの典型例として，滋賀県石山駅の「日本海庄や」で発生した過労死事件と，その後，両親が京都地裁に訴えた訴訟と京都地裁判決を取りあげてみたい。

　この事件の概要は次の通りである。この過労死事件の発端は滋賀県のある営業店「日本海庄や」に入社した若い従業員が，急性左心機能不全により死亡した事案である。息子の死因を疑問視した両親は，大津市労働基準監督署に労災認定の申請を行った。労基署は厚生労働省の過労死認定基準を参照し，この若い従業員の突発死が業務上の突発死であると認め，過労死（急性左心機能不全）と認定した。大津労働基準監督署の過労死認定を踏まえて，両親は自らを原告とし，株式会社大庄の代表取締役兼社長を不法行為又は債務不履行（善管

---

(9) 厚生労働省,『平成29年版「過労死等防止対策白書」(平成28年度年次報告)〔概要〕』，(平成29年10月6日) (https://www.mhlw.go.jp/wp/hakusyo/karoushi/ 17-2/dl/ 17-2_01.pdf)。

注意義務違反）で京都地裁に訴えた。この段階では，両親の訴えは大庄代表取締役兼社長を訴えていた。しかし，この若い従業員である息子を過労死に至らせた主要因は，日本海庄やの代表取締役兼社長だけではなく，取締役にも責任があると判断し，さらに3名の業務取締役を加えて訴えた。

　京都地裁判決は，株式会社大庄の代表取締役兼社長に安全配慮義務違反による損害賠償責任を認めると同時に，同社業務取締役に対しても，「長時間労働を前提とした勤務体系や給与体系をとっており，労働者の生命・健康を損なわないような体制を構築していなかった[10]」と判断し，会社法429条1項に基づく管理責任を認めた。京都地裁判決の特徴は，大庄のトップである取締役と社長に対して経営者責任を追求したことにある。京都地裁判決は，社長（兼代表取締役）と取締役に対して罰金刑を言い渡している。つまり，会社法429条1項（旧商法266条の3）の善管注意義務違反と賠償責任を認めている。

　大庄を被告とする過労死裁判は京都地裁にとどまらず，被告側が上訴したことから大阪高裁，更には最高裁まで持ち込まれた。最終的には，原告側の全面勝訴で結審し，被告である大庄は，不払い残業代，多額の賠償金，慰謝料等を支払うことになった。

　さて，京都地裁判決にはどのような特徴があるだろうか。第1に，居酒屋チェーン店の日本海庄やの過労死事件で各級裁判官が焦点を当てているのは長労働時間である。通常，いずれの裁判官も判断基準としているのは，法律，法律の条文，判例，学説，更に，厚生労働省の過労死判定基準などである。この点は裁判官も弁護士も同じである。つまり，過労死する以前の過去数か月間の労働時間労働数が取り上げられる事実，日本海庄やの過労死裁判では，過労死する前の4か月間にわたる法定外労働時間数が問題視されており，この若い従業員の場合，毎月80時間を超える法定外労働時間がなされていたことをもって，長時間労働を強いる労働時間管理に問題があった[11]と指摘している。

　長時間労働に起因する過労死，過労自殺は決して新しい問題ではない。長時

---

[10] 京都地裁判決（平成20年（ワ）第4090号損害賠償請求事件）。
[11] 同上判決。

間労働が招く弊害は過去に何度か指摘されてきた問題であり、そのたびに、厚生労働省内でも何等かの改善に向けて議論がなされており、改善策が提示されてきた問題である。過労死問題の解決に向けて労働行政主導の努力は継続的になされてきたが、遅々として抜本的な過労死対策は進まず、残念ながら同じ悲劇が繰り返されている。

　第2に、各級裁判所の判決では、長時間労働問題が取り上げられる。法定労働時間を上回る長時間労働が、過労死を引き起こす基本的な要因であると判断される。しかし、長時間労働に従事する大多数の労働者が、高血圧疾患、心臓疾患等によって過労死する訳ではない。長時間労働は過労死の前提条件であるとしても、この前提条件に何等かの十分条件が加味されて初めて、労働者は過労死すると考えるのが自然ではないだろうか。このように考えるならば、労働者の慢性的な高ストレス状態が過労死を発生させる。長時間労働が過労死の前提条件であると考えるならば、慢性的な高ストレス状態は過労死を引き起こす十分条件と見做しえるように思われる。

　第3に、日本海庄やの過労死裁判では、役割給という賃金支払方法に焦点が当てられている。日本海庄やの賃金支払い制度は役割給といわれているが、定額残業代制度である。しかも、日本海庄やの定額残業代制度は極めて特異なものであり、定額残業時間を行わないならば、基本給から定額残業代を差し引かれている。そのような制度であったために、過労死した若い従業員が実際に受け取っていた給与額は、最低賃金法が定める賃金額を若干上回る程度にとどまるものであった[12]。この定額残業代制度がこの若い従業員に長時間労働を余儀なくさせていた。

　過労死認定基準を超えた長時間労働を課すことに加えて、労働者を慢性的な高ストレス状態に放置しておくことも過労死を招く要因である。そうであるとしても高血圧疾患、心臓疾患、癌等の発症との間には、どのような関係が想定されるだろう。以下のような三つを想定することできる。

[12]　京都地裁判決（平成20年（ワ）第4090号損害賠償請求事件）。

第1に，勤務形態，深夜勤務，時差出勤などの不規則な労働形態，高温多湿，冷凍庫内での厳しい労働環境のもとに置かれているために，労働者が慢性的な過労状態に陥っているとか，心身のバランスを失っているとか，摂食障害，睡眠障害，軽度の精神疾患が現れている場合である。

　第2に，勤務先企業から課せられる過重なノルマが精神的負担感となって，精神的なストレスを倍加させて，精神的な疾患を患っている場合である。

　第3に，業績をお互いに競うあう利益至上主義が職場に蔓延しており，そのために成績不良の労働者が精神的に追い詰められたり，職場の上司や先輩労働者からパワーハラスメントを受けていたり，あるいは同じ職場の同僚からいじめや嫌がらせがなされたりする場合である。

　続いて，過労自殺の判例として本章で検討するのは電通事件[13]である。電通事件は高額な損害賠償額と合わせて，過重労働に関する企業側の民事上の損害賠償責任を認めた初めての判決のため，社会的にも特に注目された事件であった。また，過労死（過労自殺）に対する企業責任のあり方を問う重要な判例であると同時に，労働契約法における安全配慮義務規定の根拠ともなっている。この労働事件は，24歳で電通に採用された新入社員Ａ氏が，長時間労働，深夜勤務，休日出勤が続いた結果とし，鬱病を発症し，入社して1年5か月後に自宅で自殺したものである。

　この訴訟事件で争点となったのは，業務と過労自殺との因果関係であり，広告代理店の電通に安全配慮義務違反があったかどうかであった。最高裁の判断は長時間労働による鬱病の発症，鬱病罹患の結果としての自殺には，一連の連鎖があることを認めている。この電通の過労自殺裁判では，労働者に課された業務と過労自殺との因果関係があると認められている。過労自殺に関わる裁判例において，初めて過労自殺と業務との因果関係を認めたのである。このような点で，最高裁判決は重要な意味を持っている。

　安全配慮義務違反でも裁判所の判決は，過労自殺した労働者が恒常的に著し

---

[13]　電通事件（最二小判，平12.3.24,『判例時報』，1707号，87頁参照）。

い長時間労働に従事していること，長時間労働によって健康状態が悪化していることを認め，雇用者である電通が肉体的及び精神的な負担を軽減する適切な措置を取らなかったと判断し，そして，結果的に，電通の経営者に安全配慮義務違反を認めている。

電通側は，健康管理センターの設置，深夜退社の社員に対するホテル宿泊制度・出勤猶予制度・タクシー乗車券支給，時間外労働の特に多い社員に対するミニドックでの特別な健康診断，勤務状況報告表による社員の労働時間把握，労使一体となっての労働時間改善等を実施していたことを根拠に安全配慮義務を果たしていたと主張した(14)。このような主張は，むしろ３６協定の定める限度を超える時間外労働を想定して制度を取り入れていると捉えられても仕方がない。特にホテル宿泊制度やタクシー乗車券支給などの取り組みは，長時間労働を助長するような企業の方針でもあると考えられる。判決では，勤務状況報告表による社員の労働時間把握，労使一体となっての労働時間改善の施策は機能していなかったことを事実認定している。このことからも雇用者側としては不誠実であった。少なくとも長時間労働の実態は把握できる。職場管理者に命じて報告するように求めるならば，経営トップは従業員の健康状態の悪化を認識することもできる。被害者の健康状態について，過労死した被害者の健康状態を心配した家族が，有給休暇をとることを勧めていた。しかし，過労自殺した若者は，「仕事は大丈夫なのかと言われており，取りにくい(15)」と答えており，職場の上司との人間関係を考慮し，敢えて有給休暇を取得しなかった。

前述したように，年次有給休暇の取得率は，付与日数は長期的には微増しているものの，取得率は平成11年頃までは５割を上回っていたが，平成12年以降５割を下回る水準で推移している。少し古くなるが民間企業の取得率低下の要因に関しては，2002年に日本労働研究機構が全国の労働者を対象に行った意識調査がある。それによると，労働者の意識として次のように結果をまとめてい

---

(14) 濱本真男 「『電通事件判決』の黙示」『立命館大学大学院先端総合学術研究科紀要 Core Ethics Vol. 8』，2012年，345ページ。

(15) 電通事件（最二小判，平12.3.24，『判例時報』，1707号，87頁）。

る。「日本の労働者は，自分に付与されている年次有給休暇を100％取得していない。将来起こりえる病気や急用のために，労働者の多くは使用せずにとっておくべきであると判断している。残業や休日出勤などを含めた実際の労働時間が長く，しかも課せられた業務量が多すぎて十分な年休を取得することができない。職場の同僚等も同様の状態に置かれているために，自分だけが年休を取得する訳には行かない。年休を取得することが，自分に対する上司の評価を下げたり，結果的に自分の昇進・昇格等へ影響することを懸念している[16]」。

つまり，業務量が多く人員が不足気味であるという要員管理上の問題と，上司の評価を気にするなどの人事・処遇への懸念が取得しにくい意識を生み出しているといえる。誠実な経営者は，このような労働者の意識が拡大しないように職場風土を改善していく義務がある。冒頭でも述べたが，平成28年に明るみになった電通女性新人社員の過労自殺によって，同社の体質は変わっていなかったことが分かった。平成12年に出された安全配慮義務違反の判決は，教訓としては全く生かされていなかったことになる。電通の経営陣は長時間労働を是正する努力もせず，職場風土を変えていく姿勢もなかったのではないだろうか。

III　労務管理の基本問題

日本の多くの企業は目標採算人員制度を使って人員削減を推進する。人員削減（少人数化）が労働者の多能工化（精鋭化）につながる。このような考え方に立脚する要員管理がもたらす問題は無視できない。『能力主義管理－その理論と実践－』は日経連から刊行されている。要員管理の指導理念が「少数精鋭主義」である[17]。「少数精鋭主義」は1人当たりの生産性を向上させるために

---

[16]　日本労働研究機構『年次有給休暇の取得のあり方について』（調査研究報告書 No.152　年次有給休暇に関する調査研究，2002年12月）（http://db.jil.go.jp/db/seika/zenbun/E 2003010006_ZEN.htm）。

[17]　日経連能力主義管理研究会編『能力主義管理－その理論と実践－』日経連出版部，1969年2月，201－203頁。

人員の少数化を奨励する。「少人数化は労働者を精鋭化する」という考え方が採られている[18]。この能力主義の考え方は現在も生きている。

　成果主義人事でも目標管理制度が大きな役割を担っている。目標管理制度は，到達目標を労働者の自己申告と上司との面談で決めるものである。一見するところでは，全ての従業員の意欲を引き出す民主的な制度のようにみえる。目標管理制度では，会計期間ごとに新たな目標値の提出が求められる。当然のことのように，労働者は前期目標を上回る数値目標を提出せざるをえない。企業の職場では上司と部下は対等な関係ではない。指揮命令下に置かれる部下は弱い立場にある。そのために，労働者の目標値の設定をめぐる話し合いは上司との対等な話し合いではなくなり，上司の言いなりに目標が設定される。

　バブル経済崩壊後，少ない要員体制で高い目標値が定められるため，労働密度は増加していく。店長であるとか業務主任とかの名称がつく役職者は，自ら進んで過重業務を引き受けざるをえない。そのために過労死寸前まで働いてしまうことになる。更に，少数精鋭化はそれぞれの労働者を社会的に孤立させる。なぜならば，夜間の外食産業のように，少人数で業務を消化せざるを得ないために，多くの業務を1人で担うことになる。業務に関して相談する上司や同僚も限られる。そのことが，精神的な抑圧や緊張を生み出し，過重なストレスの原因にもなる。

　企業経営における業務管理と労務管理の位置付けを改めて確認する必要がある。経営において「管理」という言葉はいろいろに使われる。そもそも「管理」はどのような概念であり，「管理の体系」はどのようになっているのだろうか。藻利重隆教授著『経営管理総論』は経営管理の全体構造を把握するに，経営職能の構造的見地をとっている[19]。この見地から見れば，経営管理の職能とは経営的生産を費用及び時間を基準とし，経営の全体的立場から計画・統制することによって，経営的生産の能率化を図ることとなる。経営的生産の能率化というのは，生産諸要素（労働力・労働手段・労働力）の能率的配合と能率

---

[18] 日経連能力主義管理研究会（1969年），同上書，202頁。
[19] 藻利重隆著『経営管理総論（第二新訂版）』千倉書房，1965年6月，349頁参照。

的保全によって，組織的機械化を高め，製品原価を低減させ，長期的・持続的な資本利潤性を高揚することを意味する。

　この構造的・組織的・全体的管理は，その量的管理を遂行するために質的管理を担う要素的管理を内包している。構造的管理の基準として，「時間」と「費用」が存在する。時間的管理は実体的・直接的管理であり，費用的管理は金額的・間接的管理である。時間的管理はF. W. テイラーによって「課業管理」「科学的管理」として実施されて以来，生産管理としての労務管理の中心的な課題として取り上げられてきた。費用的管理は，内部管理（内部統制）として総合的実施が図られている。これら二つの（構造的）管理を，経営的原理によって現実に結びつけることによって，経営合理化，能率増進の具体的進展を期待することが出来る。

　業務管理と労務管理の関係性を明らかにするうえで，労務管理の対象が基本的に何であるかを考えておきたい。労務管理対象論争は1950年代後半から1960年代前半かけて行われた。労務管理の対象をめぐる論議は，木元進一郎教授の賃労働者説をもって幕を閉じている。賃労働者対象説では，第1に，「資本の指揮の独自的性格は（中略）『労働力のできるだけ大きい搾取』機能であるとともに，資本と賃労働者との間の『不可避的敵対によって必要とされている』機能，すなわち，賃労働者に対する『反抗を抑圧するための資本の圧迫』機能としても理解されるべきである[20]」と理解されており，「労働力の搾取と賃労働者に対する支配・抑圧との二つの機能の統一において，賃労働者に対する資本の機能がとらえられるべきである[21]」と主張されている。

　第2に，賃労働者の持つ労働力は商品としての性格を持つこと，賃労働者は労働力商品を市場で資本に販売しなければならないこと，その場合，賃労働者は労働力の所有権や処分権まで売り渡してしまうのではなく，単に労働力の時間決めの使用権を売るに過ぎないものであると主張される[22]。第3に，賃労働

---

[20]　木元進一郎著『労務管理－日本資本主義と労務管理』森山書店，1972年，5頁。
[21]　木元進一郎（1972），同上書，5頁。
[22]　木元進一郎（1972），同上書，16－17頁。

者は時間決めで自己の労働力を資本の従属下におかざるを得ないとはいうものの，労働力の所有者としての立場から資本に対し発言し抵抗できると論じる。木元教授は，一定時間中その労働力を資本の指揮のもとにおかざる得ない面をもって，「支配されるもの」（労働力の商品性），資本に対して抵抗し発言しうる面を「支配されないもの」（労働力の非商品性）というように捉えられている[23]。

第4に，資本主義の初期の段階「原生的労使関係」のもとでは，「搾取の重点は，機械化の強行や労働力の摩滅と消耗に拍車をかけるような長時間労働と低賃金とを中軸とする，労働力の過度の酷使におかれていた[24]」。賃労働者の組織化が進行し何世紀にもわたる労働者階級の組織的闘争が激化してくると，資本及び国家は階級闘争の譲歩策として標準労働日を制定せざるを得なくなる。いったん標準労働日が決まると資本は労働時間の無制限な延長や労働力の摩滅的酷使をすることができなくなり，与えられた一定の労働時間内に労働力を集約的・集中的に利用することが必要となる。木元教授は，このような近代的労務管理は資本主義の独占段階において生成したと指摘している[25]。

第5に，労務管理諸施策のうち，成り行き管理と科学的管理法との相違点を述べている。労働力の支出の仕方を労働者の自由裁量とはせず，動作時間研究による「課業」の設定を通じて，「標準」作業量を資本が一方的に決定しうるようになったこと，「企画部」を設けることによって，仕事における「精神労働」と「肉体労働」とを分離させ，作業指図制度，職能的職長制度，差別的出来高制度などによって，「標準作業」の遂行過程を厳しく統制するようになったことに，成り行き管理と科学的管理との相違点を求めている[26]。

経営者は経営の執行者として強大な権限を持っている。管理者，監督者，作業者にどのような仕事を課し，どのように仕事を遂行させるか，遂行した仕事

---

[23] 木元進一郎（1972），前掲書，17頁。
[24] 木元進一郎（1972），同上書，18頁。
[25] 木元進一郎（1972），同上書，19頁参照。
[26] 木元進一郎（1972），同上書，20頁参照。

の成果をどのように評価するか，これらの諸点において経営者の力量が問われる。近代労務管理の対象領域は以下のとおりであり，賃労働者の労働と生活の全般に及び，資本は賃労働者と労働組合の規制力と対立・対抗する[27]。

　第1は労働力の売買過程に属することであり，雇用機会の提示，賃金・労働条件・就業規則の提示と労働契約の締結などである。第2は，労働力の消費過程（支出過程）に属することであり，作業時間，標準作業の設定と徹底，労働の組織化，安全・衛生の確保と維持，労働力の適正配置，工場規律の維持と徹底などである。第3は労働力処遇過程に属することであり，労働者の人事考課，昇格・昇給，ジョブローテーションがある[28]。第4は労働力の再生産過程に属すること，つまり企業内福利厚生活動（失業・住宅・教育・医療などの諸手当），企業内教育・訓練（職能別・階層別教育訓練）である。第5に，資本・賃労働関係の再生産にかかわる領域である。従業員代表制，労働協約の締結，労使協議制，経営参加などである。業務管理は，主に労働力の消費過程（支出過程）に属する。業務管理は，労務管理の中心的な位置を占めるものである。労務管理そのものが業務管理に直結しているのである。

Ⅳ　労務監査の必要性
　　－法律論の限界と労務監査の役割－

　業務管理監査において内部監査室はどのように監査を実施すればよいか。この問題について四つの視点から考察を加えたい。

1　コンプライアンスの視点

　業務管理は労働時間管理，労働安全衛生管理，コスト管理などと密接な関係を持っている。労働時間管理は業務管理の一環をなし，総投入労働量の一要素

---

[27]　高橋洸「労働問題」，『経済』第205号，1981年，127-128頁参照。
[28]　平沼高著「労務管理対象規定論争の再構築」（木元進一郎編著『労務管理の基本問題』中央経済社，1987年10月，154頁参照。

として就労時間の管理を意味しており，資本の論理に基づくコスト管理でもある。労働社会保険諸法令，労働協約によって守られる労働者の権利と利益に対する配慮も求められる(29)。経営者は労働基準法の遵守はもちろんであるが，労働者個人及び集団レベルでの労働時間の長さと配分（配置・編成）の仕方，時間の効率的な利用について各種の施策を展開すべきである。「日本海庄や過労死訴訟」事件の判決文を見る限り，「労働基準法」を軸にした法律論が濃厚に出ている。しかし，法律論で捉えきれない労務管理の負の側面がある。裁判所の判決は企業統治者，経営者，管理者等を処罰することができる。しかし，法によって処罰されたからといって経営者が是正するとは限らない。経営者が法令遵守を徹底する意思を持たない限り，労務管理の負の側面を克服することはないであろう。労務管理を改善と改良の方向に企業を誘導する役割を果たすのが労務監査となる。指導監査としての労務監査であれば，内部監査室は多面的な考慮，自社資料に基づく検討，経営理念に依拠した解決策を提案できる。

　労務監査は法律を準拠枠とするものではないし，法的な処罰を伴う訳ではない。労務監査は監査対象企業の労務管理のコンプライアンスだけでなく，労務管理の不適正性，労務管理の不合理性，労務管理の非効率性を発見し，その改善の方向と方法を指摘することもできる。業務管理監査から見て，労務監査は「月80時間の残業を前提とする勤務体制」が採られていることを問題視できる。誠実な経営者であろうとするならば，労使協定（３６協定）の特別条項にどのような記載を求めるだろう。それぞれの職能部門の管理者に対して，果たして月当たり80時間の残業をさせて良いと言うだろうか(30)。労使協定に記載される

---

(29)　浪江巌著『労働管理の基本構造』晃洋書房，2010年１月，92頁参照。
(30)　今国会（第196回通常国会）では，「働き方改革関連法案」（正式名称：働き方改革を推進するための関係法律の整備に関する法律案）が2018年６月29日に可決・成立した。改正労基法では，これまで３６協定によって青天井であった時間外労働に上限規制が定められ，その限度を超えた場合の罰則規定が設けられた。時間外労働の上限は，原則として月45時間・年360時間とし，臨時的な特別の事情がなければこれを超えることはできなくなった。また，臨時的な特別の事情があっても，①年720時間以内，②月100時間未満（休日労働含む），③複数月平均80時間以内（休日労働含む）を超えることはできない。しかし，労働形態が多様化している中，この改正による罰則

ところは，法律論が内包する法の限界を物語っている。労務監査は誠実な経営者の思いを労務監査に投影する必要があろう。

　労働安全衛生管理は，労働安全衛生法により使用者に義務づけられている。同法では，労働災害の防止等に関する「事業者等の責務」を定め，労働災害防止計画を始めとする具体的な施策を義務付けている。その範囲は広く，労働者の作業だけでなく，労働対象や労働手段に関わる安全衛生，安全衛生教育，快適な職場環境形成にまで及ぶものである。新しい形態の労働災害・職業病（特に過労死等）の発生に関しては，判例にも留意することが重要である。万が一，労働者が業務中に災害にあったり，業務上の疾病にかかったりした場合，企業の経営者は労働者災害補償制度の立法主旨を理解し，活用を図る責任を課せられている。経営者は，労働者災害補償保険料の納付義務を怠ってはならない。労働者災害補償保険法の立法趣旨を説明し，労務監査では納付義務を果たすように指導すべきである。

　経営者及び労務担当者は，正規雇用労働者と非正規雇用労働者の間において雇用差別にならない処遇条件を考える必要がある。どんな経営者であっても自らの経営理念を持っているし，経営理念から導出される経営方針を持っている。特に労務管理は人を取り扱うものであり，雇用責任は極めて重いものであると思われる。したがって，管理者や労働者に対して業務の遂行を行わせる場合には，業務上の安全衛生対策として，率先して有給休暇の取得率を向上させる必要がある。労務監査では，育児休暇制度を充実させる措置を採るように指導する必要がある。雇用する労働者にとって良い労務施策であるならば，同業他社に先んじる労務施策を福利厚生政策の一環として導入することも，コンプライアンスの視点として必要かつ重要である。少子高齢化の時代を見据えた労務施策を取るように勧めるのも，労務監査の目的の一部である。

　を逃れるため，偽装請負契約が横行することが懸念される。

2 業務の視点

　業務管理監査の重要な視点である業務の視点については，浪江巌教授による「従業員の作業を管理する」活動＝「作業管理」の理論[31]を考察しておきたい。浪江教授によると，「過労死とその直接的な要因である過重労働やストレス，ホワイトカラーの一部に適用される「裁量労働制」や「適用除外」（ホワイトカラー・エグゼンプション），近年の「成果主義」の賃金・人事制度，JRの脱線事故をはじめ相次ぐ消費者・利用者の生命にも影響するような一連の欠陥製品・サービスの問題－こうした問題はいずれも作業管理の在り方やその問題性とかかわっている[32]」と指摘している。

　近年製造業以外の産業・業種の比重が高まり，ホワイトカラーの世界では多種多様な仕事が増えている。管理過程論に立脚するならば，作業管理の形態としても三つの過程，つまり，計画（plan）－実行（do）－評価（check）が存在する。計画段階では，作業目的と作業の諸要素が対象となるが，どこまで事前の計画化を図るかどうかは多種多様である。テイラー的管理形態や作業目的のみが計画されるケースもあるし，業務内容が明確化されないままで指示・命令がなされるケースもある。そこで，あらためてF. W. テイラーの科学的管理に立ち返って考察したい。課業管理で，労働者に課すべき業務は工学的見地から設計され，課業と呼ばれた。課業は自然の産物として考えられていない。

　課業管理にかかわって，F. W. テイラーは課業管理の4原則について，以下のように列挙している。
① 公正なる1日の作業量
② 標準的作業条件の整備
③ 成功した場合の高賃金
④ 失敗した場合の損害負荷

　③と④は，労働者に標準作業を遂行させる必賞必罰の考え方を示している。

---

[31] 浪江巌著『労働管理の基本構造』晃洋書房，2010年1月，75-89頁参照。
[32] 浪江巌（2010），同上書，75頁。

そこで，本章では検討作業から除外しておく。残る①と②のなかで最も重要であるのは「公正なる1日の作業量」を確定する，という問題である。作業を遂行するための労働対象と労働手段を標準化することである。公正なる1日の作業量を確定するためには，何よりも標準的な作業条件が整備されていなければならない。

　目標管理制度を導入している場合，管理者，監督者は成果目標の決定過程に関与し，達成目標が心理的ストレスとなり過剰な労働負荷がかかっていないか，目標設定は他の労働者と比較し公平性が保たれているかなどもチェックされるべきである。非正規従業員の使用拡大（人材・雇用ポートフォリオ）には，特段の注意が必要である。非正規従業員の量的拡大が，職場における協働性を破壊する可能性があるからである。

　どのような企業であろうと，経営理念，経営方針，労務方針，業務方針，行動要領を持つことが重要である。行動要領に盛られた思想や理念があればこそ，管理者，監督者，全ての労働者は，どうすれば良いかの判断に迷った時に，自分がどうすれば良いかについて判断することができる。定型的な作業の占める割合が多い職場であっても，誰もが予想のつかない事態に直面することがあるし，それぞれの業務は価格や品質と関連している。労働者に作業を遂行させるうえで，顧客を大切であると思う経営者，管理者，監督者の気配りが大事となる。

3　費用の視点

　管理者，監督者，作業者が仕事を行えば必ず費用が発生する。費用を抑えて収入を増やすことが事業収益につながる。しかし，経営者が配下にある職能管理部門長に命令し，費用を削減しようとするならば収入が確実に増えるという訳ではない。製造部門長は販売すべき商品の品質を生産過程の改善を通じて向上させることが必要であり，商品を実際に販売する営業部門長は，店舗で働く店員が実際に取り扱う商品について正確な知識を持ち合わせているかどうかをチェックする必要もある。更に，製品在庫を常にチェックしておくことも必要

となる。顧客サービスの質を向上させて顧客に満足してもらうことも企業の事業収入を増やすことになる。

　労働者に長時間・過重労働を強制した結果として，労働者が過労死したり，業務上のミスをしたりすれば，多大な損失を計上することになる。訴訟社会になりつつある現在では，労働者に課すべき業務を厳正に設計し，不可避的に出ていく費用の出方を明らかにし，無駄な費用を削減し，作業効率の高い働かせ方を工夫する必要もある。企業の経営環境は常に変化を伴っている。技術の変化と組織の改編は避けられない。新規事業に新たな組織を編成するような場合，事業内容，職務の在り方，職務の配分と振り分け，必要な要員数などについて，あらかじめ検討しておかなければならない。職務分析が確実に行われ，職務が客観化され標準化されていないと，技術変化に対応させて再編成した職務組織は，充分に機能しない可能性を内包している。組織の在り方を改めて見直す必要が生じる。それぞれの職務を吟味せずに組織が改編されると，人件費などの無駄なコストをかける結果となる。職務分析にかかるコストを考慮し，総合的に組織編成を考える必要がある。

　労使合意のうえで職務給を取り入れるには，正確な職務分析，職務評価，職務の格付け，団体交渉制度が必要になる。現状のような職務の在り方を見る限りでは，作業者が実際に従事する仕事をみた場合，職業分類ではなく産業分類が活用されている日本社会では，果たして同じ仕事であるかどうかの判断は極めて困難となる。従来から政財界や官僚[33]は職務給の導入に慎重な立場をとっている。経営者は賃金格差の是正にあたっては，企業負担となる労務費の増加を覚悟すべきである。

4　育成の視点

　企業経営者がともすれば見落とすか，あるいは意図的・目的的に取り組むか，

---

[33]　国家公務員における職務給のもととなる職階制は，国家公務員法の職階制に関する法律（昭和25年法律180号）によって定められたが，職階制に関する法律は施行されることなく2009（平18）年に廃止されることとなった。

両極端なかたちで現れ易いものが育成の視点である。企業の姿以上のものに育成できないというのが教育訓練の実際である。管理者，監督者，作業者の誰であっても，仕事を遂行すれば必ず仕事をするのに必要な知識と技能を習得する。業務体験を通じての学習である。人材育成の視点では，企業内教育訓練に対して積極的に取り組んだ歴史があり，また現在においても教育訓練の重要性を忘れず，教育訓練を重視し取り組んでいる会社も多い。

　わが国においては，世界でも稀にみる新卒一括採用という仕組みがある。そのために新人育成の教育訓練（研修）は最も重要な訓練である。新人研修と並んで重要な教育は管理職研修である。国家公務員の新人研修を例に挙げてみたい。旧自治省（現総務省）のいわゆるキャリア官僚が入省直後に受ける研修である。現在でもキャリア官僚の昇進の流れに変化はないと思われる。入省して数か月の研修を受け，地方自治体へ出向する。その後も地方自治体の幹部として出向を繰り返すなかで，修業経験を積む機会が多く与えられる。

　30歳を前にして市の部長クラスあるいは都道府県の課長クラスに，更に40歳前後で県の部長や政令市の局長，中核市クラスの副市長などに就任する。その後，県の副知事や政令市の副市長などの最高幹部として派遣される者も少なくない。そのまま知事選や市長選に出馬・当選し，政治の道に進む者も多い。彼らは最初の新人研修において行政のプロになるために豊かな経験を積んでいる。例えば，彼らに対しては地方議会における本会議の場面を想定し，議員の質疑・質問に対する答弁のシミュレーションが行われる。地方自治体の課長クラスの職員でさえもこのような研修の機会はなかなか与えられないのが現状である。

　この教育訓練の事例は特殊な例である。昨今の民間企業にあっても幹部社員の育成は十分に取り組まれていない。教育訓練費を無駄な費用と見做す傾向がある。どのような業務であろうと人間がいなければ業務は円滑に進まない。効率の悪い作業が自主的な時間外労働を生み，労務費の増大を招くだけでなく，労使間の紛争を生み出す。特に管理職の研修は部下の育成の成否にも関わる重要な課題であり，業務が円滑に実施されるかどうかの命運が掛かっている。

おわりに

　過労死，過労自殺，鬱病を誘発する業務管理に対する市民社会の眼は次第に厳しくなっている。端的に言えば，能力主義管理の行きすぎた結果である。少数精鋭の考え方に立って要員管理が行われる限り，本来の業務を遂行するうえで必要な要員を適正に算出できるかどうかは分からない。多くの企業はバブル経済破綻以後の経済不況の影響を受けて，雇用すべき正規雇用労働者を削減しており，人員不足を非正規雇用労働者で埋めている。日本企業は慢性的な労働力不足の状況にある。適切かつ妥当な業務量をあらかじめ決定する物差しがないために，幾つかの職場にだけ長時間・過重労働が蔓延する状況も見られる。労働力の過不足を適切に調整できない職場の現状が，長時間・過重労働の原因になり，結果的に過労死，過労自殺につながるのではないだろうか。

　業務管理監査の重要なポイントは，指導監査としての労務監査の視点から企業が適正な人員数を配置しているかどうかを精査し，要員確保に不備があれば経営者に指摘することである。職務分析と職務評価を行っていなければ，企業にその重要性を説得し実施するよう指導する必要もある。指導した結果を尊重しながら，作業の無駄を排除し作業効率の高い業務管理体制を構築することが，業務監査における重要なポイントである。

　過去の筆者は，労務監査は法的根拠に基づいて行われるべきであると考えていた。会計監査がモデルであった。しかし，会計不正が続出する今日では法が定める会計監査であっても，実際には会計監査法人によるチェック機能が働いていない。このような現状を鑑みるならば，個別企業自らが自浄能力を持たなければならない仕組みが必要である。そして，自浄能力を持たない企業には市場から撤退してもらう以外に適切な方法はないのではないか，そのように考え方を変えている。経営者自らが自社の自称能力を高めて，自らが率いる企業が市民社会に受容される企業になるために，労務管理を改善し改良していくのが労務監査本来の役割である。

この場合，ハードな方法とソフトな方法を想定することができる。最初のハードな方法には，労基署による臨検，裁判所への提訴，裁判所の判決と執行などが含まれる。このようなハードな方法には，国家の強権力を動員し罰則を科すという意味が含まれる。しかも，労務不正が行われる企業の固有な論理と，労基署，裁判所に固有な独特の論理とは異なるものであり，特に企業側が敗者として処理されたとき，「会社側の主張が認められなかった」という気持ちだけが残る結果となり易い。多くの労働裁判にみられるように，原告である労働者が最高裁で勝訴となっても，多くの労働者は元の職場に戻ることを躊躇せざるを得なくなり，職場復帰を諦めてしまうことが多い。勝っても負けても禍根を残すのではないだろうか。

　ソフトな方法には内部監査室による労務監査が中心となる。この場合には，被監査企業の経営執行役員との間で企業文化が共有されているという大前提がある。企業文化の根元にあるのは経営理念であり，これ以外に準拠するものは存在しない。このような事情があるために自社の経営理念さえ平然とかなぐり捨てる経営者は，内部監査室による労務監査では救済できない。少なくとも自社の経営理念を拠りどころとする経営者であるならば，内部監査室が筆をとる労務監査報告書は，労務管理の漸次的な改善と改良を積み重ねる方法として有効となる。むろん内部監査室が経営執行役員の意向を忖度し労務不正を見過ごすならば，労務不正を誘発する結果をまねくことになりかねない。

【相川健一】

【補　　論】

補論1
労働基準法行政の現状と労務監査に対する期待

はじめに

　労働基準行政は，労働基準法をはじめとする労働基準に関する所管法令の施行をつかさどるが，労働基準行政の内容を一言で言い表すとするならば，「労働者」と定義される人たちの労働条件について，資本主義社会における契約自由の原則に修正を加え，一定限国家が規律し保障すると同時に，更なる改善に向けた労使の努力を促し，その取組に助力する行政であると言える。具体的には，賃金や労働時間といった労働条件の確保・改善，業務に起因して発生する負傷や健康障害の防止等に関する各種行政施策を展開している。労働基準に関する主な法制度は，厚生労働省ホームページで紹介されているところである。

　労働基準に関わる主な法制度のうち，最低賃金法と労働安全衛生法は，かつて労働基準法の中に規定されていたものが分離独立し，最低賃金法は昭和34年に，労働安全衛生法は昭和47年にそれぞれ制定された。これら二つの法律も当然に労働基準法の基本理念の上に成立している。労働者災害補償保険法については，労働基準法の制定が制度成立に決定的な意義を持ったとされ，労働基準法が規定する使用者の労災補償義務を政府管掌の保険制度でカバーしているが，その補償範囲は，現在では通勤災害についてもその対象とするなど労働基準法が定める使用者の補償義務の範囲を超えたものとなっている。

　本章は，第1に，国家機関として労働者保護の役割を担う労働基準行政の体制と行政を取り巻く現況を整理し，

　第2に，主な労働問題と労働基準行政の展開状況を検証，

第3に，労働基準行政の主体的能力やその守備範囲から来る労働者保護の限界を明らかにして，
労働条件の確保について，労働基準行政が大きな役割を果たす現在にあってもなお一般労務監査は必要であり，当面期待される監査活動と更にはその内容の充実が求められることを明らかにすることを狙いとしている。

I　労働基準行政の概要

1　労働基準監督官制度

　労働基準監督官は，労働基準法により，事業場，寄宿舎その他の附属建設物に臨検し，帳簿及び書類の提出を求め，又は使用者若しくは労働者に対して尋問を行い（第101条），労働基準法違反の罪について，刑事訴訟法に規定する司法警察官の職務を行う権限が付与されている（第102条）。労働安全衛生法や最低賃金法にも同様の規定が置かれている。

　平成28年度における全国の労働基準監督署の労働基準監督官数は2,923人となっている（厚生労働省：平成28年労働基準監督年報）。一方，労働基準法の適用を受ける全国の事業場数は4,120,804，同じく労働者数は52,935,178人となっている[1]。日頃，適用事業場に赴いて監督指導に従事するのは主に労働基準監督署に配置されている労働基準監督官であるので，単純に全国の適用事業場数をこの数で除して監督官1人当たりの数字を計算してみると1,410事業場になる。同様に全国の適用労働者数について計算してみると18,110人になる。

　労働基準監督官は，個別の事業場に立ち入り，労働基準法を始めとする関係法令の遵守状況を調査し，危険な機械の使用停止や危険作業の停止を命じ，法違反に対しては是正勧告，また改善が望まれる事項については改善指導等を行う臨検監督という手法を標準的手法として用いるが，労働基準監督官が，臨検監督により全ての事業場に権限行使するには数の上で自ずと限界がある。因み

---

[1]　平成26年7月1日現在の数値である。『平成26年経済センサス・基礎調査』（総務省統計局）より厚生労働省が算出した。

に，臨検監督のうち定期監督と呼ばれる標準的な監督手法により監督を実施した件数は，平成26年が129,881件，平成27年が133,116件，平成28年が134,617件となっている(2)。

この定期監督の対象から外れた事業場における法違反が放置されることから労働者を救済するものとして，労働基準法では，「事業場に，この法律又はこの法律に基づいて発する命令に違反する事実がある場合においては，労働者は，その事実を行政官庁又は労働基準監督官に申告することができる。」(第104条) との規定を置き，労働安全衛生法にも同様の規定が置かれている。しかし，労働基準監督官による臨検監督の対象とする事業場数そのものに限界があることに変わりはない。因みに，平成28年中に取り扱った申告件数は，29,773件（前年からの繰越しが4,073件，当該年中の新規受理が25,700件）であり，このうち，当年中に完結した件数は25,757件となっている(3)。

2 雇用形態の多様化とその派生問題

近時の様々な社会変革は，労働問題にも影響を与えている。第1に，正規雇用者と呼ばれる労働者に対比して，非正規雇用者と呼ばれる労働者に関わる特有の問題がある。非正規雇用労働者数は，平成元年の817万人から平成27年には1,980万人にまで増加し，正規・非正規合計労働者数5,284万人に占める割合も37.5％までに達するに至った(4)。ここでいう非正規雇用労働者とは，勤め先での呼称が「パート」「アルバイト」「労働者派遣事業所の派遣社員」「契約社員」「嘱託」「その他正規の職員・従業員とされない呼称」である者に該当する。さまざまな名称で呼ばれる非正規雇用者は，多くの場合，有期労働契約であるために，安定した労働関係が保障されていないことに加えて，賃金を初めとする労働条件が正規雇用者と比べて総じて劣位にある。安定的な雇用ではないこ

---

(2) 厚生労働省編『労働基準監督年報－平成28年』21頁，35頁。
(3) 厚生労働省編『同上書』21頁，43頁。
(4) 厚生労働省ホームページ平成28年7月検索 (http://www.mhlw.go.jp/file/06-Seisakujouhou-11650000-Shokugyouanteikyokuhakenyukiroudoutaisakubu/0000120286.pdf)。

と，労働条件が劣位にあることから生じる問題があり，労働行政として適切な配慮を講じていくことが求められる。第2に，多様な労働時間制度の採用に伴う問題である。変形労働時間制やみなし労働時間制の有効活用によるメリハリの効いた効率的な労働時間配分による総労働時間の短縮を目指しつつも，変形労働時間制の適用による変則勤務がもたらす影響の労働者側事情への配慮が求められるとともに，みなし労働時間制の不適正運用によるいわゆるサービス残業の排除にも留意しなければならない。第3に，今後導入が進むものと予想される問題がある。テレワークのような新しい就労形態については，労働基準行政としてなすべき対応が後手に回ることのないよう，先見的で的確な分析とその進展状況の継続的な把握によって，何等かの適切な制度的な対応と健全な発展に向けた対応が求められる。

3　労働災害の現状

　厚生労働省が平成30年5月30日に発表した「平成29年の労働災害発生状況の分析」によると，第1に，死亡災害は978人で，長期的には減少傾向にあり10年前に当たる平成19年の1,357人と比べると379人（27.9％）減少しているが，平成28年の928人に比べ50人（5.4％）増となった。死亡者数が多い業種は，建設業：323人（前年比29人・9.9％増），製造業：160人（同17人・9.6％減），陸上貨物運送事業：137人（同38人・38.4％増）となっている。死亡者数が多い業種について，事故の型別の発生状況を見ると，建設業では，高所からの「墜落・転落」が135人（41.8％），「交通事故」が50人（15.5％）「はさまれ・巻き込まれ」が28人（8.7％），「崩壊・倒壊」が28人（8.7％），「激突され」が23人（7.1％）の順に多く，これらの災害で全体の81.7％を占めている。製造業では，機械等への「はさまれ・巻き込まれ」が51人（31.9％），「墜落・転落」が28人（17.5％）の順に多く，この二つの災害でほぼ5割を占めている。陸上貨物運送事業では，「交通事故（道路）」が57人（41.6％），「墜落転落」が19人（13.9％）「はさまれ・巻き込まれ」が19人（13.9％）で，この三つでほぼ7割を占めている。

第2に，死傷災害（死亡災害と休業4日以上の災害）は，120,460人で，平成28年の117,910人に比べ2,550人（＋2.2％）増加となった。死傷者数が多い業種は，製造業：26,674人（前年比220人・0.8％増），小売業：13,881人（同437人・3.3％増），建設業：15,129人（同71人・0.5％増），陸上貨物運送事業：14,706人（前年比729人・5.2％増）となっている。死傷者数が多い業種について，事故の型別の発生状況を見ると，製造業では，「はさまれ・巻き込まれ」が7,159人（26.8％），「転倒」が5,088人（19.1％）の順に多く，これらの災害で5割近くを占めている。建設業では，「墜落・転落」が5,163人（34.1％），「はさまれ・巻き込まれ」が1,663人（11.0％），「転倒」が1,573人（10.4％），「飛来・落下」が1,478人（9.8％），「切れ・こすれ」が1,312人（8.7％）の順に多く，これらの災害で74.0％を占めている。陸上貨物運送事業では，「墜落・転落」が4,192人（28.5％），「転倒」が2,240人（15.2％），「動作の反動・無理な動作」が2,203人（15.0％），「はさまれ・巻き込まれ」1,606人（10.9％）の順に多く，これらの災害で70.0％を占めている。そのほか死傷災害が増加している業種について，事故の型別の発生状況を見ると，保健衛生業（社会福祉施設，医療保健業等）では，「転倒」が4,143人（34.2％），腰痛等の「動作の反動・無理な動作」が3,991人（33.0％）の順に多く，この二つの災害で総数12,106の67.2％を占めている。商業では，「転倒」が5,899人（32.3％），「動作の反動・無理な動作」が2,531人（13.9％），「墜落・転落」が2,354人（12.9％）の順に多く，これらの災害で総数18,270の59.0％を占めている。接客・娯楽業では，「転倒」が2,753人（31.9％），「切れ・こすれ」が1,217人（14.1％），「動作の反動・無理な動作」が1,044人（12.1％）の順に多く，これらの災害で総数8,621のうち58.2％占めている。

　労働災害の発生件数は長期的には減少傾向にあり，休業4日以上の死傷者数は，昭和53年から平成21年までは一貫して対前年比で減少を続け，この間に348,826人から105,718人と昭和53年の3割程度までに減少した[5]。しかし，平

---

(5)　平成27年4月28日厚生労働省報道発表資料：【別添】「平成26年労働災害発生状況等」3頁「労働災害発生状況の推移」。

成22年から平成24年までは3年連続で増加し，平成25年から平成27年はわずかな増減を繰り返すも平成28年，29年と増加し，平成21年の105,718人が平成29年までの最小数となっている。労働災害を防止するためには，その発生原因を多角的に分析し対策を講じる不断の努力が求められるが，発生している労働災害の一つ一つには特異なものは極めて少なく，同じような災害が繰り返されていることも認識する必要がある。先に述べた業種による事故の型による特徴とその件数は，災害防止対策の効果等により変化してはいるが，短期的にはほぼ同じ傾向にある。このことは，既に得られている労働災害防止に関する知見をもとに対策を確実に講じることで多くの労働災害は防止できることも意味する。

　第三次産業の労働者数の全産業に占める割合が高くなる中で，これら業種における件数が増加傾向にあり，全産業の中に占める割合も平成14年に全産業における休業4日以上の死傷者数125,918人に対してその他に分類される人数（製造業，鉱業，建設業，交通運輸業，陸上貨物運送事業，港湾荷役業，林業以外の業種）が43,061人，34.2％であったものが，平成29年には，全産業120,460人に対して58,783人，48.8％と5割に迫るに至っている。この背景には，従事労働者数の増加だけではなく，労働災害防止に対する関係者の取組レベルも影響していると思われる。災害多発業種とされる製造業や建設業は依然として発生件数では上位にあるが，全産業の傾向をリードして減少傾向にある。労働災害防止に対する関係者の意識と取組が労働災害防止効果を生み出していると分析できる。反面，第三次産業は，どちらかというと製造業や建設業に比して労働災害防止対策への取組が弱かったことから，就労者数の増加がそのまま労働災害の増加につながり，災害多発業種といわれた業種が減少を達成していく中で，全体に占める発生件数比率は，より大きくなって来たものと分析できる。

4　労働衛生の現状

　伝統的な職業性疾病と新たな化学物質等による疾病の防止に加え，近時，過重労働による健康障害やメンタルヘルス対策が注目度を高めてきている。第1

に，過重労働による健康障害問題がある。長時間労働の問題を労働者の健康障害防止の観点から捉えたものである。厚生労働省が公表している労災補償状況によると，平成26年度における脳・心臓疾患での請求件数，決定件数，支給決定件数は以下のとおりである。

図表1　脳・心臓疾患の労災補償状況

項　　目	件　　数
請求件数	840件（うち死亡によるもの241件）
決定件数（当該年度前請求分を含む）	664件（うち死亡によるもの236件）
支給が認められたもの うち死亡によるもの	253（認定率38.1%） 92（認定率39.0%）
審査請求により支給決定されたもの	6件（うち死亡によるもの4件）

資料出所：平成30年7月6日厚生労働省報道発表資料　平成29年度『過労死等の労災補償状況』別添資料1「脳・心臓疾患に関する実案の労災補償状況」より作成。

　決定件数は前年までに発症したものの件数も含まれている。そのために平成29年の労働災害件数とそのまま比較するのは正確ではないが，労災と認められ補償費の支給決定がなされた件数259（253＋6）は，休業4日以上の全死傷者数120,460に対する割合は約0.22％であるものの，死亡に対する支給決定は96（92＋4）で，全死亡者数978に占める割合は9.8％と決して少なくない。過重労働が引き起こす労働者の健康障害は労務管理における重要課題である。第2にメンタルヘルス対策が必要とされる精神障害について，厚生労働省が公表している平成29年度における精神障害での労災補償状況は以下のとおりである。

図表2　精神障害の労災補償状況

項　目	件　数
労災請求件数	1,732件（うち自殺によるもの221件）
決定件数（当該年度前請求分を含む）	1,545件（うち自殺によるもの208件）
支給が認められたもの うち自殺によるもの	506（認定率32.8％） 98（認定率47.1％）
審査請求により支給決定されたもの	7件（うち自殺によるもの4件）

資料出所：平成27年6月25日厚生労働省報道発表資料　平成26年度「過労死等の労災補償状況」別添資料15頁より作成。

　精神障害の決定件数1,545を出来事別に見ると，上司とのトラブルがあった（320件），（ひどい）嫌がらせ，いじめ，又は暴行を受けた（186件），仕事内容・仕事量の（大きな）変化を生じさせる出来事があった（185件）が上位を占め，その支給決定件数506を出来事別に見ると，（ひどい）嫌がらせ，いじめ，又は暴行を受けた（88件），仕事内容・仕事量の（大きな）変化を生じさせる出来事があった（64件），悲惨な事故や災害の体験，目撃をした（63件），特別な出来事：心理的負荷が極度のもの等（63件），2週間以上にわたって連続勤務を行った（48件），1か月に80時間以上の時間外労働を行った（41件）の順に多い。支給決定件数506は，平成21年度の件数234と比較すると272件増加している。

Ⅱ　労働基準行政の限界

1　労働基準に関する法制度によって保護されるもの・されないもの

　労働基準に関する主な法制度について，それぞれの法律の概要及び特色を捉え，その果たす機能に迫ってみたい。

① 労働基準法，最低賃金法，労働安全衛生法

　これらの法律は元々労働基準法で規定されていた。これらの法律は以下の点で共通する。

　第1に，これらの法律が定める基準は最低のものである。守るべき最低基準が定められているのであるから，違反の無いことが当然であって，「法違反の無いこと」イコール「十分な労働条件水準にあること」ではない。第2に，法定事項の実施を確保するための手段として刑事上の手段が講じられていること（刑事罰）である。法違反となる事項の多くに罰則規定があり，違反者に対して刑事罰を科すことが可能になっている。また，これらの法律違反の罪については，労働基準監督官が刑事訴訟法に規定する司法警察員の職務を行う。第3に，民事上の手段が講じられていること（強行法規性）である。これらの法律の基準に満たない契約等はその部分については無効となり，無効とされた部分は法の定める基準で置き換えられる。

　これらの法律によって保護されるもの・保護されないものについて，この共通性から見てみると，

　第1に，これらの法律が定める基準は最低のものであるということから生じる，元々の水準面での限界である。労働基準法はその第1条において，「労働条件は，労働者が人たるに値する生活を営むための必要を充たすべきものでなければならない。」と規定し，憲法が第25条に定める「全て国民は，健康で文化的な最低限度の生活を営む権利を有する。」との規定を受けつつも，あえてその表現を異にして，目指す労働条件の水準を「人たるに値する生活を営むための必要を充たすべきもの」としている。これは，労働基準法が定める基準は最低基準ではあっても，より高い労働基準の実現を目指したことが伺われる。

　とはいえ，労働基準法第1条第2項にあるように，まさしく，この法律で定める労働条件を定める基準は最低のものであり，労働関係の当事者には，その向上を図る努力が必要とされている。

　第2に，刑事罰を科すことができるとする場合には，行為事実と罰則との均衡が要求される。言い換えれば，罰則を科すだけの非違行為性も求められるが，

このことからくる法基準設定において要求する基準の高さに限界がある。法基準の設定には，その時代の社会情勢等を踏まえた遵守の可能性も無視できないが，現実を考慮した避け難い妥協的要素から来る水準的な限界である。

これらの水準的な限界によるものであるかどうかはおいて，次に述べる事柄は，労働相談として数多く労働基準監督署等の相談窓口に寄せられているのが現状であるが，労働基準監督官が司法警察権を背景に施行事務を司っている法律，例えば，労働基準法，労働安全衛生法，最低賃金法，賃金の支払の確保等に関する法律，家内労働法，じん肺法，作業環境測定法，炭鉱災害による一酸化炭素中毒症に関する特別措置法では保護されない。

(1) **未払賃金の取立て**

労働基準法では，賃金の支払について規定し，使用者が所定の期日までに支払うべき賃金を支払わなければ同法違反として処罰の対象になる。また，民法においては「雇人の給料」に先取特権が認められているなど賃金は一定限保護の対象になっている。ただし，あくまでも賃金の支払に応じない使用者に対して，労働基準監督署は，当該使用者を犯罪人として司法処分に付すことはできても，強制力を行使して賃金を支払わせることはできない。

(2) **解雇・雇止め**

労働基準法では，労働災害による休業や産前産後の休業に関連した解雇制限と一般的な解雇をする場合の予告義務について規定しているが，解雇や雇止めの正当性を判断する基準は置いていない。労働契約法の成立により，正当な理由のない解雇や雇止めは無効とそれまでの判例法理が法律として明文化されたが，解雇の正当性に関する問題は，個別労働関係紛争として民事的に処理される。

(3) **いじめ・嫌がらせ他**

労働基準法には，いじめ・嫌がらせを直接規制する条項は設けられていない。国は，都道府県労働局，全国の労働基準監督署内，駅近隣の建物などに総合労働相談コーナーを設置して広く労働問題の相談に対応し，前述の解雇・雇止めも含め個別労働紛争の解決に向けては，事業主に対する都道府県労働局長によ

る助言・指導及び紛争調整委員会によるあっせんを行って対応がなされている。主な紛争の動向は表のとおりであるが，この表に掲げられている事項はいずれも労働基準法等の違反にならないものである。「いじめ・嫌がらせ」に関する相談件数は，平成14年度に6,627件，延べ合計件数113,422件に占める割合が5.8％であったものが平成16年度には14,665件同8.1％と急増し，その後も増え続けており，平成29年度には72,067件，延べ合計件数305,021件に占める割合も23.6％となるなどその増加が著しい。なお，平成24年度には，それまでトップであった解雇を抜き，平成29年度まで6年連続でトップの件数を占めている。

図表3　主な民事上の個別労働紛争相談件数の推移

	16年度	21年度	27年度	28年度	29年度
いじめ・嫌がらせ	14,665 (8.1％) ＋25.4％	35,759 (12.0％) ＋10.9％	66,566 (22.4％) ＋7.0％	70,917 (22.8％) ＋6.5％	72,067 (23.6％) ＋1.6％
解雇	49,031 (27.1％) ＋3.9％	69,121 (24.5％) ＋2.8％	37,787 (12.7％) －3.0％	36,760 (11.8％) －2.7％	33,269 (10.9％) －9.5％
自己都合退職	9,378 (5.2％) ＋69.3％	16,632 (6.2％) ＋8.3％	37,648 (12.7％) ＋8.7％	40,364 (13.0％) ＋7.2％	38,954 (12.8％) －3.5％
労働条件の引き下げ	28,887 (16.0％) ＋15.2％	38,131 (13.5％) ＋8.3％	26,392 (8.9％) －5.8％	27,723 (8.9％) ＋5.0％	25,841 (8.5％) －6.8％
延べ合計件数	180,907 (100％) ＋14.2％	281,901 (100％) ＋5.0％	297,577 (100％) ＋2.4％	310,520 (100％) ＋4.3％	305,021 (100％) －0.2％

(注)　(　)内上段は延べ合計件数に占める割合，下段は対前年度比を示している。
資料出所：厚生労働省報道発表資料「平成25年度個別労働紛争解決制度施行状況」及び「平成29年度個別労働紛争解決制度施行状況」より作成。

この図表3は，都道府県労働局，全国の労働基準監督署内，駅近隣の建物などに厚生労働省が設置している総合労働相談コーナーが受けた相談の内，労働条件その他労働関係に関する事項についての個々の労働者と事業主との間の紛

争（労働基準法等の違反にかかるものを除く）を取りまとめたものである。労働基準法等強行法規が果たす役割を考えるとき，強行法規が持つ強制適用の威力が大きな役割を果たす一方で，そこにカバーしきれない労働問題，しかも時の社会情勢を反映して，今後クローズアップされる労働問題が存在することに留意する必要がある。

② 労働者災害補償保険法

　労働者災害補償保険法は，暫定的に任意適用とされている一部の事業を除いて，原則として労働者を使用する全ての事業に強制的に適用され，労働基準法が第8章で使用者に義務づけている災害補償について，政府が管掌する保険で肩代わりすることなどを主な内容として規定している。労働基準法が規定する業務災害に対する補償義務を超えて，通勤災害に対する保険給付を規定するほか，社会復帰促進等事業を行うこと等労働者の福祉の増進に寄与することが意図されている。一方で，労災休業等による所得の逸失に対する補償は，例えば，休業補償給付が特別支給金と合わせて平均賃金のほぼ8割であるなど100％給付ではない。また，慰謝料は保険給付には含まれない。事業主の側から見れば，労災事故により労働者への民事賠償責任が生じた場合，労災保険の適用によってその全てを免れうるものではない。

③ 労働契約法

　労働契約を締結するに際しての一般原則，労働契約の成立及び変更，労働契約の継続及び終了，有期労働契約等について定める。労働基準法のような強行法規性はないが，これまで積み重ねられてきた判例法理が規定に繁栄されており，使用者の安全配慮義務，労働契約の不利益変更の要件，解雇権濫用による解雇の無効，有期契約の更新に対する労働者の合理的な期待の保護などが盛り込まれている。

2 労働基準行政の主体的能力による限界

① 人員体制

　労働基準法の適用を受ける事業場数及び労働者数並びに労働基準監督官の定員については、Ⅰの1で述べたが、仮に全国の適用事業場数4,120,804（平成26年7月1日現在）を労働基準監督官が平成28年に臨検監督した事業場数156,611（行政判断により監督対象としたもの134,617と労働者等からの申告に基づいて監督実施したもの21,994の合計）で単純に除してみると約26.3になる[6]。1事業場当たりの臨検監督に要する人日は、事業場の規模や諸状況、臨検監督を実施するうえでの主たる目的とそれに伴う監督手法等によって変化するものであることを承知しておく必要があるが、この計算では全事業場を臨検監督するには、26年以上を要することになる。

　労働基準法を始めとする労働基準に関係する法律は、一部の例外を除いて労働者を使用する全ての事業場に適用される。そのためそこにはまず業種、職種の多様性があり、更に個別企業における多様な事情が加味される。労働の現場を理解するために求められる知識の幅に際限がない。そのほか社会経済情勢の変化に伴う労働事情の変化や科学技術の進展等に伴う新たな労働関係問題や労働安全衛生問題への的確な対応も求められる。労働基準監督官は、その学歴で区分すれば、大きく法文系と理数系に分けることができるが、その日常の監督指導業務における職務分担に学歴はさほど考慮されず、文系理系ほぼ同様に業務が割り当てられる。その一方で、臨検監督の現場では実に多様な専門性が要求される。1人の監督官がその全てに対処するには自ずと限界もある。

② 指導監査としての労務鑑査の必要性

　労働基準監督機関が労働基準法を始めとする労働基準に関する法制度の普及と、そこに規定されている基準の遵守に大きな役割を果たしていること、そし

---

[6]　数値データは厚生労働省『平成28年労働基準監督年報』21頁を参照した。

て，今後ともその役割の最重要な担い手であることに変わりはない。変遷する労働事情に即応した施策を樹立し，時に不公正を強制的に排除していくには，行政権と司法権を併せ持つ労働基準監督機関の存在は欠かせない。しかし，労働基準監督機関が権限を行使するのは，基本的に法律の範囲内であり，とりわけ司法権の行使は厳格に法を逸脱できない。しかも，刑事罰を伴う法規は最低基準として規定されている。労働関係に生じる問題が全て労働基準に関する法制度で律せられているものでもない。また，労働基準監督官を始めとする労働基準監督機関に配属される職員数等，労働基準監督機関が持つ主体的能力からくる活動の量的・質的限界もある。

　労務監査はこれらの限界を補って社会的正義を実現するものとして，その活動が期待される。広く社会正義の観点から見るならば，企業間の競争は公正な競争的条件下で行われるべきものである。労働基準を満たしていない等，不当に労働コストを抑えて競争に参入する事業者は排除されなければならない。とりわけ公共事業の競争入札等において，その入札価格が，適正な労働条件を織り込んで積算されているものであることは担保されるべきであり，それを保証する制度的な仕組みとして，労務監査がはたすべき役割も考えられる。ただし，労務監査はそれだけにとどまらないのであって，労務監査は企業の健全な経営方針のなかに位置付けられて，実施されるべきものであろう。

　企業経営にとって良質の労働力が欠かせないものであるならば，その確保・維持のためにも，更には，優れた労働条件や就業環境がもたらす労働生産性の向上のためにも，労務監査が必要ではないかということである。労働基準に関する法制度が定める労働基準はまさしく最低基準である。したがって，労働関係の当事者は，当然のこととして遵守すべきものである。最低基準である法基準を超えた経営戦略としての労務監査が期待される。このような労務監査には積極的効果の意味合いと消極効果の意味合いがあるのではないかと思われる。良質の労働力を保持・育成する観点，労働力を有効にビジネスで活用する観点から労務監査に積極的な効果を期待できる。また，労使紛争を予防する観点，不測の労働問題リスクを排除する観点から労務監査に消極的な効果を期待でき

よう。

　不測の労働問題リスクの例としては，労働災害（負傷によるものに限らず，いわゆる過労死等の疾病によるものも含む）に対する多額の損害賠償，正しく支払われてこなかった時間外労働手当等の遡及払い等が，一般的なものとして挙げられる。更に，労働問題に対する社会的関心の高まりと今日の情報化社会においては，企業が労働問題の処理を誤るとその影響は自社内にとどまらず，時に社会的非難の的となって当該企業の信用を貶めることになる。労務監査の理論と監査方法の確立は労使双方にとって重要である。

おわりに

　労働は，人々が社会生活を維持発展させていくうえでの中核をなす活動であるが，そのありようは労働に参加する1人ひとりの生活を大きく左右するに止まらず，そのありよう全体がその労働と相関連する社会全体の諸行に影響していく。本論は，労働問題における今日的課題とその課題に取取り組む手法としての労務監査について，主に労働基準行政との関連を踏まえて考察を試みたが，労務監査は，その狙いと実施内容が今後とも広く労働事情の変化に即応したものであることが必要であると共に，誰を対象にどのような場合にどのような仕組みで労務監査を機能させることが求められるのかの具体的な論考も必要である。

【佐野正照】

補論2

管理会計アプローチによる内部統制の整備・運用

はじめに

　近年,企業不祥事,とりわけ会計不祥事が後を絶たず,大企業でさえ深刻な経営危機に瀕する。その度に理由として挙げられるのは,「内部統制の不備」である。ところでこの場合,内部統制とは何をいうのか。それは「財務報告に係る内部統制」を指す。わが国における内部統制報告制度は,株主・投資家保護を目的とした金融商品取引法に基づき,大企業による外部財務報告の信頼性の保証を狙いとする財務会計アプローチを採用している。

　多くの会計不祥事が明るみに出ていることは,わが国の内部統制報告制度が機能していることの証左である。しかしながら,会計不祥事の多くが利益の水増しや損失の隠蔽に起因するものであることに鑑みれば,内部統制の不備とは本来,利益を創出できない経営管理システムの不備を意味するものであり,外部財務報告の信頼性に留まらないより広範な又は本質的な観点から内部統制を捉え,整備・運用する必要がある[1]。

　わが国の内部統制報告制度により内部統制を整備・運用する義務を有する企業経営者からすれば,同制度において負担軽減措置がなされているとはいえ,

---

[1] 内部統制に関する規定は,会社法第362条4項6号及び会社法施行規則100条1項にもある。そこでは,取締役の職務執行における法令及び定款の遵守を中心に,業務の適正を確保するための体制(情報の保存・管理体制,損失の危険の管理体制,効率的な職務執行の確保及び使用人の職務執行における法令及び定款の遵守など)を整備することが取締役会の専決事項として規定されており,より広範な内部統制を対象としている。

法令で義務づけられていなければ,重要ではあるが付加価値をもたらさない財務報告に係る内部統制の整備・運用へのインセンティブは低かろう。他方,付加価値をもたらす主要業務の強化又は経営改善に繋がる内部統制ならば,その整備・運用への経営管理者の関心は高まるものと推測される。そのような経営管理を志向した内部統制の整備・運用については,経営管理に役立つ会計情報を経営管理者に提供することを目的とする管理会計による貢献が期待できる。

本章では,内部統制は管理会計が理論的基盤とするマネジメント・コントロール(management control;以下,MCと呼ぶ)概念によって説明可能であり,また,管理会計の手法を適用することによって内部統制の整備・運用を具体的に展開することも可能であるという点についての試論を述べる。

I マネジメント・コントロール概念
　　　－目標達成から戦略実現へ－

アンソニー(Robert N. Anthony)は,組織階層ごとの計画設定及び統制活動の相違に基づいて経営管理機能の分析枠組みを提示する中で,MC概念を提唱した[2]。そこでのMCは,組織の中間層に位置づけられる上位の管理者(上司)が,目標の達成を目的として,現場の業務に携わる下位の管理者(部下)に,限りある経営資源を経済合理的に取得し使用するよう仕向けるプロセスを意味する。

その後,アンソニーは,経営戦略を中心とする戦略マネジメントが興隆してきたことを背景に,MCを「管理者が,組織の戦略を実行するために他の組織成員に影響を与えるプロセス」[3]と再定義している。この定義にみられるように,

---

[2] Robert N. Anthony, *Planning and Control Systems : A Framework for Analysis*, Boston, MA : Division of Research, Graduate School of Business Administration, Harvard University, 1965.(高橋吉之助訳『経営管理システムの基礎』ダイヤモンド社,1968年)。

[3] Robert N. Anthony, *The Management Control Function*, Boston, MA : Harvard Business School Press, 1988, p.10.

MCの目的は目標達成から戦略実行へと見直され，それらの手段は経済合理的な経営資源の取得・使用から組織成員に対する影響へと変わっている。これは，伊丹がMCの本質を「階層的意思決定システムにおける委譲された意思決定のコントロール」[4]であると指摘したように，MCは本質的に組織成員の意思決定とそれに基づく行動に影響を与える「影響システム」としての性質を有する。

伊丹によれば，MCは，①責任システム，②業績測定システム，③目標設定システム，④インセンティブ・システム，⑤モニタリング・システム，⑥人事評価システム，⑦コミュニケーション・システム，⑧教育システムの8つのサブ・システムから構成される[5]。これらのサブ・システムをまとめると，管理会計システムと人事管理システムの二つに大別することができ，図表1のような構造となる[6]。このように，MCは管理会計システムと人事管理システムから構成され，両者は相互に深い関連の下で機能すると理解することができる。

サイモンズ（Robert Simons）は，上述のアンソニーや伊丹と同様に，MCを組織成員に影響を与えるためのシステムとして捉え，「管理者が，組織行動のパターンを維持または変更するために用いる，情報をベースとした公式的な手順と手続である」[7]と定義している。サイモンズによるMC概念は，ミンツバーグ（Henry Minzberg）の戦略マネジメント論[8]に依拠しており，戦略の

---

[4] 伊丹敬之著『マネジメント・コントロールの理論』岩波書店，1986年，18頁。
[5] 同上書，50-57頁。
[6] 横田絵里著『フラット化組織の管理と心理－変化の時代のマネジメント・コントロール－』慶應義塾大学出版会，1998年，68頁。
[7] Robert Simons, *Levers of Control : How Managers Use Innovative Control Systems to Drive Strategic Renewal*, Boston, MA : Harvard Business School Press, 1995, p.5.（中村元一・黒田哲彦・浦島史惠訳『ハーバード流「21世紀経営」4つのコントロール・レバー』産能大学出版部，1998年，37頁）。
[8] Henry Minzberg, "Crafting Strategy," *Harvard Business Review*, Vol.65 No.4, July-August, 1987, pp.66-75. Henry Minzberg, Bruce Ahlstrand and Joseph Lampel, *Strategy Safari : The Complete Guide Through the Wilds of Strategic Management*, Harlow : Financial Times Prentice Hall, 2009.（齋藤嘉則監訳『戦略サファリ（第2版）－戦略マネジメント・コンプリート・ガイドブック－』東洋経済新報社，2012年）。

形成と実現を図る戦略マネジメント・プロセスの一環として,意図した戦略を「計画的戦略」通りに実行し,また戦略の実行中に組織成員が創出した新たな「創発的戦略」により現行戦略を見直すための,広範なコントロール概念である。

図表1　マネジメント・コントロール・プロセスの構造

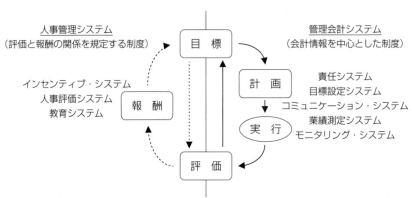

出所：横田絵里著『フラット化組織の管理と心理－変化の時代のマネジメント・コントロール－』慶應義塾大学出版会,1998年,68頁の図を一部加筆修正。

　サイモンズによれば,そのような戦略の形成・実現を志向したMCは,①信条システム,②境界システム,③診断型コントロール・システム,④対話型コントロール・システムという四つの「コントロール・レバー」からなり,経営管理者はこれら四つのシステムを組織のおかれた環境・状況に合わせて適切に選択・操作することで,当初の意図された戦略を実現に導くようコントロールする[9]。

　信条システムは,経営理念,社訓,ミッション・ステートメント,クレドーなどの公式文書により,組織成員に組織の中核的な価値観を伝えるものであり,組織成員による新たな機会の探索行動を引き起こしたり方向づけたりするために用いられる。また,境界システムは,法律,業界の行動規範,経営理念など

---

[9]　Simons, *op. cit.*, pp. 7-8.（前掲訳書,39-40頁）。

の信条システムに従って，行動指針，倫理規程，ガイドラインなどを設置し，組織成員に事業活動において越えてはならない一線を明示するものであり，組織成員による新たな機会の探索行動が行き過ぎないよう制限するために用いられる[10]。これらのシステムに加え，診断型コントロール・システムは，「管理者が，組織の成果を監視し，事前に設定された業績基準からの逸脱を是正するために用いる，公式的な情報システム」[11]であり，組織成員を動機づけ，監視し，特定の目標達成に対して報奨を与えるために用いられる。さらに，対話型コントロール・システムは，「管理者が，自ら部下の意思決定行動に定期的かつ個人的に関与するために用いる，公式的な情報システム」[12]であり，管理者が認識した特定の顕在的又は潜在的な事業リスクに基づき，組織成員に焦点を絞り込んだ議論の枠組みと議題を提供し，所定のルート外からの情報収集を動機づけ，組織全体にわたる対話を強力に推し進めることで，組織学習による新たなアイディア又は戦略の創発を促進するために用いられる。

これら四つのシステムの内容から，診断型コントロール・システムが上述の管理会計システムと人事管理システムから構成されるMCに該当することがわかろう。しかし，それはサイモンズによる戦略の形成・実現を志向したMCシステム（management control systems；以下，MCSと呼ぶ）の一部を構成するにすぎないことに留意すべきである。次節では，MC概念が伝統的なものから戦略的なものへと変質することで，MC概念を具現化する管理会計手法がどのように変化したのか，その一端をみる。

II 伝統的管理会計と戦略管理会計
　　　－財務的管理から統合的管理へ－

管理会計は，経営管理に役立つ会計情報を提供することを目的とした内部報

---

[10] *Ibid.*, pp. 33–58.（同訳書，81–123頁）。
[11] *Ibid.*, p. 59.（同訳書，125–126頁）。
[12] *Ibid.*, p. 95.（同訳書，183頁）。

告会計であり，1920年代以来，伝統的には計画設定及び統制という経営管理機能を基礎として経営意思決定と業績管理を財務的な観点から支援するための公式的な情報システムとして発展してきた。とりわけ予算管理は，伝統的管理会計の中心的手法であり，今日でも多くの企業で実践されている。予算とは，「予算期間における企業の各業務分野の具体的な計画を貨幣的に表示し，これを総合編成したものをいい，予算期間における企業の利益目標を指示し，各業務分野の諸活動を調整し，企業全般にわたる総合的管理の用具となるもの」（「原価計算基準」一，（四））である。予算管理では，予算を業績評価基準（目標）とし，業務活動実績を予算と比較して評価することで，各部門の業務活動が計画から逸脱しないよう統制する。すなわち，予算管理は伝統的に診断型コントロール・システムとして用いられてきた。

しかしながら，1987年に予算管理を代表とする伝統的管理会計が現代の経営環境にもはや適合しないとする指摘[13]がなされたことを契機として「戦略管理会計」という新たな管理会計領域が興隆し，BSC（balanced scorecard：バランスト・スコアカード）などの手法が注目されることとなった。特に，予算管理と同様に企業全般の管理に用いられるBSCは，近年，経営管理システムとしての有効性が認められるにつれて，先進国の大規模企業のみならず，所在地（国・地域），規模，営利性，産業分野，存続年数に関係なく多様な組織体に導入され，世界中でその利用が広まっている。

BSCは，1992年に新しい「業績測定システム」としてキャプラン（Robert S. Kaplan）とノートン（David P. Norton）により発表された。業績測定システムとしてのBSCは，財務尺度を非財務的な業務尺度で補完し，多元的な業績測定を可能とする点に特徴がある。これにより，経営管理者は不確実な経営環境における複雑な組織活動を，「財務」という一つの視点のみならず，「顧客」「内部業務プロセス」「学習と成長」に代表される四つの視点から，経営上最

---

[13] H. Thomas Johnson and Robert S. Kaplan, *Relevance Lost : The Rise and Fall of Management Accounting*, Boston, MA：Harvard Business School Press, 1987.（鳥居宏史訳『レレバンス・ロスト－管理会計の盛衰－』白桃書房, 1992年）。

も重要な要素に焦点を絞りつつ複眼的に眺めることができる⑭。

　業績測定ないし業績評価において重要なことは，業績評価尺度によって努力が測定・評価される立場にある部門又は個人が，業績評価尺度を設定し評価する立場にある経営管理者の意図や期待をどれほど理解し，自らの行動を組織目標の達成に結びつけ尽力したかを明らかにすることである。それはまた，経営管理者が組織成員による努力の結果をいかに公正に評価し，モラール又はモチベーションの向上に繋げているかにも関わる。BSCは，上述の四つの視点とその視点ごとに設定される「戦略目標」「業績評価尺度」「数値目標」「戦略実行計画」を通じてビジョンと戦略を現場の業務内容にまで具体化し，組織成員が成すべきこととそれに対する業績評価基準を明確に伝達する構造を有している⑮。

　ビジョンや戦略の伝達と公正な評価にとって要となる業績評価尺度は，戦略目標と競争上の要求に基づいて見出される重要成功要因間のトレードオフを通じて厳選されることで，組織成員の注意の焦点を現場における当面の短期的な目標の達成にではなく，組織のビジョンや長期的な到達目標の実現ないし競争上の成功へ導くと期待される諸要因に合わせ，未来を見据えて各個人の目標を達成するよう促進する役割を果たす。そのような業績評価尺度は，財務的であれ非財務的であれ，事業単位特有の戦略から導出され，また，望ましい成果とそれを左右する要因（以下，パフォーマンス・ドライバーと呼ぶ）に関する尺度及び厳格で客観的な業績評価とより柔軟でより主観的な業績評価を可能にす

---

⑭　Robert S. Kaplan and David P. Norton, "The Balanced Scorecard：Measures That Drive Performance," *Harvard Business Review*, Vol. 70 No. 1, January-February, 1992, pp. 71-79.（本田桂子訳「新しい経営指標"バランスト・スコアカード"」『DIAMONDハーバード・ビジネス・レビュー』4-5月号，1992年，81-90頁）。

⑮　Robert S. Kaplan and David P. Norton, "Using the Balanced Scorecard as a Strategic Management System," *Harvard Business Review*, Vol. 74 No. 1, January-February, 1996a, pp. 75-85.（鈴木一幸訳「バランス・スコアカードによる戦略マネジメントの構築」『DIAMONDハーバード・ビジネス・レビュー』2-3月号，1997年，92-105頁）。

る尺度をバランスよく含み，ビジョンや戦略と論理一貫して互いに連結したものでなければならない(16)。

また戦略の有効性を評価するため，BSCには，財務業績のような過去の結果を示す「遅行尺度」とその原因又は将来の予測を示す「先行尺度」，それらの尺度に基づくフィードバック・ループが戦略実行の軌跡や軌道を示すように，重要な変数間の複雑な因果関係の連鎖が表現されている必要がある。そのような業績評価尺度の因果関係の経路はすべて，最終的には事業単位の長期的な財務目標を定義した業績評価尺度へと至らなければならない(17)。

このように，BSCは，現場の従業員が成すべき業務に関わる短期的，非財務的かつパフォーマンス・ドライバーを示す業績評価尺度だけでなく，経営幹部が課題とする長期的，財務的かつ成果を示す業績評価尺度をも明確に組織成員に示すことによって，すべての組織成員が有する実行力，能力及び特定の知識を事業の長期目標に結びつけることを可能とする。これは，業績測定システムを，短期的，財務的かつ成果を示す業績評価尺度のみを用いた伝統的MCSとしてではなく，戦略的MCSとして構築することを意味している(18)。

実際にBSCは，実務に広く導入されその活用方法が洗練されていくにつれ，単なる業績測定システムとは異なり，戦略に込められた経営管理者の理論を表し戦略実行を支援する新たな「戦略マネジメント・システム」として位置づけられるようになった。

BSCを中心とする戦略マネジメント・システムは，図表2に示す四つの経営管理プロセスから構成される。経営管理者は，これらのプロセスを通じて，

---

(16) Robert S. Kaplan and David P. Norton, "Putting the Balanced Scorecard to Work," *Harvard Business Review*, Vol. 71 No. 5, September - October, 1993, pp. 134-147. (鈴木一功・森本博行訳「実践バランスト・スコアカードによる企業改革」『DIAMONDハーバード・ビジネス・レビュー』12-1月号，1993年，94-109頁)。Robert S. Kaplan and David P. Norton, "Linking the Balanced Scorecard to Strategy," *California Management Review*, Vol. 39 No. 1, Fall, 1996b, pp. 53-79.
(17) Kaplan and Norton (1996b), Ibid.
(18) Ibid.

長期の戦略目標を短期の業務活動に結びつけ，また，顧客，内部業務プロセス，学習と成長の各視点による短期の業績の監視から長期の戦略の評価を行い，さらに，最新の業績に基づくリアルタイムの学習を反映して戦略の見直しをも行うことができるようになる[19]。

図表2　BSCによる戦略マネジメント・プロセス

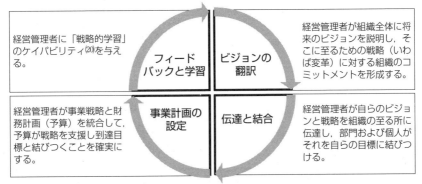

出所：Robert S. Kaplan and David P. Norton, "Using the Balanced Scorecard as a Strategic Management System," *Harvard Business Review*, Vol.74 No.1, January-February, 1996a, pp.75-85に基づき筆者作成。

このように，BSCは，戦略の実行を管理するための手段となると共に，経営環境の変化に応じて戦略自体を適応させることを可能とする枠組みも提供することから，戦略の策定をも支援すると考えられる。しかしながら，キャプランとノートンは，「BSCは，実際のところ，『戦略策定』ツールという訳ではない。」[21]と指摘している。それは，彼らによるBSCの導入経験において戦略は所与であり，BSCは戦略の明確化や見直しについての新たな対話の促進と議論の場の提供に資するだけのものとみなされたからである。

---

[19]　Kaplan and Norton (1996a), op. cit.
[20]　戦略的学習とは戦略の妥当性に関する経営幹部レベルの体系的な組織学習であり，そのケイパビリティとは「戦略実行のあらゆる時点で，策定した戦略が実際にうまく機能しているか，もしそうでなければそれはなぜかを知ることのできる能力」(Ibid., p.84) をいう。
[21]　Kaplan and Norton (1996b), op. cit., p.77.

上述のように,BSCは,MCのサブ・システムの一つである業績測定システムから,より包括的な戦略マネジメント・システムにまで発展してきた。その特徴から分かるように,それはもはやサイモンズの戦略的MCSの具体的形態にまで達しているといえる。以下では,経営管理を志向した内部統制とはどのようなものかを明らかにするため,わが国における内部統制の基本的枠組みと世界的なデファクト・スタンダードとなっている内部統制の統合的枠組みとの比較を行い,それを踏まえて,わが国企業における経営管理を志向した内部統制の整備・運用に戦略的MCSとしてのBSCを適用することの合理性を考察する。

III わが国における内部統制の枠組み
― 外部財務報告のための内部統制 ―

1 わが国における内部統制の定義

わが国企業への内部統制の導入は,1951年に通商産業省産業合理化審議会が米国のコントローラー制度を範とした「企業における内部統制の大綱」(以下,「大綱」と呼ぶ)を公表した時に遡る。「大綱」では,内部統制を「企業の最高方策にもとづいて,経営者が,企業の全体的観点から執行活動を計画し,その実施を調整し,かつ実績を評価することであり,これを計算的統制の方法によって行うものである」(「企業における内部統制の大綱」一)と定義している。この定義をみる限り,内部統制と伝統的管理会計は同一である。とりわけ,先に示した予算の定義に照らしてみれば,その内容が酷似していることが分かろう。町田は,このような「大綱」による内部統制概念が「『計算的統制』,すなわち予算管理や原価計算制度を通じて,業務活動の計画,実施および評価を行うという,企業全般にわたる適切な経営管理の促進を図ることに主眼が置かれ…今日でいう内部統制概念や財務諸表監査の前提としての会計統制という考え方からは程遠いものであったと考えられる」[22]と述べている。内部統制の"大綱(根本的な事柄)"は管理会計を内容とする。それでは,今日のわが国にお

ける内部統制とは何をいうのか。

　内部統制は，わが国において，1950年に公表された「監査基準」以来，公認会計士による外部監査（財務諸表監査）の前提となるものとして重視されてきた。2002年（平成14年）に公表された「監査基準の改訂に関する意見書」[23]における「監査基準」の前文では，次のように内部統制を定義している。すなわち，「内部統制とは，企業の財務報告の信頼性を確保し，事業経営の有効性と効率性を高め，かつ事業経営に関わる法規の遵守を促すことを目的として企業内部に設けられ，運用される仕組みと理解される。

　内部統制は，(1)経営者の経営理念や基本的経営方針，取締役会や監査役の有する機能，社風や慣行などからなる統制環境，(2)企業目的に影響を与えるすべての経営リスクを認識し，その性質を分類し，発生の頻度や影響を評価するリスク評価の機能，(3)権限や職責の付与及び職務の分掌を含む諸種の統制活動，(4)必要な情報が関係する組織や責任者に，適宜，適切に伝えられることを確保する情報・伝達の機能，(5)これらの機能の状況が常時監視され，評価され，是正されることを可能とする監視活動という５つの要素から構成され，これらの諸要素が経営管理の仕組みに組み込まれて一体となって機能することで上記の目的が達成される」（「監査基準の改訂について」三，５）。

　また，2007年（平成19年）に公表され，2011年（平成23年）に改訂された「財務報告に係る内部統制の評価及び監査の基準」と「財務報告に係る内部統制の評価及び監査に関する実施基準」[24]（以下，それぞれを「内部統制基準」と「実施基準」と呼び，総称して「内部統制の基準・実施基準」と呼ぶ）の「Ⅰ．内部統制の基本的枠組み」においては，内部統制が次のように定義され

---

[22]　町田祥弘著『内部統制の知識（日経文庫）』日本経済新聞出版社，2007年，58頁。
[23]　企業会計審議会「監査基準の改訂に関する意見書」平成14年１月25日。
[24]　企業会計審議会「財務報告に係る内部統制の評価及び監査の基準並びに財務報告に係る内部統制の評価及び監査に関する実施基準の設定について（意見書）」平成19年２月15日。企業会計審議会「財務報告に係る内部統制の評価及び監査の基準並びに財務報告に係る内部統制の評価及び監査に関する実施基準の改訂について（意見書）」平成23年３月30日。

ている。すなわち,「内部統制とは,基本的に,業務の有効性及び効率性,財務報告の信頼性,事業活動に関わる法令等の遵守並びに資産の保全の4つの目的が達成されているとの合理的な保証を得るために,業務に組み込まれ,組織内のすべての者によって遂行されるプロセスをいい,統制環境,リスクの評価と対応,統制活動,情報と伝達,モニタリング(監視活動)及びIT(情報技術)への対応の6つの基本的要素から構成される」(「内部統制基準」I,1)。

　上記のように定義される今日のわが国における内部統制は,米国のトレッドウェイ委員会支援組織委員会(the Committee of Sponsoring Organizations of the Treadway Commission:COSO)による枠組みに基づくものである。同委員会は,1992年に「内部統制-統合的枠組み-(Internal Control-Integrated Framework)」(以下,COSOの枠組みと呼ぶ)を公表したが,その後,それは世界各国における会計不祥事を背景として今や国際的なデファクト・スタンダードとなっており,前述のわが国「監査基準」の前文における内部統制の定義でも全面的に採用されている[25]。ただし,そこでは,COSOの枠組みとは異なり,内部統制の目的として「企業の財務報告の信頼性を確保」することが「事業経営の有効性と効率性を高め」ることよりも先に記述されており,財務会計志向であることが垣間みえる[26]。以下では,COSOの枠組みとわが国「内部統制の基準・実施基準」における内部統制の基本的枠組み(以下,「わが国の枠組み」と呼ぶ)における目的と要素(ITへの対応を除く)について,その内容の異同をみていく。

2　COSOの枠組みとわが国の枠組みの比較

① 内部統制の目的と要素

　COSOの枠組みでは,内部統制を「事業体の取締役会,経営管理者及びその他の構成員によって実行され,業務,報告及びコンプライアンスに関する諸目

---

[25]　なお,COSOの枠組みは,ビジネス及び業務環境の変化への適応と利用者による適用の容易さを図るため,2013年に20年ぶりに改訂された。

[26]　企業会計審議会,前掲書(「監査基準の改訂に関する意見書」),61-62頁。

標の達成について合理的に保証するために整備されたプロセス」[27]と定義しており，わが国の枠組みはこれを踏襲していることが分かる。ここで諸目標とは，事業体のミッション，利害関係者への価値提案，固有の業務要求，法令や基準に則して設定される，戦略的計画設定及び内部統制の前提となる全社目標と，全社目標及び全社戦略に基づいて設定される具体的目標をいう。内部統制の定義にみられるように，それらの諸目標は「業務目的」（事業体の業務の有効性と効率性に関連し，業務上と財務上の業績目標，損失からの資産の保全を含む），「報告目的」（内部・外部の財務的・非財務的な報告に関連し，規制当局，公認の基準設定主体，事業体の方針により規定されている信頼性，適時性，透明性又はその他の観点を含む），「コンプライアンス目的」（事業体が対象となる法令の遵守に関連）の三つのカテゴリーへ分類される[28]。

　COSOの枠組みによれば，内部統制は事業体の組織（取締役会，経営管理者及びその他の構成員からなる集合体）による諸目標の達成を合理的に保証するための手段であり，あらゆる組織階層の人々によって実行される継続的な作業及び活動である。そのような継続的な作業及び活動は，「統制環境」「リスクの評価」「統制活動」「情報と伝達」「監視活動」という五つの「構成要素」からなる統合された一つのプロセスを形成し，事業体の組織構造（全社，子会社，部門，業務単位，機能，業務プロセスなど）に弾力的に適合させながら展開されるものとなっている。図表3の左図は，事業体の組織目標と組織構造及び内部統制の構成要素との相互関係を図示したものであり，「COSOキューブ」と呼ばれる。

　他方，わが国の枠組みでは，「業務の有効性及び効率性」（「事業活動の目的の達成のため，業務の有効性及び効率性を高めること」），「財務報告の信頼性」（「財務諸表及び財務諸表に重要な影響を及ぼす可能性のある情報の信頼性

---

[27] Committee of Sponsoring Organizations of the Treadway Commission (COSO), *Internal Control – Integrated Framework : Executive Summary*, https://www.coso.org/Documents/990025P-Executive-Summary-final-may 20. pdf, 2013, p.3.（参照2017-02-01）。

[28] *Ibid.*, pp.6-7.

を確保すること」)，「事業活動に関わる法令等の遵守」(「事業活動に関わる法令その他の規範の遵守を促進すること」)，「資産の保全」(「資産の取得，使用及び処分が正当な手続及び承認の下に行われるよう，資産の保全を図ること」)の四つが内部統制の目的とされている(「内部統制基準」Ⅰ，1)。

このように，わが国の枠組みは，基本的にはCOSOの枠組みを踏襲しているものの，いくつか異なる点を指摘できる。まず，内部統制の目的については，COSOの枠組みでは事業体の組織目標(全社目標と具体的目標の双方を含む)の達成を合理的に保証することが目的であるのに対して，わが国の枠組みではCOSOの枠組みにおける諸目標の個々のカテゴリー(業務，報告，コンプライアンス)が目的とされている。加えて，わが国の枠組みで特徴的なのは，COSOの枠組みにおいて「業務目的」に含まれる「資産の保全」が，わが国におけるその重要性に鑑みて，独立した一つの内部統制の目的として取り上げられている点，また，COSOの枠組みにおける報告目的が内部・外部の財務的・非財務的な報告を含むのに対して，外部財務報告の信頼性に限定されている点にある。

また，内部統制の要素については，COSOの枠組みにおける「リスクの評価」が「リスクの評価と対応」とされ，またITが組織に浸透した現状に即して「ITへの対応」が追加されて，六つの「基本的要素」として例示されている点が異なる(「財務報告に係る内部統制の評価及び監査の基準並びに財務報告に係る内部統制の評価及び監査に関する実施基準の設定について(意見書)」二，(1))。加えて，事業体の組織構造については，COSOの枠組みにみられるような明確な言及がなされておらず，「内部統制の基準・実施基準」を通してみると「業務」という観点が重視されている。このようなわが国の枠組みをCOSOキューブに当てはめて示せば，図表3の右図となる。以下では，各要素の異同についてみていく。

図表3　COSOの枠組みとわが国の枠組みの比較

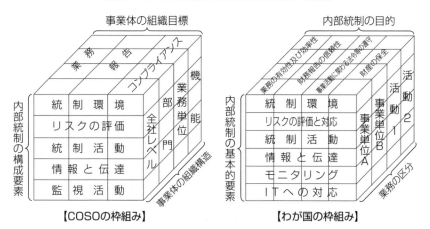

出所：Committee of Sponsoring Organizations of the Treadway Commission (COSO), *Internal Control – Integrated Framework : Executive Summary*, https://www.coso.org/Documents/990025P-Executive-Summary-final-may20.pdf, 2013, p.6.（参照2017-02-01）及び町田祥弘著『内部統制の知識（日経文庫）』日本経済新聞出版社, 2007年, 99頁の図表に基づき筆者作成。

② 統制環境

統制環境は，COSOの枠組みでは「組織全体にわたって内部統制を実行するための基礎となる，一連の基準・プロセス・組織構造」[29]をいい，わが国の枠組みでは「組織の気風を決定し，組織内のすべての者の統制に対する意識に影響を与えるとともに，他の基本的要素の基礎をなし，リスクの評価と対応，統制活動，情報と伝達，モニタリング及びＩＴへの対応に影響を及ぼす基盤」をいう。その具体的な内容は，表現や区分などが異なるものの，誠実さと倫理観に関する言質（ミッション・ステートメント，行動規範，方針や慣行，業務指針，指令やガイドラインなど），内部統制に携わる機関（取締役会など）の独立性と機能，組織構造・指揮命令系統・権限と責任，人的資源に関わる方針や

---

[29] *Ibid.*, p.4.

慣行及び管理，個人への説明責任の付与及び業績評価・報奨制度との連結となっており，ほぼ同様である。

③ リスクの評価（と対応）

　リスクの評価（と対応）については，COSOの枠組みとわが国の枠組みで重点の相違がみられる。COSOの枠組みにおけるリスクの評価とは，「諸目標の達成に対するリスクを明らかにし評価するための動的かつ反復的なプロセス」をいい，リスクは「ある事象が発生し諸目標の達成に悪影響を与える可能性」と定義される[30]。COSOの枠組みでは，リスクを明確化するために，事業体の組織構造の異なるレベル（全社，子会社，部門，業務単位及び機能）に関連づけられた業務，報告及びコンプライアンスに関する諸目標の設定に重点が置かれている。業務目的では「業務上と財務上の業績目標」，報告目的のうち外部財務報告では「会計基準」，外部非財務報告では「第三者による基準や枠組み」，内部報告では「経営管理上の情報有用性（財務的と非財務的の双方）」，コンプライアンス目的では「法令」に準拠して，リスクに対する許容範囲（許容される基準からの逸脱の程度）が検討され，それらを前提に，事業体全体にわたるリスクの明確化と分析，不正の可能性の検討，内部統制に重大な影響を与えうる変化の特定と評価が展開されるものとなっている。

　他方，わが国の枠組みでは，リスクの評価だけでなくリスクへの対応にも重点が置かれ，リスクの評価と対応が「組織目標の達成に影響を与える事象について，組織目標の達成を阻害する要因をリスクとして識別，分析及び評価し，当該リスクへの適切な対応を行う一連のプロセス」と定義されている。すなわち，組織目標の達成に影響を与える組織内外の事象について，組織目標の達成を阻害する要因を，全社目標に関わる全社的リスク又は職能や活動単位の目標に関わる業務別リスクとして識別し，当該リスクの大きさ，発生可能性，頻度等を分析して目標への影響を評価するプロセス（リスクの評価）を受けて，当

---

[30] *Ibid.*, p.4.

該リスクに対して回避，低減，移転又は受容等の適切な対応を選択するプロセス（リスクへの対応）が展開されるものとなっている。COSOの枠組みでは，このようなリスク管理を「全社的リスク・マネジメント－統合的枠組み－（Enterprise Risk Management – Integrated Framework）」（以下，ERMと呼ぶ）によって別途実施する制度設計となっている。

④ 統制活動

　統制活動についても，COSOの枠組みとわが国の枠組みで違いがみられる。すなわち，COSOの枠組みでは，統制活動がリスクの評価と統合的に行われ，その設計及び実施が経営管理プロセス（すなわち，PDCAサイクル）全体を意識して示されている。他方，わが国の枠組みでは統制活動に係る方針と手続自体に重点が置かれている。

　COSOの枠組みにおける統制活動とは，「目標の達成に対するリスクを低減するための経営管理者の指示が，確実に実行されるようにする方針および手続を通じて確立される行動」[31]をいい，リスクを許容可能な水準まで低減するための権限委譲，承認，検証，調整，業績評価などの幅広い活動が含まれる。より具体的には，適切な業務プロセスの決定，事業体に固有の要因（組織の特性，環境，複雑性，体質，業務範囲）の検討，統制活動の組合せ（人的／機械的，予防的／発見的など）の評価，適用する組織階層の検討，職務の分掌を通じた統制活動の選択と展開，目標の達成を支援する技術（業務プロセス用と全般管理用）に対する全般的な統制活動の選択と展開，及びそうして定められた方針と手続及び執行責任と説明責任に従った統制活動の実施，その結果として特定された問題への是正措置及び定期的な方針及び手続の見直しといった統制活動の展開である。

　他方，わが国の枠組みにおける統制活動とは，「経営者の命令及び指示が適切に実行されることを確保するために定める方針及び手続」をいう。それらに

---

[31] *Ibid.*, p.4.

は，業務プロセスに組み込まれ，組織内のすべての者によって遂行されることにより機能する，権限及び職責の付与や職務の分掌などの広範な方針及び手続が含まれる。

⑤ 情報と伝達

　COSOの枠組みにおける情報とは，事業体がその目標の達成に資するよう内部統制の職務を遂行する上で必要な適切かつ質の高い情報であり，また伝達とは，「必要な情報を提供し，共有し，入手するという継続的・反復的プロセス」をいう[32]。その具体的な内容は，情報要件の明確化，組織内外の情報源の捕捉，情報の質（適時性，最新性，正確性，完全性，利用可能性，保護性，検証可能性，保持性）の確保，費用と便益の考慮である。

　他方，わが国の枠組みにおける情報と伝達とは，「必要な情報が識別，把握及び処理され，組織内外及び関係者相互に正しく伝えられることを確保すること」をいい，一般に，それは人的及び機械化された情報システムを通して行われるとしている。情報は，組織目標及び内部統制の目的を達成するため，各組織成員によって遂行される職務に必要なものであり，各組織成員には自らが必要とする情報を適時・適切に識別し，その内容と信頼性を十分に把握し，利用可能な形式に整えて処理し，組織内の情報システムを通して組織内外の関係者へ適時・適切に伝達することが求められている。

　どちらにおいても，情報の伝達には，組織内部に関する情報伝達として経営管理者による全組織成員への経営方針等の伝達と組織上層部や取締役会への重要な情報の適時・適切な伝達が，また組織外部に関する情報伝達として経営管理者による外部関係者への適時・適切な伝達（法令による財務情報の開示等を含む）と外部関係者からの重要な情報の経営管理者や取締役会などへの適時・適切な伝達が求められている。また，内部通報制度や，情報と伝達が有する内部統制の他の基本的要素を相互に結びつける機能への言及も同様にみられる。

---

[32] *Ibid.*, p. 5.

⑥ 監視活動（モニタリング）

監視活動についても，COSOの枠組みとわが国の枠組みとの間に相違はみられない。COSOの枠組みでは，監視活動を「内部統制の五つの構成要素（各構成要素における原則を実行する統制を含む）のそれぞれが存在し，機能しているかどうかを確かめる」[33]行為とし，わが国の枠組みではそれをモニタリングと称して「内部統制が有効に機能していることを継続的に評価するプロセス」と定義している。その内容はどちらの枠組みでも，業務プロセスに組み込まれた日常的評価と，業務プロセスとは離れた立場にある経営幹部，内部監査人，第三者などによる定期または随時の独立的評価とからなり，それらのいずれか又は組合せによって内部統制の欠陥（事業体の目標達成能力に悪影響を及ぼす可能性のある，内部統制システムのある側面における潜在的・顕在的な不備）を適時に診断・報告・是正する監視活動を実施することが求められている。

IV 管理会計アプローチによる内部統制の整備・運用
－外部財務報告志向から経営管理志向へ－

前節でみたように，わが国の枠組みはCOSOの枠組みに基づいており，多くの点で共通している。しかしながら，そこにはいくつかの相違がみられた。その相違は，主に内部統制の目的における違い，とりわけ報告目的における外部財務報告への限定と，内部統制の要素のうちリスクの評価と対応及び統制活動における違い，すなわちリスクを明確化するための諸目標の設定よりもリスクへの対応，経営管理プロセスよりも方針及び手続の重視にみられる。これを端的に言うならば，「志向性」の違いである。すなわち，COSOの枠組みは，業務，報告及びコンプライアンスに関連する事業体全体の諸目標の達成をバランスよく保証する内部統制を志向しているのに対して，わが国の枠組みは，第一義に外部財務報告の信頼性を保証する業務プロセスに係る内部統制を志向して

---

[33] *Ibid.*, p.5.

いると捉えることができる。

　このようなわが国における内部統制の志向性は，次の点からも明らかである。すなわち，2002年に公表された「監査基準の改訂に関する意見書」における「監査基準」の前文において，事業経営の有効性と効率性を高めることよりも企業の財務報告の信頼性を確保することに重きを置いた内部統制の定義が示されていること，また，わが国「内部統制の基準・実施基準」において，「本基準における『Ⅰ．内部統制の基本的枠組み』は，金融商品取引法に基づく財務報告に係る内部統制の評価及び報告並びに監査の実施に当たって，前提となる内部統制の基本的な枠組みを示したものである」（「実施基準」Ⅰ，1）と述べられ，内部統制の四つの目的について，「お互いに独立して存在するものではなく，相互に密接に関連している」としながらも，「金融商品取引法で導入された内部統制報告制度は，…財務報告に係る内部統制についての有効性を確保しようとするものであり，財務報告の信頼性以外の他の目的を達成するための内部統制の整備及び運用を直接的に求めるものではない」（「実施基準」Ⅰ，1(5)）としていること，さらに，「業務の有効性及び効率性は，組織全体として把握することもできるが，必要に応じて事業活動を個々の業務に細分化し，細分化した業務ごとに合理的な目的を設定することが適切である。内部統制は，そうした個々の目的の達成を通じて最終的には組織全体としての有効性及び効率性の達成を支援するべく，組織内の各業務において整備及び運用される」（「実施基準」Ⅰ，1(1)）というように業務を志向していること，加えて，「内部統制の有効性の評価に当たって，まず，連結ベースでの全社的な内部統制の評価を行い，その結果を踏まえて，財務報告に係る重大な虚偽記載につながるリスクに着眼して，必要な範囲で業務プロセスに係る内部統制を評価する」（「財務報告に係る内部統制の評価及び監査の基準並びに財務報告に係る内部統制の評価及び監査に関する実施基準の設定について（意見書）」二，(4)）という「トップダウン型のリスク・アプローチ」が採用されていることから，わが国の内部統制が主として外部財務報告の信頼性を保証する業務プロセスに係るものであることが分かる。

わが国において，このような「外部財務報告に係る内部統制」が制度的にも実務的にも浸透している中で，それがあたかも内部統制全体を意味しているかのような錯覚に陥りやすい。わが国企業における内部統制をより有効なものにするためには，COSOの枠組みのように，事業体全体の諸目標の達成をバランスよく保証するような経営管理を志向したものへと変革する必要があろう。そのための一つのアプローチとして，MCの観点に立ち，BSCを活用して内部統制の整備・運用を行う，管理会計アプローチが考えられる。

　まず，MCの観点からCOSOの枠組みにおける五つの構成要素を眺めると，内部統制全体の監査に関わる監視活動を除いて，それがサイモンズの四つのコントロール・レバーによく符合していることが分かる。それらの内容には重複する部分があり明確に区分できないものの，統制環境は信条コントロールに，リスクの評価は境界コントロールに，統制活動のうち機械的又は発見的コントロールは診断型コントロール・システムに，人的又は予防的コントロールは対話型コントロール・システムにほぼ当てはまる。また，情報と伝達は，情報を基礎とするMCの本質的な特徴である。すなわち，MCは内部統制そのものである，といえるほど内部統制の多くの要素を含んでいる。

　次に，内部統制の整備・運用へのBSCの活用であるが，実はCOSOの枠組みの中で，報告目的における「内部報告」と構成要素における「情報と伝達」に関する部分にBSCへの言及がみられる。要するに，BSCを用いれば，統制責任に関するトップ・マネジメントの明確なメッセージを組織成員が受け取れるよう組織全体にわたり縦横に情報を広めることができる。BSCは，基本的に戦略実行システムであり，現在のところ必ずしも四つのコントロール・レバーのすべてを兼ね備えた戦略的MCSではない。しかし，内部統制へBSCを適用することの合理性は，第Ⅱ節でまとめたBSCの特徴を踏まえれば，単に「内部報告」と「情報と伝達」だけにBSCを適用することに留まらないことが分かろう。

　COSOの枠組みにおける事業体の業務の有効性と効率性に関連する「業務目的」では，業務上と財務上の業績目標の達成によって，資産を損失から保全す

ることを狙いとしている。この点，BSCでは業務に関わる短期的，非財務的かつパフォーマンス・ドライバーを示す業績評価尺度だけでなく，長期的，財務的かつ成果を示す業績評価尺度をも明確に組織成員に示すことで，それらに係る戦略目標の達成へと導き，全社戦略の実現ひいては全社目標の達成が図られる。このことから，内部統制の業務目的を達成する手段となる。また「コンプライアンス目的」については，たとえばBSCの「学習と成長」の視点に盛り込むことやBSCに法令遵守に関わる新たな視点を導入することで達成することが可能となる[34]。

　続いて，内部統制の各構成要素についてはどうか。統制環境は，BSCによって一から整備することはできない。なぜなら，キャプランとノートンが述べているように，BSCは基本的に戦略策定のツールではなく，ビジョンと戦略を所与として構築されるからである。ただし，経営管理者が事業リスクを認識した際に，BSCを対話型コントロール・システムとして用いることで組織成員のダブル・ループの学習を促進し，それが戦略の見直しへと繋がることから，統制環境の整備に役立つともいえる。

　リスクの評価（と対応）については，ビジョンと戦略に基づく戦略目標を設定しその達成を促進するBSCと諸目標の達成に悪影響を与える可能性であるリスクの管理との関係に関する知見が蓄積されてきている。例えば，BSCにおける戦略目標にERMの要素（リスク管理の諸目標）を組み込むことによって両者の相乗効果が得られるとする見解[35]，ERMを組織に導入しリスクに対する認識の一般的水準を高めるためにBSCが有効な仕組みであるとの示唆[36]，

---

[34] 中嶋教夫稿「バランスト・スコアカードと知的資本経営及び内部統制との関係について－A社の事例－」『明大商学論叢』第88巻第2号，2006年，87－100頁。中嶋は，電気機器製造業A社がBSCの視点としてコンプライアンスに関する業績評価尺度を含む「環境・基本と正道の視点」を導入している事例を報告している。

[35] Mark Beasley, Al Chen and Lorraine Wright, "Working Hand in Hand : Balanced Scorecards and Enterprise Risk Management," *Strategic Finance*, Vol. 87 No. 9, March, 2006, pp. 49－55.

[36] Margaret Woods, "Linking Risk Management to Strategic Controls : A Case Study of Tesco PLC," *International Journal of Risk Assessment and Management*, Vol. 7 No. 8,

管理者が直面する事業リスクが増すと業績評価尺度の多様性が増すという経験的証拠の報告[37]，BSCのような経営管理システムの存在がリスク管理と報奨との間の繋がりを強化する可能性の示唆[38]がなされてきている[39]。

　統制活動については，COSOの枠組みにあるように，BSCを診断型コントロール・システムとして整備・運用することによって，さらには予算管理と連携させることによって，組織成員によるシングル・ループの学習を促進し，基準からの逸脱を是正する活動を効果的に遂行することができる。また，事業リスクが認識される場合には，BSCを対話型コントロール・システムとして運用することによって，組織成員によるダブル・ループの学習を促進し，リスクに対処するような統制活動とすることもできると考えられる。

　最後に，監視活動については，BSCは本来，監視機能を有するものであり，

　　2008，pp. 1074-1088. 小売業を営む英国企業Tesco社の事例研究から得られた示唆である。
[37]　Mandy M. Cheng and Kerry A. Humphreys, "Managing Strategic Uncertainty: The Diversity and Use of Performance Measures in the Balanced Scorecard," *Managerial Auditing Journal*, Vol. 31 No. 4／5, 2016, pp. 512-534. オーストラリア証券取引所上場企業トップ200社における経営幹部レベル（戦略事業単位の管理者）を対象とした郵送質問票調査（回答企業44社，回収率22％）の結果である。
[38]　Selena Aureli and Federica Salivatori, "An Investigation on Possible Links Between Risk Management, Performance Measurement and Reward Schemes," *Accounting and Management Information Systems*, Vol. 11 No. 3, 2012, pp. 306-334. ガス・水道・電気・環境事業を営むイタリア企業A社における経営幹部の報奨制度の事例から得られた示唆である（pp. 319-321）。
[39]　キャプランは，戦略実行システムとしてのBSCを用いてリスク管理を行うことには，懐疑的な見解を示している。彼は，予測可能性，管理可能性，経営管理，企業に対する影響度の観点から，リスクを，①既知の回避可能な「所定の業務リスク及びコンプライアンス・リスク」，②戦略に関して予測可能な「戦略リスク」及び③全く予測不能な「グローバル企業リスク」に分類し，①に対しては組織成員への教育訓練及び標準的業務プロセスや内部統制の確立によって対処し，また，②に対しては「戦略マップ」によって戦略目標に対する戦略リスク及び主要業務リスクを特定し「リスク・スコアカード」によってモニターすることを提案している（Robert S. Kaplan, "Risk Management and the Strategy Execution System," *Balanced Scorecard Report* 11, No. 6, November-December, 2009, pp. 1-6.）。

事業や部門単位のBSC及び「個人スコアカード」[40]によって管理者及び組織成員による日常的評価を実施することができる。また，BSC自体について経営者や取締役会などによる独立的評価を実施することにより，内部統制の有効性が保たれているかどうかを判断し，必要とあればBSCを改善することによって，内部統制の再整備に繋げることができると考えられる。

以上のように，BSCを内部統制の整備・運用に適用することには合理性を見出すことができる。そして，BSCという戦略的MCSを構築することは，内部統制の統合的な枠組みを構築することに繋がっていると考えられるのである。

おわりに

本章では，わが国における外部財務報告を志向した内部統制の基本的枠組みに鑑みて，COSOの枠組みのような全体論的立場から経営管理を志向した内部統制の整備・運用を図るための試論を展開した。それは，経営管理のまずさに起因する利益の水増しや損失の隠蔽を経営管理能力の向上によって防ぎ，これを財務報告の信頼性の確保へ繋げようとするアプローチであり，内部統制の整備・運用に当たって，MC概念とそれを理論的基盤として発展してきた管理会計システムを適用することの合理性を考察したものである。

近年，全社的な戦略マネジメント・システムとして注目されるBSCを内部統制の整備・運用に用いることは，次の点から合理的である。第1にCOSOによる統合的枠組みに適合している点，第2に財務的な視点だけでなく非財務的な視点から経営管理を支援できる点，第3にリスク管理やコンプライアンスの要請にも対応できる点，第4にBSCの構築・運用自体が内部統制の整備・運用に繋がる点，そして本文では触れる程度であったが，第5に多様な組織体に導入できる点を，少なくとも指摘することができる。

BSCの適用による経営管理を志向した内部統制の整備・運用を議論するこ

---

[40] Kaplan and Norton (1996a), op. cit., p.81.

とには，大きな可能性がある。BSCにおいて組織成員に関する視点である「学習と成長」の視点及び「内部業務プロセス」の視点と労務管理の諸要素を結びつけることによって，本書のテーマである労務監査を実現するための手段の一つとすることもできよう。

【大槻晴海】

補論3

労務監査論の歴史と展望
－戦後日本の労務監査論の形成・展開・
衰退とこれからの労務監査－[1]

はじめに

　今日，企業経営における労務監査や労務診断が注目されている。2006年の会社法による内部統制規定の適用拡大，2008年の金融商品取引法による内部統制報告制度の法制化などにより，企業統治の在り方に対する意識が高まったことに加えて，中小企業においても労務監査や労務診断の実施を通じて「ブラック企業」でないことをアピールし，企業価値を高めようとする動きが出てきている。さらに，2018年7月に成立した「働き方改革法」[2]により，時間外労働の上限規制の導入や非正規労働者に対する不合理な待遇格差解消のための規定が整備され，企業に具体的な対応が求められることとなったことも，こうした動きに拍車をかけている。
　労務監査は，多くの日本企業にとって目新しい試みであるように見えるが，

---

[1] 本章は，筆者個人の見解を示すものであり，筆者の属する組織の見解を示すものではない。
[2] 働き方改革を推進するための関係法律の整備に関する法律（平成30年法律第71号）。同法は，労働基準法，パートタイム労働法，労働契約法等の8本の法律を一括改正する法律であり，これにより一定の労働者保護規制の強化や非正規労働者の待遇改善等が図られたものの，時間外労働の上限をいわゆる「過労死ライン」とされる単月100時間未満としている点や，労働時間の上限規制の対象外とする高度プロフェッショナル制度の導入なども含み，労働者保護が実効的に強化されるのか疑問なしとしない課題が残されている。

かつて労務監査の考え方と手法は、第二次大戦後の一時期、日本でも盛んに論じられたことがある。それは戦後の復興過程におけるアメリカの労務管理手法の影響下で、1950年代に日本に輸入され、一部の研究者や実務家によって盛んに研究、導入が試みられたものであった。しかしながら、その後は実務的にも理論的にも十分な社会的評価と実績を得ることなく、ほどなく立ち消えとなった。

翻って今日では、いわゆる日本的雇用慣行が崩れつつあり、上に述べた「働き方改革法」の成立などに見られるような新しい働き方・働かせ方が求められている中において、労務監査の役割と意義は増している。そこで本章では、今日の労務監査が果たすべき役割と意義を考えるに当たり、戦後日本の労務監査論の形成と展開の経緯を概観し、そこから汲むべき教訓と展望を得るための素材を提供したい。とりわけ、戦後日本の労務監査論の先駆けとして中心的役割を果たした淡路圓治郎の所説と、淡路が主導した日本労務研究会による「ＮＲＫ式労務監査」と題された労務監査導入の試みを中心に、労務監査論の歴史的系譜、淡路圓治郎と日本労務研究会による労務監査論の形成の過程と内容、「ＮＲＫ式労務監査」の展開と衰退の過程を検討する。その上で、これからの労務監査の在り方について、若干の展望を試みたい。

Ⅰ 労務監査論の系譜

1 労務監査論の源流

アメリカでは、19世紀末から次第に「科学的管理法」を中心とする近代的労務管理が整えられつつあった。1920年代以降、労働組合運動の高揚とそれに対応する労働立法による新しい労使関係の枠組み、人間関係論に基づく労務管理手法の導入などが進められた。そうした中で、新しい労務管理手法の効果を測定する方法として、労務監査が、当時のアメリカの労務管理理論を主導していたスコット、ティード、メトカーフらによって考案、提唱され、第二次大戦後、デイル・ヨーダーらによって精緻化されていった[3]。

ヨーダーは，戦後の労働力不足を背景として推進された労務管理合理化研究の一環として労務監査の研究に取り組み，「三重監査」（Triple Audit）の考え方を示した。それは，労務管理の基本的原則の検証を，①企業，労働組合及び官公庁における労務管理施策，②利益や労務費などの経済的要素，③苦情や転職率などの従業員の態度，という三つの側面から実施し，「職人芸（fine art）による労務管理を，応用科学による労務管理に置き換え」ようとするものであった(4)。

2　日本における労務監査論の生成

　日本における労務監査の考え方と手法は，古くには第二次世界大戦前に国鉄の「査察官制度」があったとされているが，他の多くの労務管理手法と同様に，第二次大戦後のアメリカにおける労務管理論の発展の中で研究された労務監査論を基礎として，主に1950年代に日本に導入され，開発されたものであった。

　先駆的取組みとしては，国鉄が1953年に民間企業に先駆けて「労務監査規程」を制定し，労務監査を実施したが，これは主に，労働組合対策として労働基準法に適合する労働条件の完全実施を目的とするものであり，労務施策の調整や改善を目的とした労務監査とは性格を異にするものであった(5)。労務施策の調整や改善を目的とした労務監査論としては，1952年に鹿内信隆がアメリカを模範とする労務管理制度の一環として労務監査を紹介したのが先駆である(6)。ついで，1954年に淡路圓次郎が「労務監査の構想」を発表し，ヨーダーの三重監査理論を基礎にした「私案の構想」を提示して，その後の労務監査論の展開

---

(3)　ヨーダーは，労務管理施策，労務管理コスト，従業員態度の三つの要素からなるTriple Auditを考案した。その過程は，Dale Yoder, "Industrial Relations Research, Ten Years of Progress", *Bulletin 16*, May 1955, Industrial Relations Center, The University of Minnesotaに詳しい。

(4)　*Ibid.*, pp.11-13.

(5)　中畑三郎「国鉄における"労務監査制度"について－その実態と問題点－」『労働法學研究會報』第6巻第5号，1955年。

(6)　鹿内信隆『アメリカの労使関係－特に労務管理を中心として－』日本経営者団体連盟，1952年，385-386頁。

の出発点となった[7]。同年以降,森五郎[8]や,淡路が主導した日本労務研究会による「労務研究」誌上での淡路,安藤瑞夫[9],吉村司郎[10],黒沼稔[11]らによる一連の論考など,労務監査に関する議論が盛んに行われた。これらは,淡路や森の議論を援用しつつ,戦後約10余年を経過して戦後復興から高度成長へと転換しつつあった当時,ようやく整いつつあった労務管理の近代化を進める企業において,その効果の検証としての労務監査の必要性を説くものであった。日本労務研究会が1960年に発表した『労務監査ハンドブック』[12]は,その集成である。そこで「NRK式労務監査」と呼ばれた手法が,戦後日本の労務監査論の一つの頂点をなした。

これと並行して,会計学を専門とする立場から,企業の内部監査の一部として労務監査を位置づける試みがあった。有本正一は,労務管理の民主化に伴う労務監査を,会計監査をはじめとする内部監査の一環として行うべきことを説いた[13]。山下昌美も,有本とほぼ同様に,会計監査から発展した企業の内部監査の一類型として,労務監査を位置付けた[14]。また,海老塚利明は,メーカー企業の経理部監査課長という実務家の立場から,「経営管理の一環としての人事管理」の監査を行うべきことを論じた[15]。しかし,労務監査の具体的な内容

---

[7] 淡路圓次郎「労務監査の構想」『労務研究』第7巻第4号,1954年。
[8] 森五郎「労務監査の理論」慶應義塾経済学会編『三田学会雑誌』第48巻第5号,1955年。なお,森と淡路は,ほぼ同時期に労務監査を論じていながら,両者ともに相互への言及はしていない。
[9] 安藤瑞夫「労務監査における『施策評定』の方法と手続」日本労務研究会編『労務研究』第8巻第5号,1955年。
[10] 吉村司郎「労務管理予算の編成と分析-企業の実態と問題点-」日本労務研究会編『労務研究』第9巻第5号,1956年。
[11] 黒沼稔『管理分析』,ダイヤモンド社,1956年。
[12] 日本労務研究会編,淡路圓治郎監修『労務監査ハンドブック』ダイヤモンド社,1960年。
[13] 有本正一「労務監査小論」高崎経済大学編『高崎経済大学論集』第6号,1962年。
[14] 山下昌美「労務管理の測定効果(一)労務監査の基礎」近畿大学商経学会編『商経學叢』第10巻第1号,1962年。
[15] 海老塚利明「人事監査実施上の問題点-採用・配置・異動・昇進・離職を中心として-」企業経営協会編『経営実務』1962年2月号。海老塚利明「人事監査実施上の基

については，いずれも『労務監査ハンドブック』の概要を紹介する程度にとどまり，それ以上の踏み込んだ議論に及ぶものはなかった。

3　高度成長期以後の労務監査論の展開

『労務監査ハンドブック』の出版以降，1960年代前半ばまでは，多くの実務家，研究者により，労務監査の必要性を説く論説が続いた。しかし，その大部分は1950年代に論じられた労務監査論の焼き直しであり，それを超えるような議論は見られない。労務監査の理論的展開は，1960年（その一つの集大成である『労務監査ハンドブック』）でほぼ止まったと言わざるをえない。1967年には，中辻万次により「日本で労務監査が定着しない理由」が早くも論じられており[16]，労務監査は理論的に精緻化されながらも，実務的には多くは普及しなかったと見られる。

『労務監査ハンドブック』は，1970年に増補改訂版が出版されたが[17]，1970年代以降，労務監査は，概説書，用語集等で散発的に言及される程度で，本格的に論じたものは見られなくなった。1978年には，日本労務研究会の初代理事の1人である南岩男が「労務監査の新展開」なる論文を「労務研究」誌に発表した。そこで南は，リッカートの学説を援用しつつ，「従来の労務監査を更に発展させて業績評定の領域にまで浸透させ・・・企業の構成要素たる物，金，人の三面を統合して総合的な分析・検討・評価の監査体制を確立する」ことを論じた[18]。労務監査を，業績評定と関連して論じたことは新しい視点ではあったが，具体的な手法には触れられておらず，その後，この説を受け継いだ議論や実施例は見当たらない。

このほか，1970年代以降も，森五郎編集の教科書的概説書が労務監査に言及

礎条件とそのチェックポイント」労務管理研究会編『労務管理』第122号，1962年。
[16]　中辻万治「労務監査機能の展開」『労務研究』第20巻第8・9号，1967年，49頁。
[17]　淡路圓治郎監修『労務監査ハンドブック増補改訂版』日本労務研究会，1970年。
[18]　南岩男「労務監査の新展開(1)－人的側面からの経営分析の提唱－」『労務研究』第31巻第10号，1978年10月。南岩男「労務監査の新展開（続）－人的側面からの経営分析の提唱－」『労務研究』第31巻第11号。引用は後者6頁。

している[19]。森は，1980年代以降，労務監査を「労務評定」という用語に置き換えたが，その内容は，基本的には1950年代の議論の踏襲であり，とりたてて発展的な考え方を提示したわけではなかった[20]。

II 淡路圓治郎の労務監査論と「NRK式労務監査」の形成

1 日本における労務監査論形成の背景

戦後日本の労務監査論の形成の背景には，当時の労務管理の問題状況があった。戦後日本の労務慣行は，第一次大戦後に形成された，大企業の男性ブルーカラーの長期雇用，年功制，会社身分制（学歴，性別による待遇格差）を骨子とする雇用慣行を原型とすると考えられている。これは，労働力確保と労働運動抑制のための経営家族主義的福利厚生施策ともあいまった封建遺制的な前近代性と，その反面での生産性向上の要請による近代的合理性とを併せ持つ，独特の雇用慣行であった[21]。この雇用慣行が，第二次世界大戦時の総力戦の遂行（総動員体制）を経て，戦後占領下での民主化が進められる中で変容し，（大企業の男性を中心とした）長期雇用，年功制，企業別組合という，戦後の新しい日本的雇用慣行の形成へ至った。

戦時期においては，総動員体制と産業報国体制を通じた身分制度の弛緩，企業別の労働力の組織化を通じた企業別組合の基盤形成が進み，一面において戦後体制の基礎をなした[22]。戦後には，占領軍の下で労務管理の「民主化」が急

---

[19] 武沢信一「第17講 労務監査」（森五郎編『労務管理論（増補改訂版）』有斐閣，1974年）。
[20] 森五郎編『労務管理論（新版）』有斐閣，1989年，69-71頁。
[21] 1920年代の日本の雇用慣行の形成については，例えば，兵藤釗『日本における労使関係の展開』東京大学出版会，1971年や，野村正實『日本的雇用慣行－全体像構築の試み－』ミネルヴァ書房，2007年。
[22] 戦時期の統制が戦後体制の形成に果たした役割については，例えば，菅山真次「日本的雇用慣行の形成－就業規則・賃金・＜従業員＞－」（山崎広明，橘川武郎編『「日本的」経営の連続と断絶』岩波書店，1995年）。

速に進められ，特に占領政策の「転換」後は，経営側の「経営権」の回復，復興のための生産性向上に必要な経営の近代化が要請された。これらの要請に対応するため，アメリカからの経営手法が急速に輸入され，労務管理手法についても，アメリカ式労務管理の導入と模倣が相次いだ[23]。アメリカ式労務管理の導入への関心は，戦後約10年を経て戦後の復興から成長期へと至る過程で，その盲目的模倣から，その効果を測定することへ推移した。その手法として，やはりアメリカで研究されていた労務監査が注目されるに至ったのであった。

2　アメリカ式労務管理手法の導入

この当時に日本へ輸入，模倣され，点検されようとしたアメリカ式労務管理手法は，テイラー以来の「科学的管理法」による生産能率向上を中心とした1940年代までの近代的労務管理と，1950年代以降の人間関係管理に基づく「現代的」労務管理とが混在するものであった。具体的には，苦情処理制度，提案制度，労使協約，職階制，職務給，人事考課制度，教育訓練，労使協約の締結，福利厚生の拡充などが，盛んに試みられた[24]。

このような中で，淡路圓治郎もまた，アメリカ労務管理理論を積極的に取り入れ，その延長上で労務監査論を展開していった。淡路は，1885年に生まれ，戦前は心理学の立場から，産業合理化運動などに関与しつつ労務管理論を論じたが，主に労働者の作業能率の効率化を主題とする学者であった[25]。戦時期には，総力戦体制に貢献するための「報国奉公」「滅私奉公」を説き，戦争協力の一端を担ってもいたが[26]，戦後にはこのような軍国主義的労働強化の思想から一転して，「産業民主化」を主張するようになった[27]。それは，「祖国破滅」

---

[23]　戦後のアメリカ式労務管理の導入とその性格については，森五郎『戦後日本の労務管理－その性格と構造的特質－』ダイヤモンド社，1971年を参照。

[24]　同上書，72-128頁。

[25]　淡路圓治郎『人事管理』千倉書房，1938年。

[26]　淡路圓治郎「産業心理学の動向－勤労科学の構想と課題－」（『現代心理学　第八巻　産業心理学Ⅰ』河出書房，1944年）。

[27]　淡路圓治郎『労務総論』河出書房，1949年。なお，淡路の戦時期から戦後への「転

の危機感にもとづく生産復興への処方であった(28)。1951年にアメリカへ渡航して，アメリカの主要企業の労務管理を実地調査し，その結果を翌年に『アメリカの労務管理』としてまとめた(29)。そこでは，アメリカ滞在の調査成果が「玉手箱」に喩えられるほど，アメリカの「先進的」労務管理の手法への期待と憧憬が示されている(30)。

淡路が最初に労務監査について発表した論考は，「労務監査の構想」(1954年)である。ヨーダーの三重監査理論を基礎にして，当時の「彌縫的で，出たとこ勝負の放漫に流れがちな」，「やり放し」の労務管理の「効果を実証的に分析検討」することを目的とした労務監査を提示した(31)。その後，「労務監査の問題点」(1955年)(32)を経て，「労務監査の原理」(1956年)で労務監査の梗概を示した(33)。この論文で淡路は，「戦後10年を経て・・・，労務政策に綜合的検討を加えこれが実施を経営化する必要があり，いわば反省の段階に入っている。近来，各社において労務管理の全面的な自己批判が行われ，労務監査の実施が要望され始めたのも，まったくこの機運にもとづくものと察せられる」として，

向」に関する批判については，裴富吉「労務理論の転向問題－上野義雄・桐原葆見，三好豊太郎，淡路円治郎，広崎真八郎の戦時と戦後－」『大阪産業大学論集社会科学編』第102号，1996年を参照。

(28) 淡路は，復興と産業民主化について次のように述べている。「生産復興が新日本再建の絶対の要件であることについては何人も異論がなく，祖国破滅の危機より救い国民を瀕死の窮境より脱せしめるための急務たることは等しく認めるところである。・・・産業の民主化は云うまでもなく大切であり，・・・労使の立場を対等にするために闘争を続けることは結構であるけれども，立場の対等化は畢竟労使が生産協力者として虚心坦懐手を握って行くための工作にすぎぬことに思いをいたし，・・・協力を怠るべきではないのである。」淡路圓次郎「労務管理の二断層」『労務研究』第1巻第1号，1948年，4頁。

(29) 淡路圓治郎『アメリカの労務管理』ダイヤモンド社，1952年。

(30) 淡路圓次郎「アメリカだより」『労務研究』第4巻第5号，1951年，42頁。

(31) 淡路圓治郎，前掲稿(1954年)，2頁。

(32) 淡路圓次郎「労務監査の問題点」『労務研究』第8巻第5号，1955年，2－7頁。

(33) 淡路圓次郎「労務監査の原理」『労務研究』第9巻第5号，1956年，2－10頁。この論文の最終頁掲載の「労務監査に対する各企業の反響」と題するコラムには，1956年1月に東京，大阪で「第一回，第二回労務監査講習会」が開催され，東京では約100名の参加者があったとされている。

労務監査の必要性を説いた。そして，「労務監査の目的は，当然，労務政策の合理的総合調整をなすために，経営内の労務管理の実態を計画的に調査分析し，これが経営上の効果を実証的に評定吟味し，今後の改善の急所を具体的に発見確定するにある」として，労務監査の意義を説いた。アメリカ渡航から3年後，先に触れた『アメリカの労務管理』の出版を経て，「欧米模倣期」についての総括をなし，戦後労務管理施策の「反省の段階」に入ったとの認識の結果であった。

3 「NRK式労務監査」の形成

　労務監査の構想の具体化は，淡路が主導して1954年7月に組織された日本労務研究会労務監査委員会において進められた。委員会の構成は，淡路を委員長とした18人で，研究者，実務家をあわせた多彩な顔ぶれであった[34]。同委員会は，1955年に「労務施策監査」（Administration Survey：A監査）を標準化し，企業3社でのパイロットスタディーなどを経て，「労務予算分析」（Budget Analysis：B監査），「労務管理効果測定」（Contribution Survey：C監査），「安全監査」（S監査）を標準化した[35]。それらを1958年に「労務監査実施要領書」にとりまとめ，講習会の実施など，労務監査の普及啓発を行いつつ，さらにこれらの全体を「NRK式労務監査」として取りまとめた『労務監査ハンドブック』が1960年に刊行された[36]。

　同書は，ハンドブックといっても660頁からなる大部のもので，全体で4部構成となっている。そのうち，総論部分の「第1部　労務監査とは何か」は，大部分が淡路の既出論文「労務監査の原理」及び「労務監査の問題点」と同一

---

[34]　日本労務研究会・労務監査委員会編『労務施策監査（A監査）実施要領書』日本労務研究会，1958年。

[35]　「S監査」だけは，高梨湛（労働省産業安全研究所長）を委員長とする13人の「安全監査委員会」により取りまとめられた。淡路は委員には含まれているが，「起草委員」にはなっていない（日本労務研究会・安全監査委員会編『安全監査実施要領書』日本労務研究会，1958年，2頁）。

[36]　前掲『労務監査ハンドブック』3-5頁。

内容であり,「第2部　NRK労務監査の実施手続」におけるA監査, B監査, C監査, S監査に関する各論は, それぞれ, 既に公表されていた各監査の「実施要領書」と同一内容である。「第3部　労務監査をめぐる諸問題」は, 新たに書き下ろされた部分であり, 労務監査における評価技法, 経営との関係, 内部監査制度との関係など, 労務監査を実施する場合に考慮, 検討すべき諸問題が論じられている。内部監査との関係については, 淡路自身は, この『労務監査ハンドブック』に先立つ論考で「労務監査は内部監査の一部として推進せらるべく, 既にコントローラーシステムの敷かれている経営では, 当然, 監理室の正常業務として」行われるべきであると述べているが[37],『労務監査ハンドブック』では両者の重複を避けるための調整が必要と指摘されているに過ぎず, 内部統制プロセスの一環として労務監査を位置づける視点は乏しい。「第4部　労務監査の事例集」では, ミネソタ大学のトリプル・オーディット, ラックの労務監査論, アメリカ各社の労務監査, 国鉄の労務監査, 国内各社における労務監査が紹介されている。「事例集」とはいっても, 実際の労務監査の実施例ではなく, 学説の紹介と各社のチェックリスト又は関係規程の紹介が中心であって, 実際の実施例として取り上げられているのは,「○○地方の某銀行において実施した施策監査の結果」の一例のみである[38]。

　これらのうち, 核心となる部分は,「第2部　NRK労務監査の実施手続」における, 各監査の実施手法の詳細解説であろう。それぞれの監査について, 具体的な監査項目, 集計方法が詳細に示され, 集計作業用の様式集まで添付されている[39]。しかし, 一瞥して見て取れるように, その内容は精緻ではあるが, 極めて煩雑であり, 膨大な作業が求められている。監査実施に当たっての過度の負担に加え, 定められた手順を緻密に辿ることによる手続きの自己目的化, その結果としての現実との乖離の懸念など,「NRK式労務監査」の実用性, 実効性は, 企業現場の実務家にとっては多くの疑問を残すものであった。

(37)　淡路圓次郎「労務監査の問題点」前掲稿, 7頁。
(38)　同上書, 570－591頁。
(39)　同上書, 29－341頁。

Ⅲ　労務監査論の展開と衰退

1　「ＮＲＫ式労務監査」の展開

「ＮＲＫ式労務監査」の実施状況は，直接の統計資料は発見されていないので正確な実績は不明であるが，「労務研究」誌上での関連記事の掲載状況をみると，1960年4月号に「第4回労務監査講習会」の開催広告[40]，1961年8月号に「第2回人事労務企画職養成講座」の開催広告（講座内容に労務監査を含む）[41]が掲載された以降は，前述の中辻論文（1967年）「日本で労務監査が定着しない理由」が論じられるまで，「ＮＲＫ式労務監査」に言及した記事はない。「労務研究」誌が日本労務研究会の機関誌として「ＮＲＫ式労務監査」の形成に関与した経緯と併せ考えると，「ＮＲＫ式労務監査」の実施状況は，極めて低調であったものと推定せざるをえない。

『労務監査ハンドブック』は，すでに述べたように，1970年に「増補改訂版」が出版された。そこでは率直に，「本監査システムは，かなり広範囲，多側面にわたるものであり，簡便さを欠くという点で，十分に実務者には利用され難かったという面があった」と述べられている[42]。初版と改訂版との異同は，「第4部　労務監査の事例集」に「ＮＲＫ労務監査実施例（その2）」が加えられていることのみであり，本編部分でのその他の変更は一切ない。新たに加えられた実施例は，立教大学の安藤研究室の指導援助により開発されたという「計数的労務診断尺度」を用いて，化学薬品の製造販売会社で，労務施策分析，従業員意見調査及び労務管理効果分析を実施した例である。そのうち，労務管理効果分析（Ｃ監査に相当するもの）について「計数的労務診断尺度」が適用されている。これは，従来のＣ監査で用いられていた36の「測度」を，12の

---

[40] 『労務研究』第13巻第4号，1960年，64頁。
[41] 『労務研究』第14巻第8号，1961年，63頁。
[42] 前掲『労務監査ハンドブック増補改訂版』3頁。この記述は，同書冒頭の「改訂版刊行にあたって」にあり，その執筆者名は，淡路ではなく，入江遥男（日本労務研究会副会長）となっている。

「指標・測度」に改め，計算作業の簡便化を狙っている。これらの「指標・測度」は，それぞれ「生産性」，「安定性」，「活動性」，「配分性」を示すものとされ，その数値傾向によって，労務管理の適否を見ようというものである[43]。しかし，これらの指標算出は，依然として相当に複雑で多量の計算作業を要するものとなっており，また，前提となるべき労務施策との関連性も具体的には示されていない。

2 「NRK式労務監査」以外の労務監査論の展開

1970年代には労務監査論が衰退の端緒を示す中で，『労務監査ハンドブック増補改訂版』に加えられた改良も初版の限界を乗り越え得るものではなく，労務監査の役割と必要性自体もまた，疑問となりつつあった。

その一方で，中小企業における労務監査機能を実質的に代替していたのが，中小企業診断士による「企業診断」であった。中小企業診断は，1948年に設置された中小企業庁の中心的施策として戦後間もなく開始され，1963年に制定された中小企業指導法（2000年に中小企業支援法に改正）による中小企業診断員制度の法定化などを通じて広く普及していった[44]。その診断項目は，労務管理も含む企業経営全般であり[45]，中小企業にとっては，労務管理分野だけを特別に切り出してチェックするよりも，企業業績に影響する要素全体の診断を，簡潔に実施することがより現実的であり，複雑な手法による労務監査よりも，ニーズが大きかったものと考えられる。

他方，労務監査の源流をなすアメリカ由来の労務管理手法を，独占資本主義

---

[43] 同上書，593-612頁。
[44] 中谷通達『企業診断の手ほどき第17版』日本経済新聞社，1976年，9-68頁。
[45] 伊藤敦巳『中小企業診断』中央経済社，1964年，195-213頁。同書では，労務部門の診断項目として，労務概況，雇用（従業員数の年別推移，勤続年数等），労働条件（賃金，労働時間），労働環境（職場施設，福利厚生，提案制度等），労使関係が挙げられており，これらの診断により「労務管理が十分な方針のもとに行われているか，また場当たり的なやり方でしかなされていないかということがこれによって知られる」とされている（196頁）。

による労働者収奪の強化として捉え，アメリカ的な手法による労務管理を批判する立場から，その有効性検証を目的とする労務監査への批判もあった。例えば，古林輝久は，労務監査を独占資本による労働強化の方策と見て，戦後の米ソ対立構造の中での「独占資本主義社会の矛盾深化に伴う危機意識の自覚，苦悩の現れ」であるとした[46]。また，長谷川廣は，1960年代後半以降の一連の論稿で，アメリカから導入された労務管理手法を，独占資本主義による労働者収奪の強化と位置づけ，アメリカ的な手法による労務管理の「近代化」，「民主化」を強く批判し，その文脈で労務監査を捉えた。長谷川は，労務管理「近代化」の手法としての労務監査が独占資本によってこそ必要とされるものであると指摘し，手法としての「ＮＲＫ式労務監査」については，内部監査などの企業の通常のプラクティス自体に既に含まれているものとして，その必要性を否定した[47]。また，1970年代後半には，国鉄で実施された「職場監査」が，「マル生」（生産性向上運動）復活の攻撃であるとして，強く反発を受けていた[48]。

　アメリカでは，戦後日本の労務監査論の源流をなした「三重監査」を考案したヨーダーが，1982年に，長らくアメリカ労務管理論の概説的教科書として版を重ねていたPersonnel Management and Industrial Relationsの改訂版（第7版）を出版し，1980年代の経営環境の変化（従業員の参加，政府の役割の変化等）に応じた，新しい労務監査の枠組みを提示した[49]。しかし，この議論が日本の労務監査論に影響を与えた形跡は，ほとんど見られない。ヨーダーの議論は，基本的にはアメリカの状況変化を論じたものであって，直ちに日本に応用されうるものではないとしても，もともと日本の労務監査論がヨーダーの所説に多くを負っていることからすれば，1980年代改訂版が与えた影響の弱さは，

---

[46]　古林輝久「労務監査論考」，西南學院大學学術研究会編『商學論集』第4巻第2・3号，1958年，189頁。

[47]　長谷川廣『現代労務管理制度論』青木書店，1971年，129－130頁，228－236頁。

[48]　佐々木守雄「『労務監査』の本質と実態」『こくろう調査』第23号，1980年，32～49頁。

[49]　Dale Yoder, Paul D Staudohar, *Personnel Management and Industrial Relations*, 7th ed.Prentice-Hall, N. J., 1982, pp 501－536.

この時期の日本の労務監査の位置付けを象徴的に示している。

3　労務監査論の衰退と埋没

「NRK式労務監査」が実務的に普及しなかった理由には，直接には，手続きが過度に複雑で，実施コストが過大であったこと，その故に，従業員態度調査や中小企業診断等の簡便な方法によって代替されたことなどが挙げられよう。また，日米の企業統治の在り方の相違や，監査という手続きを受容しづらい企業風土などの要因もあると考えられる[50]。しかし，より根本的な理由の一つとして，労務監査の機能が，日本的雇用慣行の形成過程の中で，日本企業の経営管理プロセスに埋没ないし組み込まれていった過程がある。

これまでに見てきたような労務監査論の発展，展開，衰退の過程は，戦後日本の企業経営における労務管理の発展過程に重ねて見ることができる。労務監査論は，第一次大戦後のアメリカにおける「近代的労務管理」の成立期に起源を有し，第二次大戦後に体系化が図られたものであった。日本においては，第二次大戦後の労使関係の再編過程での労務管理の「民主化」と「近代化」の中で，すなわち1950年代前半までの復興期において，アメリカからの労務管理手法の輸入と模倣が進められたが，1950年代後半以降，日本経済の高度成長の過程で，日本的雇用慣行が形成されていった。それは，「職務」よりも「所属」を特徴的な核として，主に大企業の男性を担い手とする長期雇用，年功制，企業別組合を中心とした仕組みであり，アメリカの労務管理手法が前提としていた職務中心の雇用慣行とは，質的に大きく異なるものであった。日本においても，1960年代前半頃までは，職務中心の雇用慣行への転換が試みられたことがあったけれども，結局成功せずに断念され，日本独自の「能力主義」へ向かい，

---

[50] 例えば，中辻万治は，前掲稿で，労務監査が提唱された当時の企業における監査の未発達，人事権の不可侵性，労務監査能力の不足，労務管理の後進性を指摘している。また，梶原豊は，ライン管理者に労務管理機能が分散化しているアメリカでは人事労務スタッフがラインの労務管理活動を監査する必要があったが，日本では人事労務スタッフに労務管理機能が集中しているために労務監査が普及しなかったと指摘している（梶原豊，茂木一之『労務管理と診断（新訂版）』同文館，1999年，310頁）。

より洗練された形での日本的雇用慣行へと展開していった[51]。戦後日本の企業経営における労務管理の発展過程は、いわば、戦後輸入されたアメリカ的労務管理手法が、日本の慣行に応じた形で換骨奪胎されていく過程であった。

戦後アメリカから輸入された労務監査が、日本的修正を加えられて、『労務監査ハンドブック』により「NRK式労務監査」として取りまとめられたのは、1960年である。それは、前述した日本的雇用慣行が揺籃期から確立期へと向かう時期であった。そして、『労務監査ハンドブック』の増補改訂版が出版された1970年は、やがて来るオイルショック後の低成長時代を控えて、その日本的雇用慣行がほぼ確立した時期に当たる。この中で、労務管理「近代化」のための職務を中心とした労務諸施策は、「人」と「所属」を中心とした日本的な労務管理の中に溶け込み、解消されていった。それは、希薄な「職務」、あるいはその不在という点で、「職務」を機軸としたアメリカ式の「近代的」労務管理とは、決定的に異なるものであった。企業別労働組合による企業単位での閉塞的労使関係にも支えられて、そうした労務管理は、企業の経営管理プロセスの一部として機能するようになった。

労務監査の対象であった「近代的」労務管理施策自体が、日本的雇用慣行に内在する企業経営管理プロセスと一体化するようになっていった。もはや、監査の対象となるべき外来の他律的労務管理施策は、消え去っていた。労務監査の機能として期待された労務管理施策の検証もまた、企業の経営管理プロセス自体の中に取り込まれていったのである。労務監査は、こうして、その存立の基盤を失い、日本的雇用慣行の中に埋没していかざるを得なかった。労務監査とその在り方を示す労務監査論が衰退した根本的な原因は、ここにあったものと考えられる。

---

[51] 日本的雇用慣行を論じた文献は枚挙に暇がないが、職務と所属の関係を中心に論じたものとして、例えば、田中博秀『日本的経営の労務管理』同文舘出版、1988年。

おわりに
－労務監査の展望－

　ここまで，戦後日本の労務監査論の歴史について概観した。これを踏まえて，これからの労務監査の在り方について，若干の展望を試みたい。

　本章で概観したように，日本の労務監査は，戦後アメリカから「近代的」労務管理手法ととともに輸入され，一時期盛んに精緻化と積極的導入が図られたものの，実務的に普及することなく，忘れられていった。それは，当初労務監査に期待された機能，すなわち外来の「近代的」労務施策効果の測定という機能が，高度経済成長下での日本的雇用慣行が（「近代的」労務管理手法を換骨奪胎して包摂しつつ）形成されていく中で，日本企業の経営管理プロセスの中に埋没ないし組み込まれていく過程であった。

　翻って今日では，このような日本的雇用慣行が崩れつつある。年功的昇給の停止，職務に応じた処遇への移行，同一労働同一賃金，雇用の流動化，非正規雇用の増加，労働組合の弱体化と労使関係の個別化，ダイバーシティーやワークライフバランスの推進などが潮流となり，その一方で，新たな格差の拡大，工場法以前とさえ言われる長時間労働や「ブラック企業」の蔓延などの問題が深刻化している[52]。これからの労務監査の在り方は，こうした新しい問題状況

---

[52] 過労死裁判の先例を受けて過重労働対策に取り組んでいたはずの電通において，2016年に過労死自殺が労災認定された。電通に限らず，過重労働による惨事が繰り返されている。こうした中での最近の格差と労働をめぐる問題状況に関し，「日本企業の全体のブラック化も叫ばれている。日本の経営者に，社会や歴史に対するモラルがなくなったとしか言いようがない。かつての日本型経営は，・・・会社を「家」のような共同体とみる思想を対置していた。社員をまとめて面倒を見るという責任感が，かつての経営者にはあった」との指摘もある（奥山忠信『貧困と格差－ピケティとマルクスの対話』社会評論社，2016年，122頁）。ただし，こうした「会社を「家」のような共同体とみる思想」に裏打ちされた責任感は，従業員全体の共同体としての会社という意識による無制限の労働を強いる危険も孕むことに留意する必要がある（野村正實『「優良企業」でなぜ過労死・過労自殺が？―「ブラック・アンド・ホワイト企業」としての日本企業』，ミネルヴァ書房，2018年）。

の中で企業がどのような経営理念を持ち，それに応じて経営と雇用をどのような方向に向けるかという問題と一体である。労務監査の役割は，その経営理念の実現に寄与することにこそある。

　そこでの一つの手掛かりは，企業の内部統制プロセスの一環において労務監査を見直すことであろう。かつて試みられた労務監査は，企業経営の中で専ら労務管理に限られた領域で，労務施策の有効性を検証しようとしたが，それは企業の内部統制の枠組みの中で労務監査を位置づけ，実践しようとする視点が希薄であったことを示している。内部統制の概念は，もともと財務諸表監査の領域で，内部統制が整備されている企業では財務諸表が適正に作成されている「はず」であり，したがって内部統制の整備状況をチェックすることにより不正や粉飾がないことが示されるとの考え方に基づいて，主にアメリカで発展したものであった[53]。日本では，1950年代から企業会計の適性を保証する観点から論じられ，2005年の会社法制定，2006年の証券取引法等の一部改正（金融商品取引法への改編）と，それに伴ういわゆるJ-SOXの導入により特に注目されるようになった。民間企業に限らず，政府の施策を実施する独立行政法人についても，2015年の独立行政法人通則法の改正により内部統制整備が義務付けられるようになった[54]。その具体的枠組みは，COSO（トレッドウエイ委員会支援組織委員会）が1992年に公表した内部統制フレームワークをベースとして，企業会計審議会が2007年に策定した「内部統制報告基準」（2011年改訂）に示されている。そこで内部統制の目的は，①業務の有効性及び効率性，②財務報告の信頼性，③事業活動に関わる法令等の遵守，④資産の保全，であると定義されている[55]。内部統制の範囲は，財務報告の信頼性や会計的適正にとどまら

---

[53]　町田祥弘『内部統制の知識第3版』日本経済新聞社，2015年，57-59頁。
[54]　2015年4月に施行された改正独立行政法人通則法では，内部統制に関する会社法の規定を援用する形で，「業務方法書には，役員（監事を除く。）の職務の執行がこの法律，個別法又は他の法令に適合することを確保するための体制その他独立行政法人の業務の適正を確保するための体制の整備に関する事項その他主務省令で定める事項を記載しなければならない」と規定された（第28条第2項）。
[55]　企業会計審議会「財務報告に係る内部統制の評価及び監査の基準並びに財務報告に

ず，業務の有効性・効率性を含む企業統治の在り方全体に及ぶ。それは，言い換えれば，企業の自己統制を通じて健全な企業経営を図り，企業価値を向上させるための活動であり，そのプロセスであると言える[56]。

　労務監査が対象とする労働力は，企業活動にとって最も重要な労働過程の一要素であり，その確保，利用は，企業経営全体の中での重要な問題である。この労働力の確保，利用に照らして内部統制の目的を考えてみると，①労務施策の有効的・効率的実施，②労務費の適正な管理，③労働関係法令等の規範遵守，④労働力という資産（人材）の適切な保全（必要な人材の確保，能力開発，健全な生活のための処遇），という目的に読み替えることができよう。その観点からすれば，労務管理とその有効性を検証する労務監査は，労務管理の領域だけで独立して行うのではなく，企業の内部統制全体の枠組みのなかで，企業統治全体の在り方と関連づけて実施することによって，実効性を持つことができる。本章で概観した戦後日本の労務監査論は，会計監査の延長等でのごく一部の例外を除き，このような内部統制の枠組みにおいて労務監査を捉え，実践する視点[57]を持ちえなかったことに，その限界があった。

　　係る内部統制の評価及び監査に関する実施基準の改訂について（意見書）」2011年。2011年の改訂は主に中小企業の負担軽減を意図したものであり，内部統制の基本的枠組みの変更はない。なお，COSOの内部統制フレームワークは，2013年に『内部統制－統合的フレームワーク』として改訂され，それに則したリスク管理のフレームワークについても，2017年に『COSO全社的リスクマネジメント－戦略及びパフォーマンスとの統合』に改訂されている。

[56]　内部統制の意義については，町田祥弘，前掲書のほか，川村眞一『現代の実践的内部監査（四訂版）』同文舘出版，2013年。

[57]　このような視点は，内部監査の実務では徐々に認識されつつある。多くの場合，企業等の内部監査は，米国に本部を置く国際的な内部監査の専門団体である内部監査人協会（The Institute of Internal Auditors, Inc.：IIA）が作成している「専門職的実施の国際フレームワーク」（International Professional Practices Framework（IPPF））に準拠して行われている。そこでは，「内部監査は，組織体の運営に関し価値を付加し，また改善するために行われる，独立にして，客観的なアシュアランスおよびコンサルティング活動である。内部監査は，組織体の目標の達成に役立つことにある。このためにリスク・マネジメント，コントロールおよびガバナンスの各プロセスの有効性の評価，改善を，内部監査の専門職として規律ある姿勢で体系的な手法をもって行

企業が確保，利用すべき労働力は，労働者という生身の人間が保有しているものであって，人間の生活から切り離すことはできない。労働者からすれば，労働力の提供を通じて，働きがい，生きがいを獲得し，労働が生活の豊かさを実現するものでなければならない。したがって，適切な内部統制の実施によって実現される適正な労働力の確保，利用は，労働者の生活の豊かさを実現するものでなければ，持続しないであろう。その点からすれば，企業が労働者をどのように働かせるのかという問題は，企業が何をもって自らの企業価値を向上させるのか，そのためにどのような統制を行うのかを問うことになる。換言すれば，企業がいかなる経営理念を掲げるのか，それを実現するための確固たる意思を持ち，自己変革するのか，という問題にほかならない[58]。

う。」と定義されている（一般社団法人日本内部監査協会編，『専門職的実施の国際フレームワーク2017年版』一般社団法人日本内部監査協会，2017年，31頁）。その枠組みにおいて，企業等の内部監査部門は，自らの経営改善や業務改善を目的とした監査の一環として人事労務分野におけるリスクの評価を行い，そのリスクに応じたテーマを設定し監査を行っている。こうした監査実務について，例えば，島田裕次編著『内部監査の実践ガイド』日科技連出版社，2018年は，会計業務監査，営業・販売業務監査，コンプライアンス監査，海外監査等の12項目の業務別監査対象分野の一つとして「人事・総務業務の監査」を位置づけた上で，人事・総務分野の主要な監査項目を例示し，その実務手法を論じている。近年の企業等の内部監査の実務では，労務監査だけが他の業務監査から抜きんでて特別な位置づけを得ているわけではなく，全社的なリスク管理の一環として行うことが目指されるようになっている。

[58] 過労死や過労自殺を生み出している企業は，あからさまに労働者を使い捨てにするような「ブラック企業」に限られず，むしろ伝統ある有名企業，優良企業において，多くの従業員が長時間労働による過労うつや，脳心臓疾患，精神障害，慢性的疲労に追い込まれている。先に述べた電通もその一例であり，「日本の会社の大半は，ブラック・アンド・ホワイト企業である」（野村正實，前掲書，12頁）のが実情であろう。日本の戦後史の中で，従業員全体の共同体としての会社という意識が形成され，「会社が従業員を無制限の労働に駆り立てるとともに，従業員自身が無制限の労働にのめり込んでいってしまう」（同書193頁）という状況を指摘した野村の議論には大いに首肯すべきものがある。しかし，そうであるからといって，「ブラック・アンド・ホワイト企業の改革を企業内部に期待することはできない。・・・企業の内部からの自己変革を期待できない以上，会社の外から規制をかけて変えていく以外にはない」（同書196-197頁）とすれば，もはや労務監査に期待される役割はない。企業の自己変革をも展望した経営理念が求められている。

企業が持続的発展を目指すのであれば，企業価値向上の要素として，労働の豊かさの実現は欠かせない。労働者にとっては，労働の豊かさを基礎としてこそ，生活の豊かさが実現される。企業の長期的経営と生活の豊かさをいかにして実現するか，その目指す方向が経営理念として問われる。労務監査の役割は，この経営理念に照らして行う労務施策を実現するために，企業の内部統制が有効に機能しているかを検証することである。このような観点から，労務監査がいかにして労働者の幸せと企業の幸せを両立させることができるか，そのための理論と実践を追及していくことが，研究者，実務家に等しく課された課題である。

【後藤信二】

【コラム】

コラム1

何のための労務監査か[1]

I 監査人の不安

　そもそも労務監査とは何のために行うのであろうか。私は，内部監査関連業界の仲間から，ある会社の内部監査の現場での失敗談を聞いたことがある。これを手かがりに，労務監査の目的について考えてみたい。

　その会社のある支店で３６協定違反があり，それが労基署に指摘され，改善勧告を受けた。幸いにも指摘された問題は，どちらかというと書面上の手続きの不備によるもので，労務管理の実態として深刻な違反があったというわけではなかった。労基署もそういう認識で，しかるべき手続きを整えることにより，その後の追及は受けずに済んだ。しかし，違反は違反であるから，本社としては当然に，同様の問題が生じないように各支店に注意喚起を行い，点検を促した。それが確実に実行されているか不安を抱いた担当監査人は，３６協定手続きの遵守を監査の対象とすることを内部監査部の同僚に提案した。ところが，それは受け入れられなかった。振り返ってみるに，その監査人氏は，どうやら監査の目的を取り違えていたらしい。

---

[1] 本コラムは，筆者個人の見解を示すものであり，筆者の属する組織の見解を示すものではない。

II 経営者の目

　労務監査は，特に法律で義務付けられたり規制されたりしているわけではない。労働基準監督署などの公権力による取締りであれば，その目的は，法律に照らした最低水準での労働者の保護であり，会社法による監査役監査や会計監査人監査であれば，不正や粉飾の防止を通じた株主や取引先の保護である。他方，労務監査には，そのような法的根拠はない。労務監査は，企業や組織体が自らの発意で行うことであるから，強いて言うならば，企業が営利を目的としている限りは，企業利益の増進に貢献することが目的ということになろう。

　それでは，企業はどのように利益を増進するのか。単純に考えればコストを最小化し，売上げを最大化することである。人件費は，企業が負担するコストの最も大きなものの一つであるから，企業は人件費の管理に大変に気を遣う。極端に言えば，労働基準法ぎりぎりの最低水準で働かせれば，人件費は最低にできる。それどころか，その最低限さえ守らないブラック企業すら跋扈する。だから，うちはブラックではありませんよというために，法令違反をしていないことを示してあげることがビジネスになる。最近の「労務診断」とか，「経営労務監査」などと謳っているものの多くは，おそらくこの類であろう。

　しかし，まっとうな経営者であれば，それで本当に利益を増進し，企業価値を向上させることができるとは考えないであろう。どのように労働者を使うのか，それは経営者の考え方次第である。目先のコストを優先して法律ぎりぎりのところで使い果たすか，長い目での生産性や創造力を考えるか，それは，まさにどのような考え方で経営を行うかという問題にほかならない。

　企業が法令を守ることは，当たり前である。とはいえ，現実には，この当たり前がなかなか守られず，企業不祥事が繰り返されるから，そこに注目が集まり，それを点検し，お墨付きを与えることがビジネスにもなる。しかし，問題はそこから先である。ルールを守ったうえで，企業はどのようにして利益を向上させるのか，企業はそれぞれに，その考え方を有しているはずである。目先

の利益だけを見て，粗悪品を売りつけて荒稼ぎするのでは，長続きはしない。そういう企業は，自ずと消費者と社会に見限られて，破綻する。企業が組織体として存続し，安定した利益を出していくためには，短期的な利害にとらわれず，社会に受け入れられ，社会に評価され，社会に必要とされることが不可欠であろう。その中でこそ，企業は利益を出せる。だから，まっとうな経営者は，企業が社会において果たすべき役割と責任を考える。

Ⅲ　まっとうな働かせ方

　企業の活動は，単に商品を生産・販売することだけでなく，その過程において生じる一切の要素を含む。企業は，その表向きの所有者である株主ばかりでなく，製品の開発，原材料の調達，製造，販売，アフターサービス，それらに関わる取引先，労働者，地域社会などとの関係において，社会の一員としての役割を担っている。その役割を果たすことが企業には求められる。企業活動に欠かせない労働力をどのように使うのかということは，その役割を果たす上で最も重要な要素の一つである。労働者の働かせ方は，企業の社会的責任の果たし方として現れる。企業が優れた商品を社会に提供し，しかるべき利益を上げることにより社会的責任を果たそうとするのであれば，それができるように労働者に十分な能力を発揮してもらい，それに見合う正当な待遇を与え，生活と労働の調和した環境を整えることを考えるだろう。

　そういう，まっとうな働かせ方，働き方，最近の言い方にすればディーセントワークとでもいうものを実現すること，あるいはそれに向けて努力することが経営者の課題であり，労務管理の理念，経営の理念になるはずである。この理念にそぐわない働かせ方は，企業の目指す活動を損ない，利益を損なうリスクになる。そこで経営者は，経営理念に照らして企業活動に貢献する働かせ方が実現しているか，チェックする。それが労務監査にほかならない。

　労務監査の主体は，まず一義的には経営者である。しかし経営者が自ら詳細なチェックを行うことは現実的ではないから，それを専門の部門や専門家に委

ねる。労務管理に限らずとも，経営の合理性，効率性，効果をチェックし，リスクが然るべくコントロールされているか，内部統制が有効に機能しているか検証することは，企業にとって死活的な問題である。そのため多くの企業には，それを担う内部監査部門がある。労務管理は，企業にとっての大きなリスクの一つであるから，当然に労務管理の実態が内部監査の主要な対象の一つになる。そのうえで，労務管理に関する専門知識や技能が不足していれば，社外の専門的リソースに外注するかもしれない。弁護士や，大手コンサルタントだけでなく，社会保険労務士がそれを受注できれば，一部に悪評もある社労士にとっても誇らしいことである。

　実際の職場で，人をどのように働かせるか，賃金，評価，雇用形態，労働時間，その他もろもろのことを具体的にどのように行うかは，企業が，自らの理念に照らして考える問題である。模範解答があるわけではない。それを探ることが，我々が本書で目指す課題にほかならないけれども，いずれにせよ，その基準は単に法令の最低水準を満たしているかどうかということではない。法令違反をいかに回避するかという受け身の問題ではなく，自社に固有の経営理念に照らしていかに企業価値を高めるかという能動的な営みである。

Ⅳ　経営理念

　経営理念については，2015年に東京証券取引所が定めた「コーポーレートガバナンスコード」でも，会社の持続的な成長と中長期的な企業価値の創出は，従業員，顧客，取引先，債権者，地域社会をはじめとする様々なステークホルダーによるリソースの提供や貢献の結果であると指摘され，会社は自らが担う社会的な責任についての考え方をふまえ，その価値創造に配慮した経営の基礎となる経営理念を策定することが求められている（2018年6月の改訂でもその点に変更はない）。しかし，経営理念といっても，うわべの言葉だけを取り繕えばよいというものではない。「愛の経営」とか「社員が幸せでなければ会社とは言わない」という「理念」の下で，異常な長時間労働を強いる賃金体系を

築いて従業員を過労死に追いやった大手外食チェーンや,「人が財産」と言いつつ過労死自殺を繰り返す大手広告会社など,虚しい「理念」が後を絶たない。

　必要なのは,こういう上滑りの言葉ではなく,実のある経営のディシプリンである。中部地方に本社を置くある中堅資材メーカーでは,残業ゼロ,年間休日140日プラス有給休暇40日,定年70歳,ノルマ無し,5年に一度の会社負担による海外旅行があり,全員が正社員で,給与は完全な年功序列,若手を含めた従業員の意欲は高く,創業以来約50年間赤字なしで,相応の利益を上げているらしい。なぜなら,どの従業員にも,自分を大事にしてくれている会社には仕事で報いるという気持ちがあるからだという。無理やり長時間にわたって労働者を働かせなくても,人事評価で過酷な競争を煽らなくても,会社は儲かるとのことである。良い事づくめの裏には,なにやらカラクリがありそうだけれども,それを実現しようと真剣に取り組む姿勢が,経営理念というものであろう。

　とはいえ,どんな立派な理念を掲げていても,利益を上げていても(残念ながら多くの場合には,利益を上げているからこそ),問題は必ずある。それを企業は気付かないでいたり,隠していたりするかもしれない。最近も,日本の代表的な大手自動車メーカーのトップが巨額の報酬を不正に得ていたとして逮捕された。そういう隠された問題を自ら点検し,詳らかにし,自らが掲げる理念に照らして改善しなければ,企業が利益を上げ続け,存続することはできない。

V　監査人の反省

　さて,初めに紹介した失敗談について言えば,当時,その会社では新規事業の展開のために支店の役割を大きく変更しようとしていた。しかし,多くの支店では,人も予算も不足する中で,対応に苦慮せざるを得なかった。このままでは,いずれ無理が嵩じて問題が噴き出すのではないか。新規に展開する商品知識を支店の労働者は十分に持っているのか,売る方の当人がよくわかっても

いない商品を売るだけ売って顧客にどういう影響が生じるのか，不足する人員をパートや期間雇用者だけで賄うことができるのか，地域に根付いた支店を支える人材をどのように確保し，育成するのか，管理職にも部下にも過度な負担がかかっていないか，支店長は売上げ至上の圧力を受けていないか，問題は山積していた。こういう問題こそが，経営にとって大きなリスクである。３６協定違反は，自社が直面していたそれらの問題点の現れの一つに過ぎなかった。

３６協定の手続き違反が些細な問題であるとは言えないだろうが，それだけを見て，その背後にある労務リスク，経営全体に関わるリスクを見なければ，経営に貢献することはできない。新規事業による支店の負担増は長時間・過重労働につながりかねず，それが品質の低下，顧客の信頼の喪失，事業そのものの失敗すら生むかもしれない。経営理念に照らして支店経営にどういう問題が生じているのか，会社全体にどういうリスクが及んでいるのか，それを見ないで３６協定違反に現れ出た現象面だけをなぞらえようとする，自分の提案が採用されなかったのは当然であったと，件の監査人氏は反省したらしい。

この話を思い出しながら，労務監査とは，こういう実のある経営理念の視点の下で行われなければ意味がないと，今さらながらに私は考えている。

【後藤信二】

コラム2

労働の豊かと生活の豊かさ

はじめに

　かつては，生命を生み，育てるために必要な活動，すなわち「生活労働」のすべてが，もっぱら家庭において，家族の協力のもとに，時としては地域社会の支援のもとに行われた。この生活労働には，生命を生み，育てるために必要な手段（生活手段）と素材（生活素材）をつくり，調達する活動と，それらを使いこなし，生命に転換していく活動とが含まれている。この生活労働は，苦痛，肉体的重労働，場合によっては生命の危険を伴うものであり，かつその中には，他の人に代行してもらうことの可能なものも含まれている。

　そこで，生活労働のうち，他者によって代行可能な部分を，他者に代行させることによって，生活労働から自由になる道，すなわち「生活労働の外部化」の道が選ばれることになった。しかも，この生活労働の外部化には，多様な形態がありうるのであるが，その中から，企業による生活労働の代行の道，すなわち「生活労働の商品化」の道が，主要な道として選択されることとなった。ただし，この場合にも，人々は，生活労働から完全に自由になることは，ついにできなかった。というのは，企業によって商品として生産された生活手段や生活素材，さらには，企業によって商品として代行される生活労働は，「お金」を払って企業から買わなければならず，しかもそのための「お金」は，企業によって雇用されて，企業の担当する商品生産活動の一端を遂行する対価としてはじめて獲得可能となるからである。そこで「生活労働の商品化」の道が，

生活労働の外部化の方法として選択される場合の人々の「生活」は，企業の中で営まれる「生産生活」・「労働生活」(working life) と，家庭において営まれる「消費生活」・「家庭生活」(family life) とから構成されることとなる。

さて，「労務監査」は，企業における「労働生活の豊かさ」が，企業の競争力の向上，したがってまた企業の発展の原動力であるとする前提に立脚して，企業における「労働生活の豊かさ」の質を問うものであるが，生活労働の商品化の下での人々の「労働生活」に関して，その豊かさを問う場合は，企業における生産生活と家庭における消費生活との間に，次のような形で密接な相互関連が存在しているので，家庭における「消費生活の豊かさ」の問題を等閑に付すことは許されない。

企業における生産生活の中からつくり出されるものは，消費者によって買い取ってもらえるもの，したがってまた家庭における消費生活に真に必要とされるものでなければならない。また，企業によって商品生産活動への貢献の対価として支払われる賃金は，それでもって消費生活に必要な商品を買うことのできる購買力を持つものでなければならない。さらに，人々が消費生活を通じてつくりあげる労働力は，企業の商品生産活動のために企業が必要とする労働力であり，したがって企業によって買い取ってもらえるものでなければならない。それのみではない。人々の生活が，企業における生産生活と家庭における消費生活とから構成される場合には，企業における拘束時間が長くなれば，家庭における自由時間がその分だけ短くなり，したがってこのかぎりにおいて，人々の生産生活と消費生活との間には，対立的な関係が存在する。他方で，生産生活の質の向上と，消費生活の質の向上との間には，相互に促進しあう関係も，他を犠牲にする関係も存在する。さらに，企業の中での生産生活における「働きがい」が，人々の生活全体に，「生きがい」をつくり出す場合もある。

I　生活の豊かさの条件

人々の生活が，企業の中での生産生活・労働生活と家庭のもとでの消費生

活・家庭生活とから構成されている場合に，人々の生活の質を問うためには，生活の質の程度をはかる尺度を必要とする。そのような尺度の一つは，「生活の豊かさ」であるが，生活が豊かであるといわれるためには，人々の肉体的「生存」が可能であるだけではなく，「人たるに値する生活」（decent life）が可能でなければならない。以下，本節では，人々の生活を，家庭で営まれる消費生活と，企業において営まれる労働生活とに分けて，それらが「豊かである」といわれるための条件について考察する。

1 消費生活の豊かさ

消費生活が豊かであるといわれうるためには，少なくとも，次のような条件が満たされていなければならない。①人たるに値する生活を営むために真に必要なものが，企業によって研究・開発されて，生産・販売されていること，②人たるに値する生活を営むために必要なものを購買する「お金」があること，③そのためには，企業によって雇用が保障され，人たるに値する生活を可能にするだけの賃金が企業によって支払われていること，④人たるに値する生活を営むために必要なものを使う時間が十分に確保されていること，そして⑤その時間が，「人たるに値する家庭生活」，「人としての成長」，「企業の商品生産活動を担当しうる能力の育成」のために実際に使われることが，それである。

2 労働生活の豊かさ

労働生活が豊かであるといわれうるためには，労働生活は，何よりもまず，消費生活が豊かであるといわれうるための条件のうち，雇用の保障，人たるに値する生活を可能にするだけの賃金の保障，そして家庭生活を可能にする長さの労働時間の確保という条件を満たすものでなければならない。そのうえで，労働時間の長さに関しては，働く人の心身の健康の保持を可能にし，働く人のすべてに「雇用の分かち合い」（work sharing）を可能にする長さでなければならない。

労働の内容に関しては，①人々の消費生活に本当に必要なものをつくる活動，

すなわち社会的に意味のある活動であること，そしてこうした活動に自分がかかわっていることに由来する「働きがい」・「生きがい」を働く人に与えるとともに，さらにこのことが，人々の消費生活をより一層豊かにすることに寄与する新しい商品の生産へと働く人を駆り立てる原動力となるようなものであることが，まず求められる。次に，②労働の内容に求められるのは，社会的に意味のある商品の生産にかかわっている人々の間に，相互学習と相互協力を通じて「社会的なつながり」が生み出され，そのことが「働きがい」・「生きがい」をさらに強めるような労働であることである。③労働を介して，「人としての成長」が可能になることも，労働生活が豊かであるといわれるためには，必要である。さらに，④労働者の人としての自由と基本的人権と平等とが職場において保障されていなければならない。ここで特に重要な事項となるのは，国籍・信条・性別・社会的身分による差別の禁止，組合所属を理由とする差別の禁止，雇用形態による差別の禁止，奴隷的拘束と苦役からの自由，労働関係から離脱する自由，職業選択の自由，労働者の思想・良心の自由，集会・結社・表現の自由，プライバシーの権利の保障，労働基本権（団結権・団体交渉権・団体行動権＝争議権）の保障，そして労働内容及び労働条件の決定や変更に個人としても集団としても関与する権利である。最後に，⑤安全・健康・快適な職場環境も，労働生活が豊かであるといわれうるためには，保障されていなければならない。

さて以上の条件に関して，ここで確認されるべきは，次の3点である。

第1点は，豊かな労働生活のもとに営まれる豊かな消費生活は，実は日本国憲法によってすべての日本国民に保障されている「基本的人権」をなすものであって，したがって国が総力を挙げて実現しなければならない憲法上の要請をなしていることである。

第2点は，雇用の安定と人たるに値する生活を可能にする賃金の保障とによる購買力の創出・内需の拡大は，企業の発展にとっても，一国の経済の発展にとっても不可欠な条件をなしていることである。

第3点は，人々の消費生活を豊かなものにするために真に必要な商品こそが，

企業の競争力を向上させるのであるが，しかもこうした商品は，豊かな労働生活からのみ生まれることである。すなわち生活の不安から解放され，真に社会的に有用なものを構想し，具体化する自由，したがって働く人の創造性がみとめられる労働生活の中からのみ，消費生活を豊かにする商品は生まれることが注意されねばならない。

II 生活の実態

　豊かな労働生活のもとに営まれる豊かな消費生活は，一方において，日本国憲法によってすべての日本国民に保障された基本的人権であって，したがって国が総力を挙げて実現しなければならない憲法上の要請であるとともに，それは，他方において，購買力のある消費者と，創造力のある労働者を必要とする企業が全力を注いで実現に努めなければならない課題である。にもかかわらず，人々の生活の実態は，消費生活においても，労働生活においても，こうした要請からはかけ離れており，むしろ，「豊かさ」よりも「貧しさ」がきわだっている。以下，本節では，こうした生活の実態に目を向けることとする。

1　消費生活の実態

　1　非正規社員に典型的に見出されるのであるが，雇用の不安定化と低賃金のゆえに，憲法で保障されているはずの，「健康で文化的に最低限度の生活」さえ享受できていない人々がいる。

　2　正規社員についても，ワーク・ライフ・バランスの必要性が指摘されるほどに，生活全体の中で，労働生活（ワーク）にさかれる時間が多く，家庭生活（ライフ）にさかれる時間も少なく，かつその内容についても「貧しさ」のほうが前面にでてくる。

　3　家庭生活で消費するもの，使用するものが，消費者が本当に必要とするものではなくて，生産者によって，必要と思い込まされているものである。このことによって，生産者主導の生活様式が展開されることになっている。

4　家庭生活で使用する商品が，人間の健康や，地球環境の保全にとって有害な「欠陥商品」である場合もある。

5　消費者が必要とするものであっても，生産者である企業に利益をもたらさないと解されるものは，そもそも企業によっては生産されることはない。

6　企業による商品生産が，「生活労働の外部化」の一形態であるかぎりにおいて，そこには，生活労働を担当することが不必要となることから，「生活能力の委縮」という問題と，「協力・連帯・学習」の不必要に起因する「家庭と地域社会の解体」という問題が生まれる。

2　労働生活の実態

1　「雇用の安定・保障」と，人たるに値する消費生活を可能にする額の賃金の支払いとは，「人たるにふさわしい労働」(decent work) の中核をなすものであり，国が総力を挙げて実現しなければならない憲法上の要請であるが，しかしながら，使用者によって採用が好まれている雇用形態は，むしろ雇用期間に定めのある「有期雇用」である。というのは，一つには，有期雇用は，商品に対する需要量の変動に対応して，弾力的に雇用量を調整しやすい雇用形態であるからである。それのみではない。もう一つには，有期雇用は，通常，低賃金と結びついており，人件費を節約できる雇用形態でもあるからである。その結果として，雇用が不安定で，低賃金の，したがって生活不安におびえる非正規労働者が急増することとなっている。しかし，雇用不安におそわれているのは，有期雇用の非正規労働者のみではない。雇用期間に定めのない正規労働者・正社員についても，その数を極力少なくするために，いわゆる「リストラ」の対象とされ，雇用不安が広まっている。

2　多くの正規労働者・正社員が，少ない要員数のもとでの，長時間の過重な労働のために，一方では，家庭生活と地域社会での社会生活に振り向ける時間を奪われており，さらに他方では，心身の健康を害し，過労死，過労自殺にまで至っている。

ここで特に問題とされねばならないのは，「年功主義管理」に代わって，導

入されている『能力主義管理』の存在である。「年功主義管理」においては，学歴・年齢・勤続年数が，労働者の能力指標として想定されており，したがってまたこれらの指標にもとづいて労働者の処遇も当然に行われるのであるが，新しい市場状況や新しい生産技術が人的生産力である労働者にもとめる能力と，年功主義管理において培われる能力とが一方で詭離するとともに，他方で，高学歴化・高年齢化・勤続年数の長期化は，自動的に人件費の総額を増大させることとなる。そこで，新しい市場状況と生産技術の要請に応ずる能力と意欲とを持った人的生産力の育成と，地球的規模での企業間の価格競争からもとめられる人件費総額の節約を実現するものとして，「能力主義管理」の導入が試みられることとなった。

　この能力主義管理は，(1)企業が必要とする職務を遂行することのできる能力を実際に持っているか否か（能力考課），(2)企業が割り当てた職務を実際に達成したか否か（業績考課），(3)企業が割り当てる職務内容の変動にもかかわらず，すすんでこれらの職務を遂行しようとする心がまえを持っているか否か（情意考課）を総合的に判定する「人事考課」にもとづいて，労働者の『職務遂行能力』を判定し，この判定結果にもとづいて労働者の処遇を行うものである。このうち業績考課は，「目標管理」を活用して，目標の達成度を算定するものであるが，その際基準とされる目標そのものの水準が，情意考課ともかかわって高水準のものとなることが，長時間の過重な労働を労働者に課することとなる。

　3　労働内容及び労働条件の決定や変更の際には，使用者と労働者の合意が前提とされているのであるが，使用者による一方的決定がまかりとおっている。転勤，出向，配置転換，解雇，残業，賃金，労働時間，職務内容の変更がしばしば，使用者によって一方的に行われている。

　トヨタ生産方式は，市場の変動，すなわち需要の質と量の変動に，労働者の作業の内容と作業量を弾力的に変えることによって，対応しようとするものであるが，作業内容と作業量の変更は，使用者と労働者の合意のもとに決定されているわけではない。

また，能力主義管理の基軸をなしている，「人事考課」の対象，評価基準，評価結果の処遇への反映のさせ方，労働者間の格差のつけ方に関する決定に，労働者が参加することが制度的にみとめられているわけでは，けっしてない。

　4　労働には，労働者の物質的経済生活・消費生活を支えることのほかに，(1)人間としての成長を可能にし，(2)仕事の面白さ・楽しさを味わわせ，(3)社会の役に立っていると感じさせ，(4)仕事仲間との人間的な繋がりを深めることによって，労働者に「生きがい」を与えるという意義があるのであるが，現実に労働者に職務を割り当てる際に，こうした側面に対する配慮が十分に払われているわけでもない。

　5　労働時間については，週40時間，1日8時間という原則があるにもかかわらず，実際には，変形労働時間制，裁量労働制，労働基準法第36条による労働時間の延長，名ばかり管理職，ホワイトカラー・イグゼンプションといった形で，さまざまな例外が認められている。

　6　職場における思想・信条の自由と平等，差別の禁止という憲法上の要請にもかかわらず，男女の差別，国籍・信条による差別，雇用形態による差別，組合所属による差別，さらにはパワハラ，セクハラといった人権侵害の実例が存在する。

　7　職場における労働者の安全・健康に対する配慮が十分に払われているわけではない。

Ⅲ　「生活の貧しさ」の根源

　人間にふさわしい豊かな消費生活と豊かな労働生活とが，一方において憲法によって保障されており，他方で企業が発展する原動力・基盤であるにもかかわらず，人々の現実の消費生活と労働生活とを，豊かなものから乖離させている要因は，何なのであろうか。こうした要因として，まず第1に指摘されるべきは，日本の労働者保護法そのものの「制約力」が不十分なために，使用者に対する規制が弱いことである。ここで取り上げられねばならないのは，例えば，

労働者の「解雇の制限」に対する二つの路線の対立である。すなわち「トリクルダウン説」(trickle-down theory) を基礎とする規制緩和説と規制強化説との対立が，それである。

　第2に指摘されるべきは，使用者の一方的決定を阻止することを期待されている労働組合の規制力が弱いことである。ここでは，われわれはまず，日本の労働組合が「企業別組合」であるために，労働組合の規制力の強さが，企業の競争力を傷つけ，ひいては労働者の雇用と労働条件に不利な事態をもたらすことに注意しなければならない。次いで注意されるべきは，企業によって強力に展開されている能力主義管理が，労働者に個人相互の間の競争を強要し，そのことが労働者が連帯して労働生活の問題，さらには生活全般の問題に取り組むことを困難にしていることである。

　第3に指摘されるべきは，地球的規模での企業の事業活動の展開が，一方でそのために必要とされる資本の調達とのかかわりで，株主の短期的な配当増額要求，もしくは株価上昇要求に応える形で，他方で地球的規模での企業間の価格競争に勝ち残るために，経営者に，短期的な利潤追求，特に人件費の節約を強要していることである。

　第4に，われわれが看過することができないのは，そしてわれわれが特に強調しなければならないのは，消費者が，「人間にふさわしい労働」(decent work) の要請に背反する形で，安く，速くつくられた商品のほうを選好し，購買するという事実である。すなわち，消費者の短期的利便性の志向が，一方で「貧しい労働生活」(解雇・長時間の過重労働・低賃金・非人間的労働等) をもたらし，他方でこの貧しい労働生活が，さらに「貧しい家庭生活」をもたらしているのである。

Ⅳ 「豊かな生活」の実現のために必要なこと
　　　－消費者と労働者の連帯－

　人々の生活を豊かにするためには，当然，人々の生活を貧しいものにさせて

いる要因をすべて除去することが必要とされるのであるが，ここでわれわれが特に重要だと解するのは，消費者の商品選択の基準の変更の必要である。というのは，資本主義経済体制・市場経済体制の下では，企業が何を商品として生産・販売するのか，どのような生産方法を採用するのか，さらに労働者にどのような仕事・労働を担当させるのかは，結局，消費者が，商品を買うのか買わないのか，どのような商品を買うのか，すなわち商品の選択基準によって決まってくると解されるからである。労働者に，「人間にふさわしくない労働」を強要することによって製造された商品は，たとえ安かろうと，速かろうとも，これを断固として拒絶する消費者，換言すれば，「人間にふさわしい労働」（decent work）のもとでつくられた商品のみを選択し買う消費者が存在する場合にのみ，真に豊かな労働生活が実現をみることが，銘記されねばならない。

　さらに，以上のことは，こうした消費者の存在を前提にして，はじめて，経営者による内部統制の試みとしての「労務監査」も，真に軌道にのることを意味する。すなわち，消費者が真に必要とするものを，したがって買いたいと思うものを，しかも「人間にふさわしい労働」を労働者に担当してもらうことによって消費者に提供することによって，企業の長期的繁栄は保障されるのである。

　その際，確認されねばならないことは，同一の市民が，一方では労働者であり，同時に他方では消費者であるという事実である。消費者が真に必要とするものとは，まさに消費者としての側面を持つ労働者自身が必要とするものであり，そのようなものを研究・開発し，生産・販売することは，他人事ではけっしてない。他方で，企業において「人間にふさわしい労働」が保障されることは，労働者としての側面を持つ消費者自身にとっても，かけがえのないことであり，けっして他人事ではない。

　このようにして，消費者が真に必要とするもの，したがってまた社会にとって真に有用性を持つものが，企業内での「人間にふさわしい労働」を通じて創り出されるようになったときには，そこには，「消費生活の豊かさ」と「労働生活の豊かさ」の両方が同時に存在する，真に『豊かな生活』が展開をみるこ

ととなる。われわれがこのことを強調するのは，労働生活を犠牲にした，偽りの「豊かな消費生活」と，消費生活を犠牲にした偽りの「豊かな労働生活」とが，現実には存在するからである。

おわりに

　企業の中核的担い手である経営者によって何よりもまず第1に認識されねばならない事項は，消費者としての市民にとって真に有用なもの，消費者の消費生活を真に「人たるに値する」ような，真に豊かにするような商品こそが，企業の競争力を向上させて，企業に長期的に，持続的に利潤をもたらすことである。しかも，消費者の真に必要とするもの，消費者の消費生活を真に豊かにするもの，したがって企業の競争力の向上をもたらす商品は，貧しい労働生活からは生まれないことが，経営者によって留意されねばならない。

　というのは，ただ単に，生活の安定が保障されているだけではなく，さらにそれに加えて，「社会的に意味のある商品の研究・開発と製造・販売にかかわっている」という実感が，生産者・労働者としての市民に，「生きがい」・「働きがい」を生み出し，さらにこうした「生きがい」・「働きがい」が推進力となって労働者を「社会的に意味のあるものの創造」へと駆り立てるからである。

　他方で，「貧しい労働生活」からは，消費者の真に必要とするものは，生み出されないことは，消費者自身によっても，認識されねばならない。というのは，そこでは，消費者が真に必要とするものの構想とその執行に，労働者の努力を向かわせる精神的・物質的基盤が欠如しているからである。

　次いで第2に，経営者によって認識されるべき事項は，企業において展開される労務管理の在り方が，ただ単に市民の労働生活の質を規定するだけではなく，さらに市民の消費生活の質をも規定しているという事実である。

　ここで指摘されるべきは，市民の労働生活を貧しい内容のものにさせている要因のうちで大きな影響を与えているのは，働きがいを与えない職務内容，長

い労働時間，業務量の多さ，要員不足，労働密度の高さ，心理的ストレス，職場の人間関係であるが，これらは，結局，当該企業で展開されている労務管理によってもたらされていることである。それのみではない。市民の消費生活を貧しい内容のものにさせている要因としては，生きがいを与えない職務内容，労働分配率の相対的低さ，雇用の不安定性，長時間・過密労働の存在が指摘可能であるが，これらをもたらしているのも，結局，企業において展開されている労務管理である。以上のことは，「労働の豊かさ」のみならず，「生活の豊かさ」も，共に，労務管理の在り方に依存していることを意味している。

　最後に，第3に強調されねばならないのは，企業自体，したがってまた経営者による労務管理の内部統制・自己統制としての労務監査が，企業の存続と発展にとってのみならず，生産者と消費者の二側面を持つ市民の「生活の豊かさ」のためにも，非常に重要な役割を果たす存在であることである。というのは，労務管理の，企業自体による自己統制である「労務監査」が，「豊かな労働」と「豊かな生活」の創出を可能にするからである。銘記されねばならないのは，「豊かな生活」・「人たるに値する生活」(decent life) は「豊かな労働」・「人たるに値する労働」(decent work) から生まれ，「豊かな労働」は「豊かな生活」への貢献から創出されることである。

【村田和彦】

コラム3

会計と監査
-その特質と問題点-

I 会計行為

　会計監査の対象となる会計は，行為に対する指示名称である。ここでは「会計」という行為についてその意義を確認しておくこととする。
　一般に，会計学が考究対象とするのは企業の会計事象又は企業の会計行為であり，それら会計事象や会計行為が対象とするのが実際の企業の経済事象ないし経済活動である。換言すれば，経営学や経済学等の社会科学が直接に企業の経営活動や経済活動を考究対象とすることとの比較において，会計学はそれら経営活動や経済活動を直接の対象とするのではなく，それらを会計情報化する過程ないしは結果としての会計情報を考究対象とするものであると言える。
　後に触れるところであるが，会計情報はその情報客体が企業内部であるか企業外部であるかによって管理会計という領域と財務会計という領域に大別され，そこでの会計情報の作成過程や開示の方法，そして会計情報の利用方法は異なるものであり，管理会計においては会計情報を経営管理などの実際の経営活動に役立てるために用いられるところから，その意味では管理会計における会計学は一部で経営活動そのものを対象とするとも言えるが，ここでは監査という行為との関係性から管理会計への言及は一部に止めることとする。
　ここに会計行為とは，わが国の会計学では伝統的に「認識行為」，「測定（評価）行為」，「記録行為」，「表示行為」と4種類に識別される。
　「認識行為」とは，広義には，経済事象・経済行為のなかから何を会計の対

象として取り上げるのか，取り上げるべきなのかを決定する行為，そして狭義には会計の対象として取り上げることは所与として，それをどのタイミング（会計期間）で取り上げるのかを決定する行為とされる。神戸大学会計学研究室編『第六版　会計学辞典』では「企業に発生した経済事象のなかから会計数値に写像化する対象を選別し，正式の会計数値として記録するタイミングを決定することを指して認識という。会計的認識（accounting recognition）ともいわれ，貨幣金額を決定する測定（measurement）と対をなす概念とされている。企業に発生した経済事象のなかで，会計上の記録の対象とされる事象は一定の要件を満たすものだけに限定されており，会計記録の契機とされるタイミングも指定されている。測定の対象となるのは認識を受けた事象だけであり，認識を受け，さらに測定を受けた事象だけが記録にとどめられ，財務諸表の本体に計上される。」（p.963）と説明されるところである。

　「測定（評価）行為」とは，認識された経済事象・経済行為，すなわちすでに会計の対象となっているところから会計事象とも称されるものに対して，貨幣係数を付する行為である。ここで注意すべきは，会計情報の作成過程においては，会計事象が初めて認識された時点で貨幣係数を付する行為と，その後決算時に必要とされる会計操作としての行為とがあることである。例えば，有形固定資産としての建物を購入した場合，それを購入時に資産として認識したタイミングで貨幣係数を付する行為があるが，決算時には減価償却という手続きを経て，当初付された貨幣係数を修正する行為もあるということである。

　さらに，その貨幣係数を付する場合に，どのような測定属性を選択するかという問題がある。

　ここまで見てきた「認識行為」と「測定（評価）行為」は，それが行われると，会計情報の二つの要素である「勘定科目」と「金額」が決定することになるので，会計の「実質的行為」と位置付けられる重要なものである。ここでの適正な判断・処理が有用な会計情報を提供しうるか否かのポイントであり，その適正性担保の制度的保証システムとして監査という行為が求められる一端である。

この実質的行為である「認識行為」と「測定（評価）行為」については，近時，国際財務報告基準（IFRS：International Financial Reporting Standards）の概念フレームワーク（The Conceptual Framework for Financial Reporting）でも明示されており，わが国でも，こうした国際的な行為説明を受け，企業会計基準委員会が公表している『討議資料 「財務会計の概念フレームワーク」』で両行為を以下のように記している。

「認識行為」については「財務諸表における認識とは，構成要素を財務諸表の本体に計上することをいう。」（第4章第1項），「測定（評価）行為」については「財務諸表における測定とは，財務諸表に計上される諸項目に貨幣額を割り当てることをいう。」（第4章第2項）実質的会計行為を経て決定された「認識」の結果としての「勘定科目」と「測定（評価）」の結果としての「金額」は，続く記録行為において記録されるのであるが，ここに複式簿記の重要性が位置付けられることになる。

「記録行為」は，わが国では「正規の簿記」であることの要件として一般的に記録の「網羅生」「検証可能性」「秩序性」が求められており，特に「秩序性」要件の充足と，原因と結果という因果関係の記録が明確であるという点で，複式簿記が用いられている。

最後の会計行為は「表示行為」である。特に財務会計の領域においては，貸借対照表，損益計算書，キャッシュ・フロー計算書等に代表される外部公表用の財務諸表の作成・開示があり，そこでは個別詳細に記録された原初記録を，いかに情報利用者に明瞭にかつ外観的に示すのかが重要な視点となる。そのためには例えば，報告書の形式や表示区分の統一，勘定科目についてはいかに概観性を持たせるか，金額については総額と純額のどちらで示すことのほうが理解可能性に資するかということが問題となる。

なお，「記録行為」と「表示行為」は先の二つが実質的行為と称されるのに対して，形式的行為と称される。

II 会計の対象領域

　会計監査が一つの制度上のシステムであることから，会計の対象領域と制度の関係を整理する必要があると思われる。ここでは会計という行為が対象とし，何らかの会計情報を提供する領域を広い範囲から概観して明確化することとする。

　会計行為の対象領域として国家会計としてのマクロ会計，組織体会計としてのミクロ会計という分類はおそらく最も広い領域設定と言えるであろう。後者の組織体を，営利組織体と非営利組織体とに区分した場合に営利会計（企業会計）と非営利会計という区分が成り立つ。ある組織が営利組織体であるか非営利組織であるかの議論は，両者の区分視点を活動目的や資源提供者など様々な視点から行われるが，ここでは営利組織体は一般に株式会社を代表とする企業に見受けられるところから営利会計を企業会計と称することになる。会計監査は一般に企業会計に対して実施される仕組みとして捉えられがちであるが，公益法人制度の改革などを通して，現在では一定規模以上の非営利組織体にも外部監査が強制される制度となっている。

　企業会計は会計情報の客体による分類がなされることとなる。これは会計情報の利用・活用ニーズとの関係で捉えることができる。会計情報を専ら企業内部で利用・活用する，すなわち企業経営に資するべく会計情報に必要性が見出される領域を管理会計と称する。この領域では会計情報が企業内部の各種意思決定機関，意思決定方法に有用であることが重要であり，そこに一定の外部制度的ルールは本来的には必要ない。各企業の置かれた環境や内部統制システムとの関係で企業独自の情報作成方法が策定され，その結果として作成される会計情報に有用性が存すれば管理会計の目的は達成される。ただし，製造業における製品原価の計算など，次にみる財務会計との関係性がある会計情報に関しては客観性ないしは信頼性が担保される必要がある。

　企業内部者が情報客体である管理会計に対して，企業外部の利害関係者（ス

テークホルダー）を情報客体とするのが財務会計である。

　財務会計においては，企業外部利害関係者に情報を提供するという行為が「制度」を要求することになる。すなわち，情報が企業の忠実な写像として目的適合的であり客観的であることが求められるのである。前者については，企業外部の情報利用者の情報ニーズを措定することが会計目的を規定する関係にあり，さらにはそれが具体的なルールとしての会計基準の存在を必要とし，後者に関しては，この会計ルールの適用による適正性担保を必要とするところから「監査」という行為が必要となるのである。

　財務会計における情報ニーズと会計目的の措定，そこにおける会計情報の質的特性と監査の関係については後述する。

　ここで財務会計という外部報告会計と「制度」の関係に関して，近時の傾向について触れておきたい。環境会計という領域は歴史も古く，多くの企業では，例えば環境報告書なる報告書を積極的に開示している。さらに最近は，これに加えてCSR報告書などの会計以外の報告書の開示も多く見受けられる。また，2013年に財務情報と非財務情報を融合させた「統合報告（Integrated Reporting）」の国際的な概念フレームワークが提示されてからは当該報告書を積極的に作成・開示する企業が増えている。これら環境報告書，CSR報告書，統合報告書についてはそれ自体に関する統一的な作成・開示ルールは設定されておらず，外部報告会計であるとともに非制度会計（情報会計）として位置付けられる。歴史的にみて従前は監査対象ではなかった報告書類が監査対象となるという制度変更もあることから，今後これら情報会計上の報告書についてはその動向を注視していく必要があろう。

　最後に，制度会計を対象とした場合に，どのような制度を対象とするかの視点がある。わが国においては，私法としての会社法と，公法としての金融商品取引法が会計に関わる制度的ルールを示している。前者は基本的に会社の設立，組織，運営及び管理についての定めを設け企業の経営者・株主・債権者間の利害調整機能を主とする法制度であり，後者は企業内容開示制度の整備や金融商品取引所の適切な運営を確保することを通して資本市場の機能の適正化をはか

り，最終的には国民経済の健全な発展及び投資家保護に資することを主たる目的とする法制度である。これら主たる目的に即して，それぞれが監査に関する規定を設計しているという関係にある。

Ⅲ　財務会計（外部報告会計）の機能

　会計監査の基本的視座が硬直的ではなく相対的なものであることの理由には，監査行為を取り巻く環境の変化，監査手法の発展などがあるが，基本的には監査対象である会計情報及びその作成・開示における会計目的，換言すれば会計の機能の変化がその基底にある。ここでは，財務会計の機能を大きく四つの視点から整理することを通して，そこで求められる会計情報の機能を概観する。

　先ず，近代株式会社制度の発展とともに指摘されるところの「所有と経営の分離」という環境下での財務会計の機能について見ることとする。ここでは，会計の「受託責任機能」に重きが置かれる。

　「所有と経営の分離」のもと，資金提供者たる株主と実際の業務遂行者としての経営者の間には，資金という経済価値に関する「委託─受託」関係があることになる。エージェンシー理論におけるプリンシパル（株主）とエージェンシー（経営者）の関係として捉えられるところのものである。

　ここに経営者は株主から委託された資金の受託者として，いわゆる「善良な管理者としての注意義務」が発生する。具体的には受託した資金の適正な管理・運用義務であり，その受託責任遂行義務に関しては一定の説明責任が伴うというところから財務会計の機能が期待されるという関係が生じる。株式会社の場合，この受託責任に関する説明の場は最高意思決定機関たる株主総会であり，ここで経営者による受託責任遂行にかかる報告がなされ株主の同意を得た瞬間において受託責任が解除されるということになる。

　この受託責任機能において求められる会計情報の質的特性は，主として信頼性と客観性に置かれることとなる。それは，過去に株主が委託した資金の名目的金額が例えば1年間という会計期間中に，経営者によってどのように管理さ

れて来たか，どのように運用されて来たか，そしてその顛末はどうであったのか，という主として過去情報が中心となるからである。したがって，先に示した会計行為に関しては特に測定（評価）行為における過去情報の把握が重要となり，これは会計学の領域における取得原価主義（基準）と結びつくこととなる。このような機能が期待されてる環境においては，確定的価値変化事象の会計情報化が求められることとなるので，予測ないし期待に関する主観的価値判断の介入を可能な限り排除するというルールが設定される傾向にあり，監査の視点もこうしたルールとの整合性に置かれることになる。

　受託責任機能ではもっぱら現在（顕在）株主が企業の中心的利害関係者として措定されていたが，例えばわが国にその特徴が見受けられるように企業を取り巻く重要な経済的利害関係者には債権者という立場のものもある。ここで，株主と債権者という2大利害関係者を情報客体として措定した場合に期待される機能が二つ目の「利害調整機能」である。

　そもそも株主と債権者は企業の財産（キャッシュ）に対する持分（請求権）があるものの両者には法的な立場の違い（例えば会社法における債権者保護思考）から，その利害は衝突するものとして位置付けられる。この両者の利害調整として会計情報に期待される機能が利害調整機能である。ここでは，適正な収益・費用計算，ひいては適正な利益計算が計算構造上担保されることが期待されることとなる。

　三つ目の機能として「情報提供機能」が考えられている。ここでは企業を取り巻く利害関係者を株主と債権者という資金提供者に限定することなく広く情報客体を捉える考え方が提起される。例えば，株主と債権者以外の利害関係者として，取引先としての仕入先や顧客，従業員，地域住民，税務署などの管轄所管などが広く措定され，それぞれの情報ニーズに照らしてそれらを充足することに会計情報の機能が期待されるというものである。

　最後に，四つ目の機能として「意思決定（支援）機能」がある。これは「情報提供機能」におけるコスト・ベネフィット対策として当初検討された機能である。情報提供機能において，あらゆる利害関係者（情報客体）のニーズに沿

うことは困難であるところから，企業と経済的利害において最もリスクにさらされている者に焦点をあてたうえで，最もリスクにさらされている者の情報ニーズが最も厳しいものとなるであろう，そしてそのニーズを充足するような情報が提供されていればそれ以外の情報客体のニーズは充足できるであろう，という思考によるものである。

こうした機能への考え方はその展開において現在株主のみならず，企業への資金提供者の経済的意思決定に資することが中心として展開されるに至っている。

先に触れたIFRSの概念フレームワークでは，財務報告の目的は以下のように記述されており，これが現在での標準的な考え方である。

「一般目的財務報告の目的は，現在の及び潜在的な投資者，融資者及び他の債権者が企業への資源の提供に関する意思決定を行う際に有用な，報告企業についての財務情報を提供することである。それらの意思決定は，資本性及び負債性金融商品の売買又は保有，並びに貸付金及び他の形態の信用の供与又は決済を伴う。」(OB 2項)（訳出p. A 21）

Ⅳ　会計監査の機能と現状

会計監査は，先に述べた会計の対象領域からみて一般に想定される企業会計のみならず公益法人会計などをも対象とするところであり，また制度との関係からも法によって強制される監査もあれば任意監査もある。そして，その目的も外部報告会計としての財務諸表の監査もあれば，銀行融資の際の監査や官公庁に対する監査と区々である。

ここに財務諸表監査に関して見るならば，わが国の監査基準（企業会計審議会，最終改訂平成25年3月26日）における監査の目的は次の通りである。

「財務諸表の監査の目的は，経営者の作成した財務諸表が，一般に公正妥当と認められる企業会計の基準に準拠して，企業の財政状態，経営成績及びキャッシュ・フローの状況をすべての重要な点において適正に表示している

かどうかについて，監査人が自ら入手した監査証拠に基づいて判断した結果を意見として表明することにある。

　財務諸表の表示が適正である旨の監査人の意見は，財務諸表には，全体として重要な虚偽の表示がないということについて，合理的な保証を得たとの監査人の判断を含んでいる。」(「監査基準　第一」)

　2015年が日本にとってコーポレートガバナンス改革元年と言われて注目されているコーポレートガバナンスの視点からも「監査」は大きな役割を担っている。コーポレートガバナンス・コードやスチュワードシップ・コードが設定されたこと，従来からの株式会社の機関設計であった監査役設置会社に加えて指名委員会等設置会社，さらには同年の会社法改正によって新たに設定された監査等委員会設置会社という会社の機関が制度的に整備されたことがその証左である。ここでは会計監査に限定されるものではないが，企業経営の執行とその監督ないし監視の分離と有効な執行が従来より問題となってきており今後の動向が注目されるところである。

　また最近では，未だ制度化には至っていないものの先に触れた環境，CSR，統合報告，ひいてはESG（Environment, Social, Governance）にかかる監査への移行が見受けられるところであり，今後の理論構築，精緻化，ひいては制度への展開を見ていくこととなる。

　会計監査は一定の制度のもとで一定のルールとの整合性を基本的視座として会計情報の適正性が判断されるわけであるが，今後，対象領域が非財務情報関係をも包摂するという傾向に向かうとすると，コーポレートガバナンスとの関係から見て，企業と株主とのコーポレートガバナンス，企業と債権者・融資者との一ポレートガバナンス，企業と取引先との一ポレートガバナンス，そして，企業と従業員との一ポレートガバナンスが問題となってくるであろう。その際に，労務監査との関係もあらためて見直されることになろう。

　最後に，監査が抱えている近時的問題に触れることとする。

　世界的な問題となったのは2001年にアメリカで発生したエンロン・ワールドコム事件である。この事件ではアメリカを代表する大手監査法人の信用失墜，

解散という顛末に至り，1933年証券法，1934年証券取引所法の制定以来の大きな制度設計としていわゆるSOX法の制定に至っている。わが国への影響も大きく，金融商品取引法においていわゆるJ-SOX法の制定に至っている。これらは企業が作成・公表する財務諸表の適正性に関する経営者のコミットメント，内部統制の充実が主眼であり，特に内部統制における監査役の役割は先述のわが国会社法上の機関設計との関係で今後ますますその重要性が高まるものと思われる。金融庁が「監査法人の組織的な運営に関する原則」という監査法人版のガバナンスコード案を出すに至っており今後の展開が見守られるべきところである。

【大倉　学】

おわりに

　『現代日本の労務監査』は未完成である。現代日本企業が真に求める労務監査の在り方は今後も追及されるべき課題である。本書の刊行を契機として，労務監査論の研究水準が高められ，労務監査論が精選化されることが望ましい。ＩＬＯが加盟する各国政府に批准を各求める「人間の尊厳に値する労働（decent work）」が普及し浸透するならば幸いである。日本政府はＩＬＯ条約の批准に積極的ではない。経営及び労務管理の国際化が進む時代では，経営者こそ自ら進んで国際労働基準を遵守すべきである。本書の構想は，このような時代の到来を視野に入れている。

　本書が完成するまでに約10年の時間が経過した。長い期間に渡り協力してくれたのは，明治大学大学院経営学研究科経営労務プログラムで研究し，立派な修士論文を纏め修了した社労士である。日本経営学会で活躍する古くからの友人も健筆をふるってくださった。彼等の参加意思と協力姿勢があったからこそ，労務監査研究会は継続し研究活動を行うことができた。1冊の研究成果を刊行することも可能となった。労務監査研究会を代表し，明治大学社会科学研究所の山田所長をはじめ，社会科学研究所運営委員及び社会科学研究所職員の皆様に感謝の意を表したい。社会科学研究所から研究助成金を受けたにも拘わらず，執筆者の多くは提出期限までに原稿を提出できなかった。社会科学研究所事務室職員の皆様には，原稿の再提出，原稿の校正作業の遅れなど多大な御迷惑とご心配をお掛けしてしまった。お詫びと感謝の気持ちをお伝えしたい。

　労務監査研究会の聞き取り調査では以下の方々からご協力いただいた。笹山尚人氏（弁護士，東京法律事務所），村上和典氏（公認会計士，新日本有限責任会計監査法人），田中健一氏（元社長室長，平出精密工業株式会社），田林義則氏（事務長，三友会病院），高橋啓子氏（看護婦長，三友会病院），榊原茂氏（安田工業株式会社，元監査役），谷村啓介氏（安田工業株式会社，生産技術課長），山口陽一郎氏（特定社会保険労務士），結城光治氏（全日本警備保障株

式会社，人事副部長）である。ここに記して執筆者一同からの感謝の意をお伝えしたい。

　最後に，税務経理協会の鈴木利美氏には本書の出版を快くお引き受けくださったばかりか，本書の原稿を取り纏める段階で何度もご尽力とご支援をいただくことができた。「経営労務監査の理論的研究」（『明治大学社会科学研究所紀要』所収）を送付したところ，鈴木利美様から「本書の完成に向けてじっくりと取り組んでください」という激励の言葉をいただいた次第である。企画から出版に至るまでの長期にわたり，鈴木利美様には大変世話になった。執筆者を代表し心底より感謝を申し上げたい。

労務監査研究会代表　　平沼　高

　（付記）　本書『激動期日本労務監査』の総論部分は，先に編著者（平沼　高，大倉　学，大槻晴海）が明治大学社会科学研究所編『明治大学社会科学研究所紀要』（第55巻第1号，2016年10月）に発表した「経営労務監査の理論的研究」の一部を転載している。本書に転載するに当たり，社会科学研究所運営委員会に書面を提出し，既に承認を得ていることを申し添えしておきたい。

【著者紹介】

平沼　高（ひらぬま　たかし）
現在，明治大学経営学部教授。
明治大学大学院経営学研究科博士後期課程単位取得退学。
主著は「第1次大戦期における技能訓練と雇用管理」平尾武久・関口定一・森川章・伊藤健市共著編『アメリカ大企業と労働者－1920年代労務管理史研究』所収，北海道大学出版会，1998年。「教育訓練と女性労働」渡辺峻・藤井治枝共著編『現代企業経営の女性労働』所収，ミネルヴァ書房，1999年。平沼高・佐々木英一・田中萬年共著編『熟練工養成の国際比較－先進工業における徒弟制度』ミネルヴァ書房，2007年。平沼高・新井吾朗共編著『大学だけじゃないもう一つのキャリア形成』職業訓練教材研究会，2008年。「経営労務監査の理論的研究」明治大学社会科学研究所『明治大学社会科学研究所紀要』第55巻第1号，2016年，大倉学教授，大槻晴海准教授との共同論文。

大倉　学（おおくら　まなぶ）
現在，明治大学経営学部専任教授。
明治大学大学院経営学研究科博士後期課程退学（2年在籍）。
明治大学経営学部助教授を経て現職。
専門は国際会計論。会計の基礎概念研究を中心として会計制度の特質究明を試みる。
共著は『会計の戦略化』（税務経理協会）他。

大槻　晴海（おおつき　はるみ）
現在，明治大学経営学部専任准教授。
明治大学大学院経営学研究科博士後期課程単位取得退学。修士（経営学）（明治大学）。
日本管理会計学会理事。専門は会計学（管理会計）。
主著は『原価・管理会計の基礎』（編者，中央経済社），『中小企業管理会計の理論と実務』（分担執筆，中央経済社），『日本企業の予算管理の実態』（分担執筆，中央経済社），『会計による経営管理』（分担執筆，税務経理協会）他。

稲山　貞幸（いなやま　さだゆき）
社会保険労務士稲山事務所代表。
明治大学大学院経営学研究科修了（経営学修士）。国家公務員，大手菓子メーカーを経て現職。
社会保険労務士として医療機関を中心に多数の中小企業における労務管理を指導・支援する。また，医療系専門学校において「病院経営実務」等の講師を務める。さらに，埼玉県宮代町の国民健康保険運営協議会長及び同町人権擁護委員など公職に従事する。

福島　通子　（ふくしま　みちこ）
明治大学非常勤講師（福祉医療マネジメント論）。特定社会保険労務士（埼玉会所属）。医業経営コンサルタント。医療経営士。
明治大学大学院経営学研究科博士課程前期修了（経営学修士）。
厚生労働省の委員会等の委員を複数受任。現職は，「中小企業の生産性向上による賃金引上げ事例に関する調査・研究」委員会委員，「医療分野の勤務環境改善マネジメントシステムに基づく医療機関の取組に対する支援を図るための調査・研究」委員会委員，「医療勤務環境のための助言及び調査業務」委員会委員，「医師の働き方改革に関する検討会」構成員。医療機関向けのセミナー・講演多数。「病院」「看護管理」「看護のチカラ」等に執筆。

重本　桂　（しげもと　かつら）
社会保険労務士事務所　みんなの事務長代表。
名古屋工業大学工業化学科卒，明治大学大学院経営学研究科博士課程前期修了（経営学修士）。
製薬会社にて，営業部門，営業管理部門，企画開発部門などを経て，2016年みんなの事務長を設立，現職。専門は医療労務。
社会保険労務士事務所を運営する傍ら，産業カウンセラー，キャリアコンサルタントとして企業研修，学校教育などに従事。
特定社会保険労務士，医業経営コンサルタント，産業カウンセラー，キャリアコンサルタント，過労死防止対策推進全国センター啓蒙担当，多摩大学医療・介護ソリューション研究所フェロー，日本経営道協会員，労務理論学会員，ほか。

相川　健一　（あいかわ　けんいち）
特定社会保険労務士（東京都社会保険労務士会所属）。健康経営アドバイザー。
明治大学大学院経営学研究科前期博士課程修了（経営学修士）。
公務員として地方自治体に約40年間勤務。その間，市立病院・埋蔵文化財関係施設の労務管理に従事し，福祉及び教育関連部署の課長なども歴任。退職後，都内の社会保険労務士事務所に勤務。主な論文は『自治体の定員管理』（明治大学修士論文），ほか。

佐野　正照　（さの　まさてる）

大阪中央労働法務事務所代表，特定社会保険労務士。
関西大学法学部法律学科卒業。
1970年4月文部事務官，1971年4月労働基準監督官，2007年3月退官（大阪中央労働基準監督署長）。大阪府社会保険労務士会専務理事，全国社会保険労使連合会理事，大阪体育大学非常勤講師（労働法規）を歴任。2009年大阪中央労働法務事務所開設。大阪紛争調整委員会委員（厚生労働大臣委嘱），中央労働災害防止協会大阪安全衛生教育センター講師，公益社団法人大阪労働基準連合会講師，林材業労働災害防止専門調査員，地方公務員災害補償基金大阪市支部審査会委員（大阪市長委嘱），地方公務員災害補償基金大阪府支部審査会委員（大阪府知事委嘱）。

後藤　信二　（ごとう　しんじ）

独立行政法人国際協力機構監査室参事役。
明治大学大学院経営学研究科博士前期課程修了（経営学修士）。
社会保険労務士総合研究機構上席研究員。
特定社会保険労務士，公認内部監査人（CIA），内部統制評価指導士（CCSA）。
金沢大学大学院法学研究科修士課程修了。
独立行政法人国際協力機構（旧国際協力事業団）にて，人材養成部門，法務部門，在外事務所（シリア，ヨルダン）等を経て，現職。

村田　和彦　（むらた　かずひこ）

一橋大学名誉教授。
山口大学経済学部卒業。
一橋大学大学院商学研究科博士課程単位修得。1978年商学博士（一橋大学）。
一橋大学商学部教授，日本大学経済学部教授を歴任。専門は経営学。
主著は『労資共同決定の経営学』『労働人間化の経営学』『生産合理化の経営学』『市場創造の経営学』（以上千倉書房）『企業支配の経営学』『経営学原理』（以上中央経済社）。

著者との契約により検印省略

平成31年3月15日　初版発行

変革期日本労務監査

編著者	平沼 髙学
	大倉 学
	大槻 晴海
著　者	稲山 貞幸
	福島 通子
	重本 桂
	相川 健一
	佐野 正照
	後藤 信二
	村田 和彦
発行者	大坪 克行
印刷所	税経印刷株式会社
製本所	牧製本印刷株式会社

発行所　〒161-0033　東京都新宿区下落合2丁目5番13号

株式会社　税務経理協会

振替　00190-2-187408
FAX　(03)3565-3391
電話　(03)3953-3301（編集部）
　　　(03)3953-3325（営業部）
URL　http://www.zeikei.co.jp/
乱丁・落丁の場合は，お取替えいたします。

© 平沼・大倉・大槻・稲山・福島・重本・相川・佐野・後藤・村田 2019　　Printed in Japan

本書の無断複写は著作権法上での例外を除き禁じられています。複写される場合は，そのつど事前に，(社)出版者著作権管理機構（電話 03-3513-6969，FAX 03-3513-6979, e-mail: info@jcopy.or.jp）の許諾を得てください。

JCOPY ＜(社)出版者著作権管理機構 委託出版物＞

ISBN978-4-419-06603-1　C3034